八千代出版

実践につながる教育心理学

谷口篤・豊田弘司《編著》

浦上 萌
倉盛 美穂子
永井 靖人
上山 瑠津子
解良 優基
伊藤 崇達
長濱 文与
沖林 洋平
鈴木 有美
中西 陽

執筆者一覧

谷口　篤	名古屋学院大学教授	序章・1 章・11 章
豊田　弘司	追手門学院大学教授	6 章
浦上　萌	椙山女学園大学准教授	2 章
倉盛美穂子	日本女子体育大学教授	3 章
永井　靖人	愛知みずほ短期大学准教授	4 章
上山瑠津子	福山市立大学准教授	5 章
解良　優基	南山大学講師	7 章
伊藤　崇達	九州大学准教授	8 章
長濱　文与	三重大学准教授	9 章
沖林　洋平	山口大学准教授	10 章
鈴木　有美	福岡女子大学教授	12 章・14 章
中西　陽	奈良教育大学准教授	13 章

まえがき

コンピュータやインターネット，携帯電話の普及による情報通信技術の進展，交通手段の発達によって，社会は国際的な交流や国際的な移動が容易になった。さらに，市場の国際的な開放が進み，人，物材，情報の国際的移動が活性化し，さまざまな意味で，さまざまな分野で「国境」の意義が曖昧になりつつある。各国は相互に依存し，他国や国際社会の動向を無視できなくなっている。国民生活への危機意識からナショナリズムの高まりも一方で起きている。このような社会・世界のグローバル化，教育の情報化，インクルーシブ教育の進展など，子どもたちを取り巻く教育は大きく変わろうとしている。

このような時代に対応すべく，文部科学省は2017年に新しい学習指導要領を発表し，学習の目標を，①知識及び技能，②思考力，判断力，表現力等，③学びに向かう力，人間性等の3つの柱に整理した。特に二つ目の目標では考える力の育成を，三つ目の目標では人間性を育むことを強調している。このような教育を取り巻く社会の変化に対応して，子どもたちが学ぶべきモノも少しずつ変わっていく。また，教育の方法も，子どもの主体性，自主性をより重んじた能動的な学習が強調されるようになってきた。2011年に八千代出版から『学校で役立つ教育心理学』を上梓して8年が経過した。そこで，このような社会の変化にも対応すべく，大学院修士課程の頃に知り合った40年来の友人である豊田弘司氏とともに，新たに教育心理学のテキストを編纂した。

本書は，教職を目指している学生を主たる読者として想定し，2019年度から実施されている新しい教員養成課程のコアカリキュラムに対応し，教員免許に必修と定められている「幼児，児童及び生徒の心身の発達及び学習の過程」に対応したテキストとして書かれている。2019年以前はこれに加え，「障害のある幼児，児童及び生徒の心身の発達及び学習の過程」が教育心理学の内容に含まれていたが，その内容は2019年度から，「特別の支援を必要とする幼児，児童及び生徒の理解」として，新たな科目「特別支援教育」等が設定されている。しかしながら，この特別支援教育における内容は，教育心理学の一領域であることに変わりはない。また，近年のインクルーシブ教育の理念においては，「障害のある者と障害のない者が共に学ぶ仕組み」と，その実現に向けた「合理的配慮」の大切さから，特別支援学級，特別支援学校だけでなく，通常の学級に特別なニーズを持つ子どもたちが学ぶことが当たり前になってきている。そこで，教育心理学の視点から，発達や学習における特別な支援を必要とする子どもについて学ぶ意義は大きいと考え，発達障害の章も設定した。

各章末には，各章に関係して，教員採用試験などで出されることを想定した模擬試験問題を 2，3 問ほど掲載したので，各章の復習，あるいは教員採用試験に向けた練習問題として，活用いただきたい。なお，模擬試験問題の解答は巻末にまとめた。学生の皆さんは自力で解答後に参照いただきたい。また，本書は教員養成の科目のためだけではなく，最新の教育動向にも配慮しており，すでに教職に就いている先生方や，教育や子育てに関心のある方々にも役に立つ，新しい発見をもたらすものと自負している。

教育心理学は，教育という営みの中で，人が何を考え，何を感じ，何を思い，そしてどのように行動するのかに注目する。「よりよく育って欲しい」「よりよい環境の中で生活して欲しい」「現代社会に適応して欲しい」など，子どもたちへのこうした願いはどんな大人も持っているであろう。こうした思いは人間が普遍的に持っている心性であるだろう。だからこそ，我々は教育という営みに関心を持つ。よりよい教育をしたいと願う。そして，「人はどのように成長していくのか」「人はどのようにして知識を獲得し，学習しているのか」「教えるとはどういう営みなのか」などと考えるのである。教育心理学は，そのような問いに心理学という手法，考え方から答えを求めようとする学問である。

ところで，先述の『学校で役立つ教育心理学』を上梓する直前の 2011 年 3 月 11 日には，我が国は未曾有の大きな地震に見舞われた。その被災地の様子を見るたび，心が痛む思いであったが，同時に学校の児童生徒や先生方の復興への活動の報道があるたびに，教育の力を感じてもいた。そして，2020 年は新型コロナウィルスによる感染症の世界的規模での流行から，WHO はパンデミックと宣言するに至っている。ついには，国境封鎖，幼稚園，小学校から大学まで大規模な休校となってしまっている。一刻も早く，この感染症が治まり，学校が正常化されることを願っている。

最後になったが，本書の企画の当初から，何度も足を運んでいただき，完成まで温かく見守り，丹念にお付き合いくださった八千代出版の森口恵美子社長，丁寧な校正で本書の完成度を高めてくださった井上貴文氏，そして出版にご尽力いただいた八千代出版の関係の方々に心よりお礼申し上げたい。

2020 年 3 月 25 日

編者を代表して　**谷口篤**

目　　次

第2部　学習の理解

第3部　生徒の理解と授業・評価

序章

教育心理学とは

1　教育心理学の目的と意義

教育心理学は，教育に関わる現象や問題について，心理学的に研究し，教育という営みの特徴を明らかにしようとする学問である。教育学と教育心理学の違いは，「教育」に対する扱い方が異なる。すなわち，教育学では教育という人間社会の営みに対して，社会的，制度的に，あるいは哲学的に教育そのものを考察しようとする学問といえる。また別の教育学的なアプローチとして，教育方法の意義や効果を検討しようともしている。一方，教育心理学では，人間の「心」を主な対象とする心理学という学問から，教育のさまざまな場で生き，考え，生活している人間の「心」について研究しようとする学問といえる。このような教育心理学の目的は，心理学的知見や心理学的技術を，教育の実践の中で生かして，よりよい教育を目指し，教育目標を達成することである。

教育心理学の研究は，基礎的・理論的な側面を中心にした研究と，実際の学校現場に根づいた応用研究に大別できる。前者は人の心の働きの側面に注目しながら，心の機能を理論的に明らかにし，その原理を現場に応用できるようなヒントを得ようとするものである。後者は，学校現場における教育の営みそのもの，例えば授業における教師と児童生徒の発言の分析から，授業中の教師や児童生徒の心の働きを分析し，よりよい授業の方法を検討するように，学校教育の現場に即した研究である。

教育現場は，教えることだけではない。学級の人間関係に配慮し，学級を育てていく中で，いじめ，不登校，児童虐待，校内暴力など，多くの問題に出会う。それぞれの問題には，独自性や多くの複雑に絡み合った原因があり，これらは基礎的心理学の抽象化された法則や知見を単純に当てはめるだけでは，解決できない。

教育心理学で学んだことを生かすためには，一方的な思い込みや，自分の経験から考えないようにしたい。教育心理学に関わる複数の基礎的知見を適切に組み合わせることによって，現実を理解し，説明することが大切である。鹿毛（2005）は教育心理学の理論には3つの機能があるという。第1は教育に関わる現象について，説明し，理解を深める**解釈機能**であり，第2は教育に関する将来的な見通しを提供する**予測機能**であり，第3は教育をどうすればよいかについて具体的に示唆する**活用機能**である。

教育心理学を役に立つものにするためには，教育の現実に見いだされる諸問題に謙虚に向き合い，自分の経験だけでなく，さまざまな学問的知見にも目を向け，目の前の子どもたちの心を理解するような姿勢が大切である。そのようなとき，教育心理学は，教師になった皆さんの役に立つものとなるであろう。

2　教育心理学の内容と実践への活用

本書では，教育心理学の内容を，(1)子どもの発達の理解，(2)学習の理解，(3)生徒の理解と授業・評価，(4)困難を抱える子どもたちの4部に分けた。以下では，各部の内容と，意義について，概略を述べる。

子どもの発達の理解（1章〜5章）　第1部では，新生児期から青年期までの**発達**に焦点を当てた。人の心は一生涯をかけてさまざまな発達的変化を遂げる。特に，公的な教育制度の影響を受ける幼児期から青年期にかけての心の発達的変化は大きく，生涯に関わる基礎を作り上げる時期であり，教育心理学の中では，学習とともに，発達は大きな領域を占める部分である。教師は，子どもたち一人ひとりの成長に向き合い，個々人の発達を促したり，援助したりする。その際，対象である子どもたちの発達の特徴に関する知識を持っていることは重要である。例えば，発達段階ごとに質的な変化を遂げる子どもたちの理解の特質に応じた課題の与え方，発問の仕方などの工夫が教師には必要である。このように，発達の道筋について理解している教師は，子どもたちが次にどのように変化していくのかの見通しや予測を持つことができる。そのような予測をもとに子どもたちにどのように働きかけるのがよいかあらかじめ考えることができるようになる。

学習の理解（6章～8章）　第2部では，学習・認知・記憶，動機づけ，そして自己調整学習に焦点を当てている。ここは，従前から教授－学習過程といわれている領域である。教育の現場には授業者（＝教師，親，上司，大人）と教育の受け手である学習者がおり，常に学習と指導が進行している。学習とは，何かを記憶したり，理解したり，何かができるようになったり，新しい知識を得たり，考える力を深めたりすることなどが含まれる。学習者は何を考え，何を理解し，どのように知識を蓄えているのであろうか。記憶の研究は，効率よく憶えたり，的確に思い出したりする方法を我々に教えてくれる。そうした記憶の方法を知っている教師は，子どもたちにどのように憶えるとよいかの示唆を与えることができるであろう。あるいは，効果的な学びの場にするためにどのように教えたり，どのような働きかけをしたりするとよいのかを記憶や認知の研究成果から，考えることができる。

また，子どもたちはときには自ら進んで，あるいは誰かに促されて学習する。そのためには子どもたちの興味や関心を高めたり，これをやることで何か利得があるというような目的意識などのやる気を出すことが必要である。動機づけの効果や手法，注意すべき点などを理解している授業者はどのように子どもたちに働きかければよいか，さまざまな手法を考えることができる。

自己調整学習とは，新しい教育心理学の理論体系である。ここでは，学力の高さは，生得的な「賢さ」や「家庭環境」によって決まるのではなく，学習者自身が自発的に行うプロセスによって学力が高められていく，すなわち学習者自身がどのように主体的に学習に取り組むことが学習に大きな成果をもたらすことを明らかにしている。このような自己調整学習を理解している教師は，子どもたちの主体的自発的な学習への取り組みを促すような働きかけを考えることができる。

生徒の理解と授業・評価（9章～12章）　第3部では，授業の方法，情報化社会における教育方法，個々の児童生徒の理解と教育における評価の問題，そして授業の行われる場所であり，学校生活の中心的な場である学級集団の形成に焦点を当てている。授業にはさまざまな方法論があり，それぞれ長所や短所がある。一つの方法がすべての授業に有効ではあり得ない。その教科や内容によって，最も適した方法を教師は考えなくてはならない。

社会の急速な情報化の進展の中，教育の情報化が学校のあらゆる場面で必要となってきている。普通教室からのインターネット接続も当たり前になっている。デジタル化された教科書もどんどん使われ始めている。このような教育の情報化に対応できる力が教師には求められている。

教育の過程には必ず評価がある。評価は児童生徒に自らの学びの理解，反省，次への学習のための動機や目標を与える。教師は評価をもとに個々の児童生徒の学習を援助し，授業方法を工夫する。このような評価には正確な測定が必要である。よりよい指導や学習をするために評価をするのであるが，現実はよりよい評価を得るために指導や学習が行われている。教育評価を児童生徒にとって意義あるものにするためには，種々の評価の特質，長所，短所などを熟知し，効果的に，かつその評価法の特質を生かした評価を行うことが肝要である。教育問題として取り上げられるいじめ，不登校，暴力，障害児の適応などさまざまな問題を教育は抱えている。これらの問題に対処するためには，個々の児童生徒を適正に評価し，またその問題を理解し，どのように援助していくかという問題は教育心理学の重要な主題の一つである。

学校では，子どもたちは集団の中で生活し，授業を受けている。その中で，教師は学級を理解し，児童生徒個々人の特徴を理解し，集団に適応できる児童生徒を育てていかなくてはならない。集団と個人との相互作用はどのように行われているのだろうか。集団に適応できない子どもたちはどのような特徴を持っているのだろうか。何らかの障害を抱えているかもしれない。人間は本来社会的存在であるといわれている。したがって，人のさまざまな特徴は集団の影響を多大に受けている。このように考えると，学級集団を理解し，個々の児童生徒の適応を図り，障害を理解することは，教師にとってたいへん重要であるといえる。

困難を抱える子どもたち（13 章〜14 章）　21 世紀に入って，子どもたちの障害の研究が進み，困難を抱える子どもたちや障害者への，「合理的配慮」が求められ，差別を受けることのない社会構築の重要性が認識されるようになってきた。そのような中，我が国では特殊教育といわれてきた心身の障害を抱えた子どもたちへの教育の枠組みが大きく変わり「特別支援教育」という言葉に変わってきた。特別支援教育では，自閉症や知的障害などのいわゆる「わかりやすい障害」だけではなく，発達障害に代表されるような「わかりにくい障害」にも配慮の必要性がいわれるようになってきた。

さらに別のタイプの困難，すなわち心の奥深くに根づいた社会や学校への不適応や，反社会的行動の問題も，相変わらず進行している。例えば，不登校児童生徒は，小中学校を合わせて，15 万人以上と相当な数に上っている。少年非行もなかなか減らない。

このような困難を抱えた子どもたちは，どのクラスにもいる。こうした子どもたちの特徴を知り，対応していく力が教師には求められている。

3　教育心理学の研究法

観察法　人の行動を注意深く観察し，行動，発言，表情，仕草などをもとに，その人の心理やパーソナリティを理解する方法であり，基本的な資料収集の手段である。教育心理学の研究では，例えば，授業場面や，授業時間外の子どもの遊び場面での子どもたちの行動や発言を記録し分析する。多くの場合，見ているだけでなく，ビデオカメラによる撮影や，音声の録音を行い，観察の後，それらを言語化して記述し，分析が行われる。対象となる観察場面によって，①**自然観察法**（観察しようとする事象や行動の生起に意図的な操作を加えないで，自然な状態でありのままに観察する方法），②**実験観察法**（行動が生起する状況や場面に研究者が統制を加えて観察を行う方法），③**参加観察法**（観察者が観察場面に関与しながら観察する方法であるが，実験観察法とは異なり，観察場面に操作を加えようとはしない方法），④**組織的観察法**（研究の焦点が絞られており，あらかじめ場面を定めることができるとき，観察後に数量化しやすい形でデータを収集することができる方法）の 4 種類がある。

観察法を採用する場合の留意点としては，観察の目的を明確に設定し，その目的に沿った適切な場面を選択し，個々の観察対象となる行動を全体の文脈の中で捉えようとすることなどをあげることができる。しかし，観察した行動の裏にある心理を解釈したり分析したりする際，主観が入りやすいことに注意しなければならない。それを防ぐため，複数の観察評定者の評定を参照したり，他の研究者に観察分析の妥当性を評価してもらったりする。

実 験 法　人間の行動や心の働きの変化を引き起こす条件を明らかにするために，人為的に条件を設定し，観察，記録，測定し実証していくのが実験法である。この方法は，心の働きのメカニズムを知るための方法であり，何らかの因果関係を明らかにしようとする方法である。

実験法の最も基本的な方法は**実験群**と**統制群**を比較するものである。一般的にこういう条件で行えば（＝実験条件），こういう結果になるであろうと仮説を立てる。それに対して，統制条件では，特に条件を与えず測定される。つまり，統制条件とは，実験条件で与えられる条件だけが，実験条件とは異なるような状況を人為的に作り出すのである。こうして，実験条件と統制条件の比較を行い，もしその測定結果に違いが生じているとしたら，それは，実験条件において特別に設定した条件の違いを反映していることになり，因果関係が実証される。

例えば，教育心理学の研究では，ある新しい授業方法に効果があるかどうかを確かめるために，平均の成績などが同じ2つのクラスに対して，一方のクラスでは新しい方法の授業を，もう一方のクラスでは，従来の教え方で授業を行い，2つのクラスの成績を比較し，教え方の効果を見るというようなことが行われる。この方法によって，2つのクラスの成績の違いは新しい授業方法によるものであると因果関係を説明することができるのである。

しかし，たとえ平均の成績が同じであったとしても，クラスの雰囲気はたいてい異なっている。担任の先生の影響をそれぞれ受けているかもしれない。2つのクラスの実験開始前の基本的条件を同じに整えたつもりでも，完全に同じではない。したがって，2つのクラスの結果の違いが出てきたとしても，実験条件以外の，想定していなかったクラスの特徴が結果に影響してしまっているかもしれない。つまり，教育心理学の研究では，厳密な実験を遂行することは困難であることが多い。一方，厳密に行おうとしすぎると，生きた実際の教育現場とは遊離してしまい，不毛な研究になる危険性もある。実験法の長所としては，方法が明確であり，客観的であること，同様の方法で繰り返し行ってみて，同じ結果が得られるかどうかを確認できること，すなわち研究・実験の再現性が高いことがあげられる。しかし，欠点としては，現実世界の複雑さから単純化した実験条件を設定するために，現実から遊離した状況であると見なされてしまったり，実践にそのまま応用しにくいといった点があげられる。

質問紙法　質問紙法とは，研究協力者に対して，質問用紙に回答させる研究方法である。広義の質問紙法は，実験，面接，調査などさまざまな研究で用いられる。狭義の意味での質問紙法は，質問紙を用いた調査研究方法である質問紙調査法を意味する。あらかじめ設定された選択肢の中から回答する形式と，回答欄に自由に文章を記入する自由回答法とがある。質問紙法は比較的容易に使用でき，また一度に多くの協力者を得られるというメリットがある一方，質問に答えなくてはならないので，協力者の言語理解能力に影響を受けやすかったり，あらかじめ設定された質問の範囲のことしか明らかにならなかったり，いくつかの内容の共起関係は明らかになるが，因果関係を説明しにくかったりするという欠点がある。

面接法　研究者が研究対象者に面接をし，その会話内容や態度から，対象者の心理に迫ろうとする方法である。面接法には，その目的から，仮説を生成したり，検討したりして，研究したい内容を明らかにしていく探索的面接と，対象者の評価や心理臨床場面で用いられる臨床的面接の２種類がある。また，面接には，その方法から，**構造化面接法**，**半構造化面接法**，**非構造化面接法**がある。構造化面接法は，質問内容や順番などを一定のパターンにあらかじめ決めておく方法である。半構造化面接法は，質問内容はあらかじめ決めておくけれども，質問への答え方によって，さらに詳しく質問したり，順序を変えたりしながら，研究者の明らかにしたいことに深く迫っていこうとする方法である。構造化面接法の長所と非構造化面接法の長所を備えた面接法といえる。基本的にその場の話の流れ，雰囲気で面接を進めていくのが非構造化面接法である。どの面接法も，対象者の答え方によって，どのように質問を展開していくか，そしてそれがどのような深まりを示すものになるか，面接者のインタビュー技術が研究結果に大きく作用してくる。また，面接を録音したりビデオに撮ったり，さらに，その面接内容を言語化する（トランスクリプトという）こと，その面接データの利用目的と方法，プライバシーの保護について，面接対象者の承諾を得ることを忘れてはならない。

実践研究法　近年，教育心理学の研究の中で重要視されるようになってきた研究方法である。教育心理学会の機関誌編集規定によると，「教育方法，学習・発達相談，心理臨床等の教育の現実場面における実践を対象として，教育実践の改善を直接に目指した具体的な提言を行う教育心理学的研究を指す。この場合，小・中・高校の学校教育のみでなく，幼児教育，高等教育，社会教育等の教育実践を広く含めるものとする」と定義されている。また，実践研究法といえる条件として，教育心理学研究に載せられた記事によると，(1)教育の実践場面での資料収集が行われていること，(2)ケース研究，介入研究，開発研究などで，教育実践の改善を直接に目指したものであること，(3)教育心理学的見地からの分析と考察が行われ，それに基づいた具体的な提言がなされていることの３つの条件があげられている。

この定義や条件から明らかなように，実践研究法に特定の方法はなく，その概念も幅広いが，日々行われている教育実践の営みの中に組み込まれ，よりよい教育を目指し，問題の解決を図ろうとする研究ということができるであろう。

実践研究法では，その目的に合わせて，上記のさまざまな研究手法が組み合わされて行われるが，そのほかの方法として，アクション・リサーチという手法がしばしば使われている。この手法には，「計画段階」-「実践段階」-「評価段階」-「修正段階」-「適用段階」の５つの段階がある。①まずはじめに，「計画段階」では，実践研究の対象となる事象の観察と分析から，改善目標を定め，これまでの研究の知見を参考にその改善のための方策を検討し，仮説を立てる。②「実践段階」では，計画に従って具体的な教育活動を行う。③「評価段階」では，その活動の有効性と仮説の妥当性を吟味するために，目標達成度を科学的に測定し，改善すべき点の有無を検討する。④「修正段階」では，改善すべき点の修正を行い，再度同様の過程を繰り返す。⑤「適用段階」では，目標が達成されたら，その方法をほかのクラスや学校で実施して，汎用性があるかどうかを検討し，その方法の効果と限界を見極める。

引用・参考文献

鹿毛雅治　2005　教育心理学の新しいかたち　誠信書房.

第 1 部

子どもの発達の理解

1章

発達の基礎的な理論

1　発達とは

母体内の受精によって，人間はその一生を始める。その受精卵は胎内で人としての形を形成し，新生児としてこの世界に生まれ出てくる。新生児はやがて成長し，大人となり，年老いて死を迎えることで，その一生を終える。この一生の間に，人間の心と体の機能や構造は変化し続ける。心理学における発達とは，このような人間や動物の一生涯の変化の過程である。

一般的に，「発達」という言葉は，人以外にも使う言葉である。例えば，「技術が発達する」というように機能がより精巧なものになったり，進歩したりするときに使われる。あるいは，「台風が発達する」というときは，規模が大きくなるという意味で使われる。このように一般的な使い方としての「発達」は基本的にプラスの方向に向かったり，より大きくなったりする方向に向かっているときに使われる。しかし，心理学で「発達」というときは，少し異なっている。心理学で「発達」というときには，必ずしもプラス方向に向かっている場合だけを指すのではない。加齢に伴う何らかの機能低下や，喪失に向かうときにもその変化が時間の経過に沿った変化であるならば，「発達」という。

2　発達を規定する要因

それぞれの人が，どのようにして今の知的能力や運動能力，性格などの特徴を持つようになったのかを考えるとき，その特徴は遺伝によって生まれつき持っていたものなのか，あるいはこれまで生きてきた中で学習によって身につけてきたものなのかという議論がなされる。すなわち，人間の心身の発達は，細胞内の染色体の中にある遺伝子（DNA）による**遺伝**要因によるものなのか，生命体を取り囲む物質や社会・文化などの**環境**要因の中で獲得してきたものであるのか，という議論である。前者のような発達における遺伝的要因を強調する考え方を遺伝説，あるいは生得説ともいわれる。一方，環境の中での経験によって発達は規定されるという考え方を学習説，ないしは，環境説，経験説などとも呼ぶ。

遺伝説　氏（遺伝）か，育ち（環境）かといったことが議論されるとき，親子は当然であるが顔や体型が似通っている。兄弟姉妹も同様である。性格も似通ったところがあるという経験則から，親から多くの特徴を遺伝的に引き継ぎ，遺伝に規定されていると信じる人は多い。発達における遺伝的影響を明らかにしようという研究に**家系研究法**があげられる。この方法では，ある特定の個人から，その親や祖父母，さらにはその祖先，子どもやその孫等の子孫を調べ，それらの人々の特徴，例えば知的能力や，才能，性格などに共通する特徴があることを示し，ある種の能力（例えば，知能や芸術的才能）は遺伝によって大きく影響を受けていると主張するのである。

その一つの例として，バロック音楽の大家であるヨハン・セバスチャン・バッハの家系がしばしば取り上げられている。このバッハの家系を調べてみると確かに多くの優れた音楽家が散見され，彼らの作曲した楽曲が数多く残されている。このような証拠があるからといって，遺伝によって優れた音楽的才能が受け継がれているとは断言できないであろう。なぜならば，バッハの生きた時代，多くの職業が世襲的に引き継がれており，音楽家の子どもは音楽家になるために，バッハ家には音楽の訓練，学習を高めるのに十分な環境が整えられていたと考えられるからである。

また，ゴダード（Goddard, H. H., 1912）はある女性デボラ（仮名）の先祖を百数十年ほど，5世代分たどり，マーチン・カリカック（仮名）と名づけられた男性にたどり着いた。このマーチンは独立戦争の兵士として戦地に赴き，酒場で知り合った女性との間に一人の息子を設けたが，その息子の子孫480人の半数が知的障害，あるいは何らかの問題を抱えていること，その息子の子孫の家族1146人のうち，正常者は192人にすぎなかったと報告している。

一方，マーチンは戦争後，故郷に戻り，別の女性と正式に結婚しているが，この正妻との間に生まれた息子の子孫はほとんど問題を抱えていない。このように正妻の子孫には障害が少なくデボラとの子孫には障害者が多いことから，知的障害などの問題は遺伝していくと主張したのである。しかし，この考え方には問題がある。第1に，デボラの先祖たちの抱えた問題は遺伝的な影響ではなく，貧困状態のために正常な発達を遂げられず，問題を抱えてしまった可能性が指摘できる。第2に，このような遺伝重視の見方は，身体的，あるいは精神的に優れた能力を持つ人を優先的に保護し，劣った能力の人々を排除してしまおうという優生思想を助長し，人種差別や障害者差別につながる危険性もある。

環境説　遺伝説に対する環境説は，人は環境の中で経験によって，学習し，発達するものであり，その環境とは，自然環境だけではない。周囲の人間や社会といった人的環境が人間の発達に大きく影響するという考え方である。この環境説を極端に示したものとして，アメリカの行動主義心理学を唱えたワトソン（Watson, J. B.）の以下のような言葉が広く知られている。

> 私に12人の健康な，五体満足な子どもと，彼らを育てるための特別な環境を与えよ。私はその中からランダムに選ばれた子どもを，その祖先から受け継いだ才能，好み，能力，職業や，人種に関係なく，どんなタイプの専門家にでもしてみせよう。例えば医者，弁護士，芸術家，いや，それどころか，乞食でも，泥棒にでもできる（Watson, 1930）。

つまり，ある職業に就かせるのに適した発達のための環境を用意すれば，その人が生得的に持っている特性に関係なく，どのような職業にも就かせることができるという主張である。このようなワトソンの主張は極端ではあるが，人間の発達には，遺伝だけでなく，環境も関与していることは明らかであろう。

環境説の立場から，『狼に育てられた子』（シング）などの「野生児」の話も，論じられることが多い。野生児とは，何らかの理由で人間社会と隔絶された環境で育った子どものことをいう。その中で有名なケースに，カマラとアマラの姉妹がよく取り上げられる。彼女たちはインドで発見された後，シング牧師によって育てられたのであるが，発見された当時，2人は四つ足で歩き，ミルクや水を犬や狼のように四バイで皿に口を近づけて飲み，生肉しか食べなかった。その後2人は牧師の努力で懸命に人間らしい行動をするようにしつけ・教育されたが，普通の子どものようには成長できなかった。つまり，人間がいる社会環境の中で，発達の初期に育てられなかったために，人間らしく発達できなかったというのである。ただし，現在ではこの事例の報告内容には多くの虚偽が指摘されており，信憑性が疑われている（鈴木，2008）。

成　熟　説　発達研究の進展によって，子どもたちの発達の諸相が明らかになるにつれて，遺伝か環境か，どちらか一方が発達を規定するといった極端な主張は減り，環境も遺伝も発達に関係するとする見方が主流となってきた。

ゲゼル（Gesell, A.）は心身の発達に適した状態が整った状態を**レディネス**（readiness）と名づけ，そのレディネスに達したときに学習の効果が現れやすいという**成熟説**を提唱している。彼は，一卵性双生児を対象に，一方の双生児には生後46週から，数段の階段登りの練習を6週間にわたって行った。その結果，階段登りの学習訓練を行った双子の一人は26秒で階段を上がることができるようになった。一方，階段登りの訓練を受けてこなかったもう一方の双子の階段登りは45秒かかった。ところが，訓練を受けてこなかった子どもも，46週から訓練を受けてきた子どもも，同じように階段登りの訓練を続けたところ，2週間の練習期間だけで生後52週まで階段登りの訓練を行わなかった双子のもう一人が10秒で階段を上がれるようになった。この結果から，ゲゼルは生得的な成熟による準備が整った段階で，学習が効果的に行われると主張し，生得的要因が重要であるとして，「成熟説」を主張した。すなわち，ゲゼルの主張は，ある発達段階に到達するためには，その段階に移行するのに十分な心身の成熟が必要であると捉えており，学習に成熟が優先するといえる。

輻輳説と相互作用説　シュテルン（Stern, D. N.）は，さまざまな特性

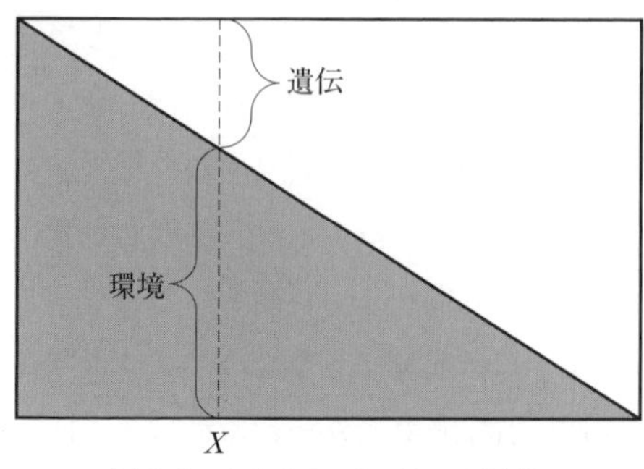

図 1-1　ルクセンブルガーの図式

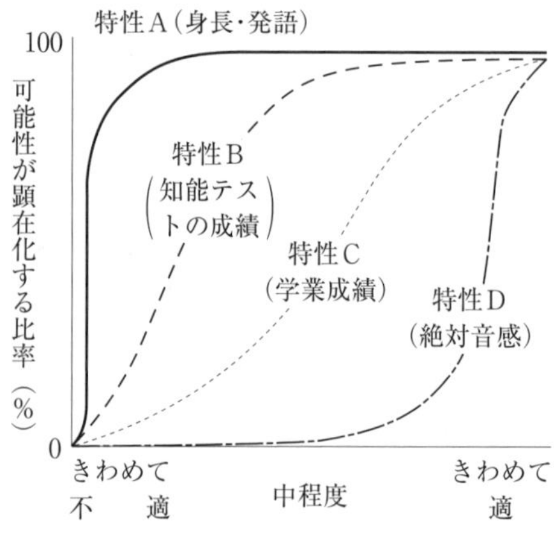

図 1-2　ジェンセンの環境閾値説

の発達は，遺伝による影響と，環境による影響の両者が加算的に機能すると捉え，**輻輳説**を提唱している。ルクセンブルガー（Luxenburger, J. H.）はこの考え方を図 1-1 に示したように説明している。しかし，この考え方では，遺伝も環境も独立して発達に影響を与えるものとなってしまい，遺伝と環境が相互に影響し合うという観点が抜けている。また，発達における遺伝の影響と環境の影響を明瞭に切り分けることはできない。そこで，現代では，遺伝と環境が相互に影響し合っているとする**相互作用説**が一般的になっている。

中でも，ジェンセン（Jensen, A. R.）の**環境閾値説**が有力視されている。閾値とは境目となる値のことである。環境閾値説では，遺伝によって与えられた能力や特性がその人に現れるために必要な環境の適切さの最低限度が閾値である。つまり，持って生まれた能力や特性が現れるためにはそれ相応の環境が必要という考え方である。例えば，図 1-2 に示したように，身長などは環境が不十分でも，親から受け継いだ遺伝特性はよほどの劣悪な環境でない限り現れやすいが，絶対音感のような特性はきわめて適切な環境が整うことで，初めて発現するというのである。

3　発達の基礎理論

発達するということは何か。どういう仕組みで，どういう順序で発達していくのか。さらに発達をどのように促していくのかなど，発達心理学はこのような疑問に答えようと多くの理論が構築されてきた。以下では，発達に関する主な理論を概説する。

ピアジェの認知発達理論　現代の発達心理学に最も大きな影響を及ぼした理論にピアジェ（Piaget, J.）の**認知発達理論**がある。ピアジェは，子どもたちの詳細な観察記録から，子どもたちは環境に働きかけ，その経験から外界への認識を深めていくことを明らかにした。そのとき，**シェマ**（schema）と呼ばれる認知構造を使って外界に適応し，外界を知っていくと捉えている。

今まで見たことないような物に出会うと，子どもは既有のシェマとその新奇なものを比較しながら理解しようとする。もしその新奇なものが既有のシェマの枠組みに合えば，既有の知識にその新奇なものをつけ加える。例えば，柴犬を見て「イヌ」と命名できる子どもが，初めて見るタイプの犬，例えばブルドッグのような鼻が突き出ていない犬を見てもそれを「犬」と認識するならば，その子どもは「四足で全身に毛の生えた生き物は犬だ」という犬シェマを持っていると考えられる。つまり，ブルドッグも柴犬と同じように「四足で全身に毛が生えている」という特性を共通に持っているので，「イヌ」という生き物の知識（シェマ）に新たにブルドッグを「イヌ」シェマにつけ加えたことになる。このように既有の知識に新たな知識をつけ加えることを同化という。

ところが，「四足で全身に毛が生えている」が，親はそれを「イヌ」と名づけず，「ネコ」と名づける場面に子どもが遭遇したとしよう。「四足で全身に毛が生えている」のになぜ親はそれを「イヌ」と名づけないのか子どもは考える。そのとき，「四足で全身に毛が生えている」その生き物が「ニャー」と啼いた。子どもは，犬はワンワンと啼くのに，この動物は啼き方が違うことに気づき，「四足で全身に毛が生えている」点では共通しているが，ワンワンと啼かず,「ニャー」と啼く動物は犬ではなく猫と名づける動物なのだと新しく猫という名前の動物がいるという猫シェマを作り上げることになる。同時に犬シェマにも,「四足で全身に毛が生えている」という知識に,ワンワンと啼く動物という条件をつけ加え,知識の構造を変化させる。このように既有のシェマの枠組みに合わなければ,既有のシェマの枠組みを組み替えて,新奇なものを理解できるようにしていくことを調節という。ピアジェは,この同化と調節の2つのプロセスはバランスをとりながら発達していくと捉え,このプロセスを**均衡化**と名づけ,この均衡化のプロセスが人の思考力の発達の源泉であると考えた。

このような発達の原動力のもと,ピアジェは,思考は4つの質的に異なる発達段階があるとした。①**感覚運動期**,②**前操作期**,③**具体的操作期**,④**形式的操作期**と4つの段階を経て進行していくと主張し,これらの発達の順序はすべての人間に共通した普遍的なものと見なしたのである(この発達段階の詳細は2章を参照)。

ハヴィガーストの発達課題　ハヴィガースト(Havighurst, R. J., 1972)は,乳児期から高齢期までの各発達段階の特徴を分析して,各発達段階の中で達成すべき課題があるとし,それらを**発達課題**(developmental tasks)と総称している(表1-1)。彼は,個人が健全に成長し,社会に適応するため,人は発達段階ごとに社会から社会的技能や知識の習得等の課題の達成を求められており,それぞれの時期に,発達課題を達成すればその人は幸福になり,次の発達段階の課題の達成も容易になる。しかし,失敗した場合は,社会から承認されず,次の発達段階の課題を成し遂げるのも困難になると考えたのである。ただし,発達課題は社会に適応できることを到達水準と捉えるものであるので,その個人が生活する社会に依存するものである。したがって,表1-1に示した発達課題は,ハヴィガーストがアメリカの中流家庭を標準にして検討したものであり,この表の課題が我が国にそのまま適応できるものとは限らない。

精神分析理論　精神分析学の創始者であるフロイト(Freud, S.)は仮想的な性的エネルギーを**リビドー**と名づけ,このリビドーが集まる器官を中

表1-1　ハヴィガーストの発達課題（Havighurst, 1972をもとに筆者作成）

乳幼児期（0-6歳）	初期成人期（19-30歳）
1. 歩行の学習 2. 固形食物を摂る学習 3. 話すことの学習 4. 排泄方法の学習 5. 性差と性への慎み深さの学習 6. 概念の形成と事物事象を説明する言語の学習 7. 読むことの準備	1. 仲間の選択 2. 男女の社会的役割の獲得 3. 結婚相手との生活の学習 4. 家族を始めること 5. 子育て 6. 家の管理 7. 職業生活の開始 8. 市民の責任を引き受けること 9. 気の合う社会集団を見つけること
児童期（6-12歳）	**中年期（30-60歳）**
1. 普通のゲームに必要な身体的スキルの学習 2. 成長する自分に対する健全な態度の形成 3. 子ども同士仲よくすることの学習 4. 適切な男性的または女性的な社会的役割を学ぶこと 5. 読み，書き，計算することに関する基礎的なスキルの発達 6. 毎日の生活に必要な概念の発達 7. 良心，道徳，価値判断尺度の発達 8. 自立したパーソナリティの形成 9. 社会の集団や制度に対する態度の形成	1. 成熟した市民であり，社会的責任をわきまえていること 2. 経済的生活水準を確立し維持していること 3. 10代の子どもが責任感を持つ幸せな大人になることを支援すること 4. 大人としての余暇活動の開発 5. 配偶者との関係性の形成 6. 生理的変化，あるいは中年期に対して，受容し適応すること 7. 高齢の両親に合わせること
青年期（13-18歳）	**円熟期以後（60歳以上）**
1. 同年代の男女との新しくより成熟した関係の達成 2. 男性，女性の社会的役割の獲得 3. 体の構造の理解と，効果的な使い方の獲得 4. 親や他の大人からの情緒的な独立 5. 結婚と家庭生活の準備のための経済的なキャリアを準備すること 6. 行動の指針となる価値と倫理の体系の獲得 7. 社会的に責任ある行動を欲し，達成すること	1. 体力と健康の低下への適応 2. 退職と所得の減少への適応 3. 配偶者の死への適応 4. 自分と同年輩の老人たちと明るい親密な関係を確立すること 5. 社会的，かつ市民的な責務を果たすこと 6. 肉体的生活を満足に送れるよう準備態勢を確立すること

表 1-2　エリクソンの発達段階と発達課題

発達段階	年齢	心理社会的危機 求められる課題 対 危機	導かれる要素
幼児期	0 ～ 1 歳	基本的信頼 対 基本的不信	希望
早期幼児期	1 ～ 3 歳	自律 対 恥・疑惑	意志
遊戯期	3 ～ 6 歳	自発性 対 罪悪感	目的
学童期	7 ～ 11 歳	勤勉性 対 劣等感	有能
青年期	12 ～ 20 歳	アイデンティティ 対 役割の混乱	忠誠
初期成人期	20 ～ 30 歳	親密性 対 孤独	愛
成人期	30 ～ 65 歳	生殖性 対 停滞	世話
成熟期	65 歳～	統合性 対 絶望	知恵

心に発達が進むと考えた。リビドーが身体のどの器官に集まるのかによって，①口唇期，②肛門期，③エディプス期，④潜在期，⑤性器期の５つの発達段階を経て成人になっていくと考えた。

精神分析学の流れを汲むエリクソン（Erikson, E. H.）は，フロイトの発達段階を踏襲しつつ，８つの発達段階を想定し，各発達段階に特有の**心理社会的危機**があり，その危機を克服するために「求められる課題」が現れると主張した。表 1-2 には各発達段階の危機とその克服のための発達課題と，各発達課題の克服の結果，獲得することができるとされている「導かれる要素」を示した。例えば，乳児はお腹が空くと泣く。その泣き声に導かれて養育者は乳を乳児に与える。このような繰り返しの中，乳児は養育者への信頼感を基礎に，世界に対する「基本的信頼」の感覚を獲得し，希望を持つようになる。ところが，親の反応が鈍かったり，ネグレクトのような児童虐待を受けている乳児は，その達成感を獲得できず，「基本的不信」感に陥ってしまう。

ヴィゴツキーの社会文化的発達理論　ヴィゴツキー（Vygotsky, L. S.）は，社会・文化・歴史的に構成された人間関係や文化的対象を獲得していく過程として発達を捉えている。例えば，２人の子どもに知能テストを行ったところ，２人とも知能水準が７歳であったとしても，２人の発達水準は必ずしも等しくないという。なぜなら，そのうちの一人はちょっとした援助で９歳のレベルの問題を解くことができるが，もう一人は７歳半のレベルの問題しか解けないならば，2人の知的発達水準は同じとはいえない。すなわち，自力でできる現在の発達水準と，自分より発達水準の高い誰かと一緒ならできるちょっと上の水準があり，このちょっと上の水準が，上記の2人では異なっていることになる。この，自力ではできないがちょっとした援助でできるようになる範囲をヴィゴツキーは**発達の最近接領域**（ZPD：Zone of Proximal Development）と名づけた（ヴィゴツキー，2003, pp.17-20）。

教育の主要な役割は，今まさに発達しつつある可能性の次の領域である最近接領域に働きかけることにあると，ヴィゴツキーは主張している。そこで，教師には，「自力では難しいが，大人や誰かの協力があればできるかもしれないこと」を見極め，その子どもに適した課題を与えることや，多すぎず，少なすぎず，ほどよく援助するように配慮したり，実践を振り返ったりするように心がけることが求められる。それによって効率のよい学習を支援することができるというのである。先に述べたゲゼルの成熟説では，発達の準備が整うことで，学習が効果的に進むと捉えられており，発達が学習に先んじると主張されている。ところが，ヴィゴツキーは発達よりも先に「発達の最近接領域」への教授的な働きかけが重要であり，学習の成立が発達を牽引するとしているのである。

引用・参考文献

淺野成俊　1925　カリカック家族における低能の遺傳　心理研究，**28**(**164**), 192-209.

Goddard, H. H. 1912　*The Kallikak Family: A Study in the Heredity of Feeble-Mindedness*. New York: Macmillan.

Havighurst, R. J. 1972　*Developmental Tasks and Education*. New York: D. McKay Co.

シング，J. A. L.（中野善達・清水知子訳）1977　狼に育てられた子　福村出版.

鈴木光太郎　2008　オオカミ少女はいなかった―心理学の神話をめぐる冒険　新曜社.

ヴィゴツキー，L. S.（土井捷三・神谷栄司訳）2003 「発達の最近接領域」の理論―教授・学習過程における子どもの発達　三学出版.

Watson, J. B. 1930　*Behaviorism (Revised edition)*. Chicago: University of Chicago Press.

模擬試験問題

問1　ハヴィガーストが示した各発達段階における発達課題について，発達段階と発達課題の①～⑥の組合せとして最も適切なものを選びなさい。

ア　自分の身体の構造を理解し，身体を有効に使うこと。

イ　自分に適した社会集団を見つけること。

ウ　友だちと仲よくすること。

エ　善悪の区別の学習と良心を発達させること。

オ　両親や他の大人からの精神的な自立。

カ　自分の年頃の人々と明るい親密な関係を結ぶ。

①　児童期…エ　青年期…オ　円熟期…ア

②　児童期…ウ　青年期…イ　円熟期…オ

③　児童期…ア　青年期…カ　円熟期…イ

④　児童期…ウ　青年期…ア　円熟期…カ

⑤　児童期…ア　青年期…オ　円熟期…カ

⑥　児童期…エ　青年期…カ　円熟期…ア

問2　遺伝と環境に関する学説として，正しいものはいくつあるか，答えなさい。

ア　成熟説は，学習の成立に必要な準備状態であるレディネスを重視する。

イ　環境説では，出生前の経験や，周囲への働きかけ，環境からの影響を重視する。

ウ　輻輳説では，発達は遺伝的要因と環境的要因のかけ算的な影響により捉えられるとした。

エ　環境閾値説では，特性によって環境要因から受ける影響の大きさが異なり，環境がある一定の水準に達したときにその特性が発現するとした。

オ　遺伝説では，発達の主要因は遺伝であり，人の一生を左右すると考えている。

①1つ　②2つ　③3つ　④4つ　⑤5つ　⑥一つもない

2章

乳幼児期の発達

1　原始反射と発達

出生直後は，大脳皮質が未熟なため，大人には見られない，**原始反射**が存在する。新生児期（出生～4週間）から乳児期（生後1ヶ月から1歳）の子どもが，外界に適応するために備えた生得的な反応様式で，外部からの刺激に対して生じる不随意運動である。大脳皮質等の中枢神経の発達が進むと消失し，その後，自らの意思によって動かすことのできる随意運動が可能になる。

原始反射の出現と消失　原始反射にはいくつかの種類があり，出現時期や消失時期も異なる。出生直後に出現して，3～4ヶ月で消失するものに，手のひらに物が触れるとぎゅっと握りしめる**把握反射**がある。これは，後に発達する**目と手の協応**の基盤となり，目に入ったものを自発的にとろうとする行動につながる原始反射と考えられている。また，乳児期までの子どもは，おっぱいを探し当ててお乳を飲む必要があるが，口もとに物が触れるとそちらに顔を向ける**口唇探索反射**や口の中に物を入れると吸う**吸啜反射**は，栄養補給をするための手段として役立っている。

さらに，仰向けにして急に落とすような仕草をすると，両手を広げ，脚と頭を伸ばす格好をする**モロー反射**，子どもをわきの下で支えて立たせ，上体を少し前かがみに向けると，足を交互に屈伸させて歩くような運動をする**自動歩行**などもある。自動歩行は，歩行反射ということもあり，生後約1ヶ月半で消失する。また生後11ヶ月頃まで残る**バビンスキー反射**は，足の裏のかかとからつま先までをなぞるように触れると指を広げるような動作が見られる。これらの原始反射は，後の運動発達や生命維持などと明確な関連は見られないものの，脳神経の発達の指標と見なされ，乳児検診の際にも確認されることがある。目安となる消失時期がすぎても反射が残っていたり，左右で反応が異なっていたりする場合は，発達障害や脳機能障害が疑われることもある。

このように，原始反射は大脳皮質の発達とともに必要がなくなり，消失するものであるが，外界へ適応するための反応であり，神経構造が正常に機能しているかどうかを確認する指標となる。

2　乳幼児期の知覚の特徴

私たちは，目や耳，口，鼻，皮膚などの感覚器官を通して外界から情報を取り込んで**知覚**している。ここからは，乳幼児期の子どもにどれほどの知覚能力が備わっているのかを見ていく。本節では，知覚の中でも，見る（視覚），聴く（聴覚），味わう（味覚），においを嗅ぐ（嗅覚），触る（触覚）の五感に関して取り上げる。

視　　覚　乳児の視力の発達はゆっくりと進み，新生児の段階では0.02～0.03程度であり，生後6ヶ月頃までに0.2程度になるが，近視であることがわかっている。そして2～3歳頃になり，大人と同程度の視力になることが報告されている。

生後2日の新生児であっても，動くものを目で追うこと（追視）はできる。しかし注意の持続時間は短く，視線の移動（視覚走査）が不十分なため，対象をすぐに見失ってしまうという特徴がある。生後1ヶ月児と2ヶ月児の視覚走査の特徴を検討したサラパティックの研究（Salapatek, P., 1975）では，1ヶ月児の視覚走査は図形の角などの一部に集中するのに対し，2ヶ月児になると，図形の広い範囲に広がることが明らかにされている（図2-1）。

以上のように乳児は大人と同じように外界が見えてはいないものの，周囲を漠然と見ているわけでなく，とりわけ「人」を好んで見ていることが知られている。ファンツ（Fantz, R. L., 1961）は，2ヶ月から6ヶ月頃までの乳児を対象に，どんなものを好んで見るか（選好注視するか）を調べるため，乳児の上に2つの図形を対提示し，どちらの図形をより長く注視するかを検討した。この方法は，**選好注視法**（preferential looking method）と呼ばれ，その後の乳

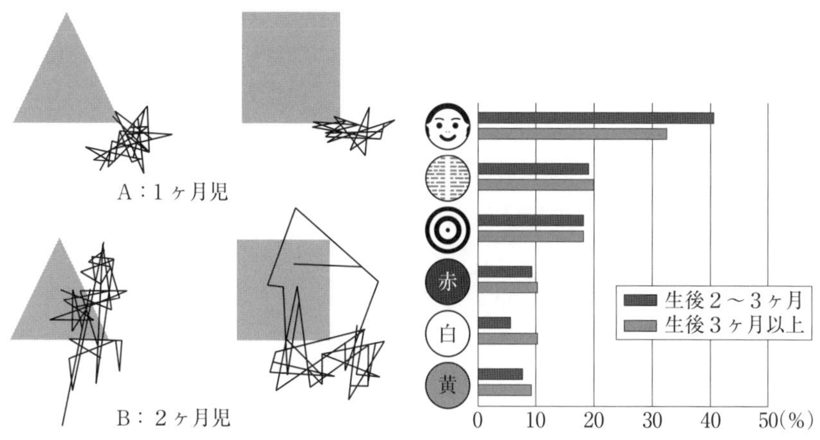

図 2-1　乳児の視覚走査のパターン
(Salapatek, 1975；内田, 1991 より引用)

図 2-2　図形パターンに対する乳児の注視率
(Fantz, 1961)

児研究でも多く用いられている方法である。実験の結果，単純な図形よりも複雑な図形をより長く見ることがわかり，一番長く注視したのは目，口，鼻などの顔の基本要素が描かれた図形であることがわかっている（図 2-2）。

奥行きの知覚　ここまで2次元（平面）を知覚することについて述べてきたが，3次元（空間）の知覚，つまり**奥行き知覚**について調べた研究もある。ギブソンとウォーク（Gibson, E. J., & Walk, R. D., 1960）は視覚的断崖と呼ばれる装置を用いて実験を行った。1m ほどの高さにガラス板を設置し，左右半分に分け，一方には碁盤目状の模様を張り，もう一方はガラス板の下（床）に碁盤目状の模様を張る（図 2-3）。大人がガラス板の上から見ると，左側で深さ（断崖）を知覚することができる。実験では，このガラス板の中央にある渡り板部分に乳児を乗せ，乳児がどのように移動するかを観察した。乳児が奥行きを知覚することができていれば深い側への移動は最小限になると予想された。その結果，6ヶ月児から 14ヶ月児の子どものほとんどは深い側に移動することはなかった。よって6ヶ月児でも奥行きの知覚はできていると考えられている。

聴　覚　聴覚の発達は視覚と比較すると早く，胎児期から進んで

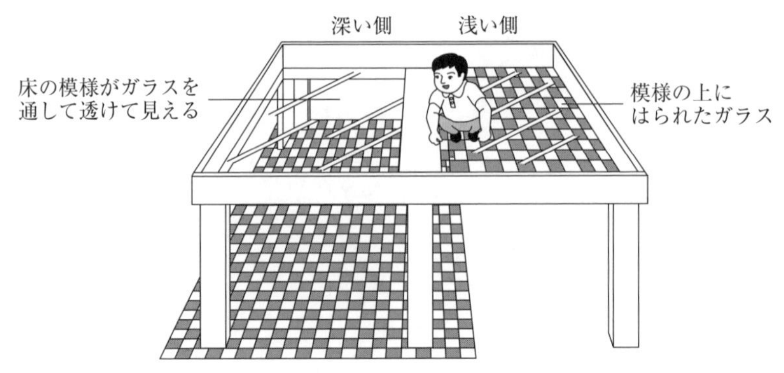

図 2-3　視覚的断崖の装置
(Gibson & Walk, 1960；須藤，2012 より引用)

いる。出生後も音に対して，まばたきをしたり，四肢を動かしたりするなどの反応が見られる。聴覚の発達は，心拍数を計測するような間接的方法や，視覚刺激と聴覚刺激を組み合わせて調べる方法により，音の大小の区別ができたり，周波数の異なる音（高音・低音）を聞き分けることができることがわかっている。特に高い音については，大人と同じように区別できるが，低い音を区別することは難しいことがわかっている（Olsho, L. W., 1984）。

味　　覚　　味覚については胎児期の頃からある程度発達していると考えられている。味覚は甘味，塩味，酸味，苦味に加えてうま味の5基本味が存在すると定義されているが，新生児や乳児でも味の弁別がついているという報告がある。甘味のある水溶液に対しては，口を吸うような仕草をし，酸味のある水溶液に対しては唇をすぼめて鼻にしわを寄せるような仕草をすることがわかっている。どの程度の濃度で反応するかには個人差があるが，反応のパターンには一貫性がある。

またこの時期の子どもは，大人が区別できる濃度より低い濃度で味を弁別できる傾向があるが，生後半年頃から離乳食が始まり，濃い味つけに慣れてしまうと，それぞれの味覚に対する感度も鈍くなる可能性があるので，離乳食の味つけは大人が薄いと感じる程度がよいとされている。

嗅　　覚　　嗅覚は出生時の感覚器官の中で最も発達している。胎児期の頃から羊水に触れ，羊水のニオイの影響を受けていることから，出生直後の新生児は自分が接していた羊水とそうではない羊水のニオイを弁別し，自分の接していた羊水を好むことがわかっている。大人では難しい区別であるが，新生児も発達とともに徐々にこの区別ができなくなっていく。

出生後，母乳を飲み始めると，母乳のニオイを嗅ぎ分けることができるようになり，母乳のニオイへの選好を高めていく。胎児期から乳児期までの子どもにとって，羊水や母乳などのニオイは生命維持のために知覚しておかなければならない重要なニオイであるため，この時期に敏感に反応すると考えられている。

そのほか，刺激臭や腐敗臭といったニオイに対しては顔をしかめたり，泣いたりするということが報告されている。一般的に大人が不快に感じるニオイに対しても同様の反応が見られ，ニオイに対する不快感についても生得的に備わっていることがわかっている。

触　　覚　1節で紹介した口唇探索反射やバビンスキー反射のように，触覚に関わる反応も誕生直後からよく見られる。特に足の裏や口もとに対して何か刺激が加わると，敏感に反応する。出生時には温度感覚や痛覚はあまり機能していないが，生後急速に発達する。

知覚間の協応　ここまで，五感について個別に紹介したが，それぞれの知覚は協応することがわかっている。例えば，4ヶ月の乳児に音と動きが一致した人形と，音と動きがずれた人形を見せると，音と動きが一致した人形をよく見るという結果がある（Spelke, E. S., 1979）。このことから，乳児は聴覚と視覚の同期性があることが示唆され，それぞれの知覚を関連させて対象を認識していることがわかる。

そのほかにも，視覚と触覚の協応についての研究がある。1ヶ月の乳児を半数に分け，一方にはイボイボのついたおしゃぶりを，他方にはなめらかなおしゃぶりを暗闇の中で与え，口にくわえさせる。一定時間をすぎた後，明るい部屋で両方のおしゃぶりを見せると，乳児は自分が口にくわえて舐めていた方のおしゃぶりをより長く見たことがわかっている（Meltzoff, A. N. & Borton, R. W., 1979）。

以上のように，乳児は各感覚器官を使って単独で知覚しているだけでなく，それぞれの感覚器官で知覚されたことを関連づけて外界を認識している。出生後間もなく，環境に適応し，人と関わるための能力が備わっていることがわかる。

3　物に対する認識

乳児の目の前にクマの人形があり，それにタオルを被せてクマが直接見えないようにしたら，乳児はそのクマがどうなったと思うだろうか。私たち大人は，タオルに覆われていてもその下にクマの人形があることは自明のことのように思えるが，このように認識できるのは対象の永続性（object permanence：物の永続性ともいう）の概念があるからである。

対象の永続性　**対象の永続性**とは，視覚や触覚によって直接知覚できなくても対象を実体のある永続的なものとして捉えることである。この概念に対して最初に研究を行ったのはピアジェ（Piaget, J.）で，子どもが見えなくなった対象に対してどのような行動をとるか観察し，対象の永続性の発達過程を明らかにした。

生後4ヶ月頃までは見えなくなった対象に対して反応は見られず，4～8ヶ月頃になると見えなくなった対象が一部見えているとそれを手がかりに探すことができる反応が見られるようになる。そして8ヶ月～12ヶ月頃になると隠された対象を探し出すことができ，対象の永続性が成立してきたことがわかる。しかし，この段階では，一度隠された対象が別の場所へ移動する様子を見ていても，最初に対象があった場所を探し続けてしまう。このように，移動した後の場所を探すことができるようになるのは1歳半以降で，感覚運動期の最終段階になると考えられていた。

しかしその後の研究では，対象の永続性の理解を調べる実験が開発され，ピアジェがいうより早い，生後5ヶ月半の乳児でも対象の永続性の概念が成立し始めることを示す見解もある（Baillargeon, R., & Graber, M., 1987）。また，なぜ乳児が見えなくなったものを探索できないかということに関しては，乳児の記憶力に限りがあること，不適切な反応への抑制ができないことなどさまざまな観点から検討がされており，研究の立場により意見が分かれるところである。

4　アタッチメント

アタッチメント（attachment：愛着）は，乳幼児期の発達心理学の中で最も重要な概念の一つで，ボウルビィ（Bowlby, J.）によって提唱された。特定の個人に対する親密な情緒的絆であり（Bowlby, 1988），乳幼児期の子どもでは多くの場合，母親などの養育者と特別な関係を築くと考えられてきた（以降，特定の対象者を母親と記述する）。ここからは，愛着の発達段階，愛着のパターンについて述べていく。

愛着の発達段階　乳幼児は，母親と接近するためにさまざまな行動をとり，それらの行動は**愛着行動**と呼ばれる。泣く，微笑む，発声などの**発信**，母親の方に視線を向けたりする**定位**，自ら近づき抱きついたり，しがみついたりする**能動的身体接触**の3種類があり，愛着の発達段階により愛着行動の表出の仕方は変化する。一般的に，愛着の発達段階は4段階あると考えられている。

【第1段階】人の弁別を伴わない定位と発信（出生～12週頃まで）

人に関心を示すが，人を区別した行動は見られない。人が通るとその姿を目で追ったり，声のする方を見たり，自分から声を出したり泣いたりして人の注意を引きつけるような行動を誰に対しても行う。よってこの時期の乳児の行動は，特定の誰かに対して向けられた行動ではないという特徴を持っているといえる。

【第2段階】一人または数人の特定対象者に対する定位と発信（生後12週頃から6，7ヶ月頃まで）

母親とそれ以外に対して区別したような行動が見られるようになる。第1段階よりも人に対する反応や働きかけが活発になり，さらに母親に対しては微笑んだり，声を出したりするということが多く見られる。母親を特別な人として区別し，自分を安心させてくれる存在（**愛着対象**）として認識し始める時期である。

【第3段階】発信ならびに移動による特定対象者への接近の維持（生後6，7ヶ月～2，3歳頃）

養育者に対する愛着の形成が明確になり，母親とそれ以外の人への反応の違いが顕著に見られる時期である。母親以外にも家族などの身近な存在は2次的な愛着対象となり愛着行動が示されるが，見知らぬ人に対しては恐怖心や警戒心を抱くようになる。いわゆる**人見知り**や**分離不安**はこの頃から見られる現象である。

さらにこの時期にはハイハイや歩行ができるようになってくるため，母親が自分から離れていこうとするときには後追いやしがみつきなど，自ら近づき近接関係を維持したり回復したりしようとする能動的身体接触が見られる。また，母親を拠点（**安全基地**）として，その存在を意識しながら少し離れたところで遊ぶといったような**探索行動**が見られるのもこの時期の特徴である。

【第4段階】目標修正的な協調性の形成（2，3歳以降）

この時期になると，母親の目的や行動が予測できるようになり，予測に応じて自分の行動を変化させることができるようになる。例えば，母親が買い物に行ったけど，すぐに家に帰ってくるというように母親の行動の洞察ができ，自分の部屋でお気に入りのおもちゃで遊んで待っていることができる。

身体接触がなくても安心して生活することができるようになることで，第3段階で見られたような愛着行動は減少する。これは安全の拠り所としてのイメージが確固たるものとして定着してきたことを示す。

愛着の個人差　愛着の関係性には個人差があり，愛着スタイルの質を実験的に測定できる方法として，エインズワース（Ainsworth, M. D. S.）が開発した**ストレンジ・シチュエーション法**（strange situation procedure）がある（Ainsworth, et al., 1978）。

ストレンジ・シチュエーション法は図2-4に示すような8つの場面があり，母子の分離と再会，見知らぬ人（ストレンジャー）の接近で構成され，子どもの行動をビデオで記録して抽出し，分析を行う。子どもは実験室というなじみのない場所で，母親との分離や再会，ストレンジャーとの出会いを体験するため，ストレスが適度に高まり，愛着行動の反応を引き出しやすいと考えられている。母親を安全基地として探索行動を行うのかどうか，母親が離れる際に回避を拒否するような泣きや後追い行動が見られるのかどうか，母親が帰ってきた際に接近や近接の維持を求めるような行動が見られるのかどうかなどが調べられる。

このような方法により，子どもの愛着行動のパターンはいくつかの特徴に分かれることが明らかになっている。エインズワースは，愛着の個人差を**回避型**（A型），**安定型**（B型），**アンビバレント型**（C型）の3つに分けた。そして今日では**無秩序型**（D型）を加えた結果で分類することも多くなっている。回避型（A型）は，母親を安全基地として探索行動する様子がなく，母親との分離の際に泣きや後追いの行動が見られず，母親との再会で母親が抱こうとしても自ら抱きつくことがなく，よそよそしい態度をとったりする特徴がある。安定型（B型）は，母親を安全基地として探索を行い，分離時

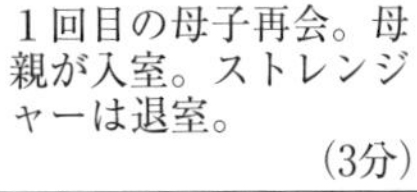
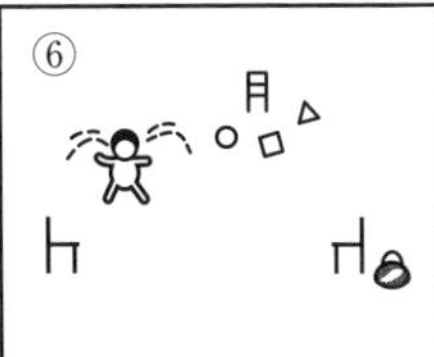

図2-4　ストレンジ・シチュエーション法の8場面
（繁多，1987より引用）

には泣いたり，母親の後追いをする様子も見られる。また，母親との再会では，積極的に身体接触を求める様子が見られ，それまでの泣きは治まる。アンビバレント型（C型）は，母親を安全基地として探索行動を行うことが少なく，母親に必要以上に身体接触を求める様子が見られることがある。分離時は強い混乱や不安を示し，再会時には母親に激しく身体接触を求め，さらに分離時の悲しみや不安が治まらずに母親を激しく叩いて反抗するような相反する行動が見られることもある。無秩序型（D型）は，不安定なタイプでなおかつ回避型にもアンビバレント型にも分類できないものとして見いだされた。接近と回避という相反する行動が両立するタイプで，顔を背けて母親に近づいたり，母親にしがみついたかと思えば床に倒れ込んで離れたいような動きをしたり，一貫性のない行動を示す特徴がある。

内的ワーキングモデル　乳幼児期の頃は，愛着対象との物理的な距離の接近・維持によって安心感を得ていたが，成長とともに，実際に近接することに頼らなくても，愛着対象との関係に対するイメージ（表象）を持つことができるようになる。また，愛着対象との関係性の表象は，対人認知の枠組みとなり，家族以外の他者の自分に対する態度を予測したり，他者への態度を形成する基盤となる。これをボウルビィは，**内的ワーキングモデル**（Internal Working Model：IWM）と呼び，乳幼児期だけではなく，生涯発達過程として捉えている（Bowlby, 1969）。

例えば，母親との愛着関係の性質について，乳幼児期に母親に抱きつくと，それに応じて抱きしめてくれたといった経験から，母親に対して「愛すると応答してくれる」，自分自身についても「愛される存在だ」という表象ができる。このような肯定的な表象は他の人間関係を形成する際にも適用され，相手に対して積極的に関わると，それに相手も応えてくれるといった確信や期待を持って接することになる。

このように内的ワーキングモデルは多くの場合，自動的に働き，時間が経っても安定して保ち続けられ，乳幼児期に形成された愛着関係は，他者一般への対人認知や人間関係の形成にも影響を及ぼすものと考えられている。

引用・参考文献

Ainsworth, M. D. S., Blehar, M. C., Waters, E., & Wall, S. 1978 *Patterns of Attachment: A Psychological Study of the Strange Situation*. Lawrence Erlbaum Associations.

Baillargeon, R., & Graber, M. 1987 Where's the Rabbit? 5.5-Month-Old Infants' Representation of the Height of a Hidden Object. *Cognitive development*, **2**, 375-392.

Bowlby, J. 1969 *Attachment and Loss: Vol.1 Attachment*. Basic Books.（黒田実郎ほか訳　1976　母子関係の理論１　愛着行動　岩崎学術出版社.）

Bowlby, J. 1988 *A Secure Base: Clinical Applications of Attachment Theory*. Routledge.（二木武監訳　1993　母と子のアタッチメント—心の安全基地　医歯薬出版.）

Fantz, R. L. 1961 The Origin of Form Perception. *Scientific American*, **204**, 66-72.

Gibson, E. J., & Walk, R. D. 1960 The "Visual Cliff." *Scientific American*, **202**, 64-72.

繁多進　1987　愛着の発達—母と子の心の結びつき　大日本図書.

Meltzoff, A. N., & Borton, R. W. 1979 Intermodal Matching by Human Neonates. *Nature*, **282**, 403-404.

Olsho, L. W. 1984 Infant Frequency Discrimination. *Infant Behavior and Development*, **7**, 27-35.

Salapatek, P. 1975 Pattern Perception in Early Infancy. In L. B. Cohen & P. Salapatek (Eds.), *Basic Visual Processes, Vol.*1 *Infant Perception: From Sensation to Cognition*. Academic Press, 133-248.

Spelke, E. S. 1979 Perceiving Bimodally Specified Events in Infancy. *Developmental psychology*, **15**, 626-636.

須藤智　2012　知覚の発達　福本俊・西村純一編　発達心理学　ナカニシヤ出版, 13-23.

内田伸子　1991　世界認識の形成の開始，内田伸子・臼井博・藤崎春代　乳幼児の心理学（ベーシック現代心理学２）　有斐閣, 25-45.

模擬試験問題

問１　以下の文章の空欄に当てはまる語句を【語群】から選びなさい。

出生時は，大脳皮質の発達が未熟なため，自らの意思によって動かすことのできる（　①　）ができない。よって外部からの刺激に対して生じる（　②　）

が見られる。（　②　）にはいくつか種類があり，手のひらに物が触れるとぎゅっと握りしめる（　③　）や，口元に物が触れるとそちらに顔を向ける（　④　）は出生直後から生後3～4ヶ月頃までの間によく見られる。（　③　）は，目に入ったものを手でとろうとする（　⑤　）につながる（　②　）であり，その後の運動発達と関連する。

新生児であっても動くものを目で追う（　⑥　）や，乳児では好んで（　⑦　）を見ることがわかっている。（　⑧　）は，いくつかの種類の図形を乳児に見せ，乳児がどんなものを好んで見るかを検討する（　⑨　）を用いてこの事実を明らかにした。

【語群】

ア　目と手の協応　**イ**　随意運動　**ウ**　探索　**エ**　吸啜反射
オ　把握反射　**カ**　原始反射　**キ**　モロー反射　**ク**　口唇探索反射
ケ　近視　**コ**　視覚走査　**サ**　追視　**シ**　人の顔　**ス**　丸い図形
セ　複雑な図形　**ソ**　馴化・脱馴化法　**タ**　選好注視法
チ　スペルキ　**ツ**　ファンツ　**テ**　ギブソン

問2　以下の文章の空欄に当てはまる語句を【語群】から選びなさい。

（　①　）は，直接知覚できなくても対象を実体のあるものとして捉えることができる（　②　）の概念を見いだした。（　①　）によると，（　③　）頃になると隠された対象を探し出すことができるが，一度隠された対象が別の場所へ移動した際に，別の場所を探すことができるのは，（　④　）の最終段階であるとした。

（　⑤　）は，特定の他者に対する特別な情緒的絆であると提唱したのは（　⑥　）である。特定の対象者に接近するために泣く，微笑むなどの（　⑦　）や，自ら抱きついたりする（　⑧　）などの（　⑤　）行動が見られる。（　⑤　）の発達段階は，4つの段階に分かれ，第3段階になると，特定の対象者と離れることに対する（　⑨　）が見られ，泣きや後追いなどの行動をとる。また，特定の対象者を（　⑩　）として，少し離れたところで遊ぶ（　⑪　）も見られる。さらに（　⑤　）行動の個人差を測定する方法として（　⑫　）は（　⑬　）を開発した。その手法により，（　⑤　）行動パターンにはいくつかの種類が存在することがわかった。特定の他者を（　⑩　）として（　⑪　）をしたり，離れるときに泣いて後追いをしたりするタイプの（　⑭　）や，特定の他者との再会では抱きつきが見られる一方で激しく叩いたりするような行動も見られるタイプの（ ⑮ ）などがある。そして乳幼児期に（ ⑤ ）対象との物理的な距離の近さやそれを保つことによって得ていた安心感は，やがて内化されて（ ⑯ ）となり，対人関係を築く際にも影響を及ぼす。

【語群】

ア ボウルビィ　**イ** ピアジェ　**ウ** エインズワース　**エ** エリクソン
オ 対象の永続性　**カ** 自己中心性　**キ** 4～5ヶ月　**ク** 8～12ヶ月
ケ 12ヶ月～18ヶ月　**コ** 前操作期　**サ** 感覚運動期　**シ** 具体的操作期
ス 愛着　**セ** 親密　**ソ** 定位　**タ** 発信　**チ** 能動的身体接触
ツ 自発的身体接触　**テ** 安心地帯　**ト** 安全基地　**ナ** 分離不安
ニ 回避不安　**ヌ** 自由遊び　**ネ** 探索行動　**ノ** 折半法
ハ ストレンジ・シチュエーション法　**ヒ** 回避型　**フ** 安定型
ヘ アンビバレント型　**ホ** 無秩序型　**マ** 内的ワーキングモデル
ミ ワーキングメモリ

3章

知的発達のメカニズム

1　ピアジェの認知発達理論

私たちが，外界の対象物を知覚して，それが何かを判断したり，記憶したりすることの総称を認知という。認知の発達とは，何がどのように変化することなのだろう。この章では，ピアジェ（Piaget, J.）の認知発達の考え方，ピアジェ以後の認知発達の考え方を紹介する。

感覚運動期（0歳～2歳）　感覚運動期は，自分自身の感覚と運動を通じて対象に関わり，外界を認識する（**シェマ**を構築する）段階である。この時期の子どもは，自分の身体を繰り返し動かしながら，見る，触る，舐める，叩くなど，能動的に自分の周りのモノや人に働きかけ，その結果生じる感覚を通じながら，自分自身，または，自分以外の人やモノを認識していく。感覚運動期は6段階ある。第1段階（0～1ヶ月）は，**原始反射**等の反射で環境に関わる段階である。第2段階（1～4ヶ月）は，生得的な原始反射のうち，例えば指吸いのように，赤ちゃんにとって快を伴う行動を何度も繰り返しながら（第1次循環反応），単純な習慣が成立する段階である。第3段階（4～8ヶ月）では，ガラガラをつかんで振る遊びを繰り返す等，モノを介した**循環反応**が見られるようになる（第2次循環反応）。目と手の協応により，モノを目で見て，つかむ，口元へ運ぶといった動作が見られ，行為そのものから，行為の結果に関心を持つようになる。第4段階（8～12ヶ月）では，一時の，ある一つの行為に対する結果に囚われなくなり，「布で隠されたモノをとるため（目的），布を取り除く（手段）」ことが可能となり（**対象の永続性**），目的達成のために手段を使うようになる。第5段階になると，試行錯誤的に因果関係を調べながら，事象の性質を探索するようになる（第3次循環反応）。最後の第6段階では，積み木を自動車に見立てる象徴遊び等，以前に見た行動が内面化され，それを心の中で保持する**表象**（イメージ）による思考ができるようになる。

前操作期（2～7歳）　前操作期は，外界を認識するときに，自分で触ったり動いたりするだけでなく，頭の中に表象（イメージ）を浮かべて，対象を理解したり，推測したりできるようになる時期である（このことを，ピアジェは「（心的）**操作**」と呼ぶ）。論理的な推論などは難しく，視覚に頼る判断や推理を行うことが多い。

前操作期の第1の特徴は，あるもので別のものを表す**象徴機能**を使えるようになることである。葉っぱで食べ物を表したり，砂をお皿や型抜きに入れ，出来上がったものをケーキやおにぎりに見立てる姿や，紙を丸めて作った棒を剣に見立てて遊ぶ姿が該当する。描画や言葉も象徴機能が使えるようになった証である。モノを何かに見立てるだけでなく，周りの人の動作を模倣したり，経験したことの動作を再現したり（**延滞模倣**），ごっこ遊びをするといった行動もある。目の前にない事物について思考することができるようになると，物事に共通している特徴を捉えたり（**概念形成**），言葉を使って表現することができるようになる。

前操作期の第2の特徴は，「直感的思考」「自己中心性」である。**直感的思考**は，外界を認識するときに，目の前にある具体物の一番目立つ特徴に依拠しやすいことである。表3-1は，前操作期の子どもが液量保存課題などを行ったときの反応例である。**自己中心性**思考とは，自分自身の直観や位置や活動に関係したものをベースに判断し，他者の視点から物事を捉えることが難しいことである。この時期の子どもたちは，物事を直感的に理解するため，基準に従って分類する等の論理的操作が不得意である。言語面でも「自己中心性」は顕著である。

具体的操作期（7～12歳）　具体的操作期は，目の前に実在していなくても，見たり触ったりできるような具体的な対象については，論理的な思考ができるようになり，「自己中心性」から脱却し，自分と異なる他者の視点も少しずつ考慮できるようになる時期である。物の形や状態を変形させて

表 3-1　前操作的思考段階と具体的操作段階における子どもの思考の特徴（内田，2003）

ピアジェの課題		前操作的思考段階	具体的操作段階
液量の保存	A　B　C	子どもはA，Bの容器に等量の液体が入っていることを認める。それからBをCに移しかえると，液体の高さに惑わされCのほうを「たくさんだ」とこたえたり，容器の細さに惑わされCの方が「少しになった」とこたえる。	子どもは，A，Bの容器に等量の液体が入っていることを認める。それからBをCに移しかえると，液体の高さは変わるが，CにはAと等しい量の液体が入っていることを理解する。
数の保存		子どもは2つの列の長さや間隔の違いに惑わされて，並べ方次第で数が多くも少なくもなると判断する。	子どもは，2つの列は長さと間隔が異なるが，ともに同じ数であることを理解する。
物理量と重さの保存	A　B　C	子どもは，A，Bの粘土のボールが等しい量で，同じ重さであることをまず認める。それからBをつぶしてCのソーセージ型にすると，大きさの違いに着目して，量は変化し，重さも変わると答える。	子どもは，A，Bの粘土のボールが等しい量で，同じ重さであることをまず認める。それからBをつぶしてCのようにしても，それはBのときと等しい量でしかも同じ重さであることを理解する。
長さの保存	A　B	子どもたちは個数の異なった積み木を使って，Aと同じ高さの塔をつくることができない。	子どもは個数の異なった積み木を使って，Aと同じ高さの塔をつくることができる。
客観的空間の保存		子どもはテーブルの上の山がもう1人の子どもにどのように見えるかイメージできない。自分に家が見えていると，相手の子どもにも見えていると思っている。	子どもはテーブルの上の山がもう1人の子どもにどのように見えるかイメージできる。すなわち，自分に見えている家が相手の子どもには見えていないことが理解できる。

も数や長さ，重さや体積は変化しないという概念である**保存**や，ある次元に沿って順番に並べる**系列化**の概念や，あるモノや概念が変化した後に，逆の方向の変化が起こると，もとの状態に戻ることを推理できる**可逆性**が理解できるようになる。前操作期では難しかった保存課題も解決できるようになる（表3-1参照）。ただし，抽象度が高くなると科学的に正しい操作は難しい。論理的思考はできるものの具体性に縛られるため，日常の具体的な知覚体験によって得た素朴概念（例：地球は平ら）と科学概念（例：地球は丸い）の矛盾に気づいても事実を受け入れにくい。言語面でいえば，「主体」「客体」といった抽象的な概念の理解には，具体的な例をあげながらの説明が必要である。

形式的操作期（12歳〜成人まで）　形式的操作期は，具体物や時間の流れに縛られることなく，言語や記号の形式上で可能性のある組合せを考え，仮説的・抽象的な状況においても論理的な思考が可能になる時期である。この時期には，「内容」と「形式」を分離することもできるようになる。形式に従って抽象的に思考できるようになるので，現実に観察された実験結果とは別に，「もし〜なら，○○だろうか」といった推論や，「A>B」かつ「B>C」ならば「A>C」という結論を導くことができる（**仮説演繹的思考**）。また，ある結果を導く要因を系統的に調べていくことができるようになり（**組合せ思考**），天秤のつり合いの調節など，ある事象が変化すると他にも影響を及ぼすことが理解できるようになる（計量的比例概念）。形式的操作の発達は，具体的なものへ中心化する傾向を脱することを意味しており，この後の青年期における未来的なものや，理想や理論を生む必要条件となる。

ピアジェ以後の認知発達の考え方　ピアジェは，認知の発達は人類として生得的なものであり，領域（科学的推論，言語認識，数理認識など）にかかわらず，認知発達の段階は年齢に伴って進み，一つの段階が次の段階の基礎となると考えていた。ピアジェ理論のインパクトは大きく，子どもの認知発達を考える際に欠かせない考え方ではあるが，批判もある（中垣，2011）。理由は，ピアジェが，ヒトは思考のための一般的なメカニズムを持っており，認知機能が発達する順序は不変であると考えていたからである。人は興味のある内容やよく経験する内容や適性のある分野であれば，通常以上の能力を示すことがある。前操作期や具体的操作期の子どもであっても得意な領域であれば，目の前の結果とは別に「もし〜なら，○○だろうか」といった形式的操作段階の推論ができるであろうし，大人が，形式的操作期の推論をどの領域でもするわけではない（具体物を操作することによって，初めて理解できることもある）。

近年では，ヒトは思考のための一般的なメカニズムを持つという考え方よりも，認知の発達は特定領域ごとに進み，ヒトは領域に応じた認知を行い，それらを関連させたり統合させたりしていると考えられている。例えば，ピアジェは感覚運動期を通して能動的に世界を探索し活動する乳児の姿を描き出したが，1980年頃から，乳児はピアジェが想定した以上に早い時期からさまざまな事柄を理解することが明らかになってきた。例えば，生後4～5ヶ月でも，見えなくなってもモノが存在し続けるという対象の永続性を理解していることや（Baillargeon, et al., 1985），5ヶ月でも，2～3個の数に対して初歩的な計数能力を発揮することが示されている（Wynn, 1992）。

2　言語機能の発達

前言語的コミュニケーション　意味のある言葉（初語）を話すのは1歳前後であるが，言語機能を獲得する準備は，胎児期から始まっている。妊娠7ヶ月頃に聴覚の機能ができ始め，8ヶ月以降の胎児は外部の音を記憶し，言葉の音調を認識することがわかっている。

生後1ヶ月頃までの発声は，お腹が空いた，眠い，おむつが濡れていて気持ちが悪いなどの不快や，苦痛があると発する叫喚声（叫声）が呼吸のリズムにのって見られる。生後2ヶ月近く経つと，呼吸のリズムとは独立して発声が見られるようになり，泣き声の強弱や音の高低の変化も見られるようになる。この時期は，さまざまな音を出して口の動きを練習し，発音する能力を身につけていく時期と考えられる。この**クーイング**が言葉らしいものへと変化するきざしを見せ始めるのが，生後5～8ヶ月の頃である。この頃出現する音声は**喃語**と呼ばれ，音節が複数あり，そして各音節が子音＋母音の構造を持っている。

生後6ヶ月以降になると，次第に［bababa］や［dadada］のように〈子音＋母音〉の構造が明瞭な複数の音節からなる喃語が見られる。嫌なときや何かをして欲しいときに「アッ，アッ」というような音で意図的に周囲の注意を引こうとする意図が感じられる発声や，手をつないで歩きながら手足の動きに合わせて「ダッ，ダッ」というなど自分の動作に合わせた発声が見られ，発声の違いで感情表現ができるようにもなる。自分から指差しや発声などで要求の対象を伝える行動が見られるのは，初語が見られる前触れである。養育者は，喃語とともに指差しが見られるようになると，子どもが話し始めたと感じるようになる。

養育者との相互作用　幼児期の言葉の発達は，日々の生活の中で周りの環境に自発的に関わり，大人との双方向の関わりの中で発達する。養育者が頻繁に乳児に声をかけたり，話しかけたりすることで，乳児は養育者に対する愛着を形成し，乳児は養育者への喃語を活発に発するようになる。このような双方向性の応答は，言語的音声の発達を促進する重要な要因となる。

生後8ヶ月頃の乳児は初語を話すようになる少し前から，聞き慣れた特定の言葉に反応を示すようになる。うなずいたり，首を振ったり，指差しをしたり，バイバイをしたりといった簡単な身振りや動作を使いながら，感情や欲求を伝えるようになる。そして，9ヶ月以降になると，自分と相手，自分とモノといった二者関係でのやりとりだけではなく，自分・モノ（対象）・相手の三者間でのやりとりをするようになる（図3-1）。例えば，散歩中に見つけた花を母親が指差し，子どもがその花を見る（共同注意）。これは，自分と相手（母親）で対象（花）を共有できる状態であり，この状態を**三項関係**が成立したという。自分の行動やおもちゃなどを相手に見せたり，自分が気づいたものを指差したり（定位の指差し），自らの要求表現に指差しを用いたりす

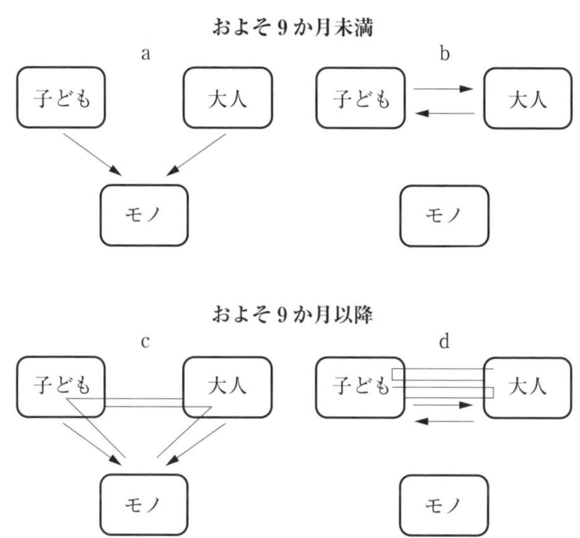

図3-1　子ども・大人・モノ（対象）の関係の発達（板倉，1999）

る行動は，三項関係の成立を示すものであり，自分の中にあるコトを人に伝える力，すなわち，コミュニケーションの土台となる。

初語の獲得　言語の発達は個人差が非常に大きいが，1歳前後の時期に，「パパ」「ママ」などの初めての有意味語である**初語**を話すようになる。一般的に，言語を理解する能力は言語を話す能力に先行して発達するので，話す言葉が少なくても通常はそれ以上のかなりの言葉を理解できている。また，子どもの発する初語の発音や意味が大人の語彙と同じではないことも多い。例えば「ワンワン」を犬だけではなく，猫や他の動物を指すのに用いて**過剰拡張**したり，「ママ」という一つの語を，「ママ行っちゃった」「ママいない」「ママと遊ぶ」というように多義的に使用する。その後，1歳半をすぎると，何か飲みたいときに「みず」といえるなど，目の前にないものを言葉で伝えたり，大人のいった言葉をすぐに真似たりできるようになる。自発的に使える言葉が50以上になり，いわゆる**語彙の爆発的増加**が生じる時期となる。2歳以降になると単語をつなげた簡単な文を作れたり，「～だから」と「どうして？」など簡単な因果表現ができるようになる。2歳半頃には，助詞，助動詞，ですます調を使うようになり，3歳以降になると，どうして？やなぜ？と尋ねる質問が多くなり，4歳以降になると，接続詞を使ったり，なぞなぞやしりとりなどの言葉遊びをするようになる。

言語と思考—内言と外言　**内言**とは，発声を伴わずに自分自身のために用いる内的言語であり，**外言**とは他者に向かって発せられる音声言語である。ピアジェは言語発達過程について「内言」から「外言」へ，ヴィゴツキー（Vygotsky, L. S.）は「外言」から「内言」へ移行することを想定している。この違いは，ピアジェは，個人内の認知発達のメカニズムに着目し，ヴィゴツキーは，個々の認知機能の発達における社会的な関わりを重視しているためである。

ピアジェは，子どもが一人で話しながらおもちゃで遊んでいる場面を観察して，子どもの発するひとり言（内言）は，子どもが自己中心的な思考段階にいるときに出現する言語であり，**脱中心化**へと進む過程で外言を使うようになると，ひとり言（内言）は消失していくと主張した。この見解に対して，ヴィゴツキーは，幼児は，周りに他者がいる状況で課題に取り組んでいる場面ではひとり言が多くなることを見いだし，言語にはコミュニケーション機能と思考機能があると考えた。言語発達的にはコミュニケーションとしての外言が発達するが，次第に，子どもたちは言語をコミュニケーション機能だけでなく，物事の認知や思考のために使うようになり，この移行時期に自己中心的な言語が出現しやすいと主張した。ピアジェとヴィゴツキーの考え方は異なるが，言語を思考するための道具でもあると捉える点は共通している。

読み書きの発達　子どもたちは，文字を認識する前から，家庭や幼稚園や保育所，日々の生活の中で文字を目にしており，意味を大人に尋ねたり読んだり，真似て書く経験を積み重ねている。多くの子どもは，小学校入学前までにひらがなの読み書きを始めることが多い。

読み書き能力の習得の過程には，**音韻意識**の形成が大きく関わっている（天野，1988；高橋，2006）。音韻意識とは，単語がいくつの音のかたまりに分かれており，どの音がどの順に並んでいるかを理解できることである。音韻意識は，遊び（しりとりやなぞなぞ）を通じて徐々に形成されており，子どもの読み書きの発達の要件になるだけでなく，就学後の読みの力にも影響することが示唆されている（高橋，2006）。

3　知能の発達

知能の定義　知能という言葉はよく聞く言葉であるが，**知能**とは何かという問いに対して，明確に統一された定義はない。包括的定義として，ウェクスラー（Wechsler, D.）は，「個々の能力の単なる総和ではなく，目的的に行動し，合理的に思考し，環境を効果的に処理する個人の総合的・全体的能力」と定義している。心理学では，伝統的に「知能は個人の中にあるもの」と考えられ，その前提をもとに知能検査が開発され，知能が測定されている。近年，知能を個人の中に閉じられたものとしてではなく，集団のメンバーの中に，あるいは道具や環境の中に分散して存在していると見なす，分散知能という考え方もあるが，本章では，伝統的な知能観に基づいた理論と知能検査を紹介する。

知能に関する理論　スピアマン（Spearman, C. S.）は，知能は知的活動に共通に働く「一般因子（g：general factor）」と，個々の知的活動に固有の「特殊因子（s：specific factor）」から構成されると考える**二因子説**を提唱した。サーストン（Thurstone, L. L.）は，一般因子を否定して，知能は独立したいくつかの機能から構成されると考える**多因子説**（言語理解，語の流暢性，空間，知覚の速さ，数，記憶，推理）を主張し，ギルフォード（Guilford, J. P.）は知能に関して，「入力情報の内容，情報処理操作，情報処理結果の出力情報または所産」という3次元の**知能構造モデル**（内容〔4種類〕×操作〔5種類〕×所産〔6種類〕＝合計120種類）を提唱した。

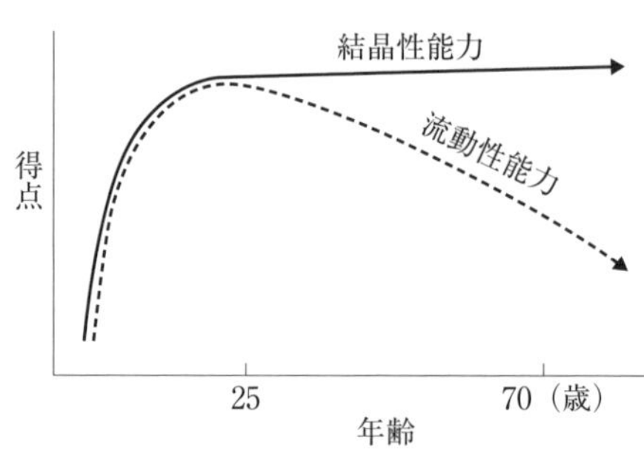

図3-2　流動性知能と結晶性知能の発達
（Baltes, et al., 1980）

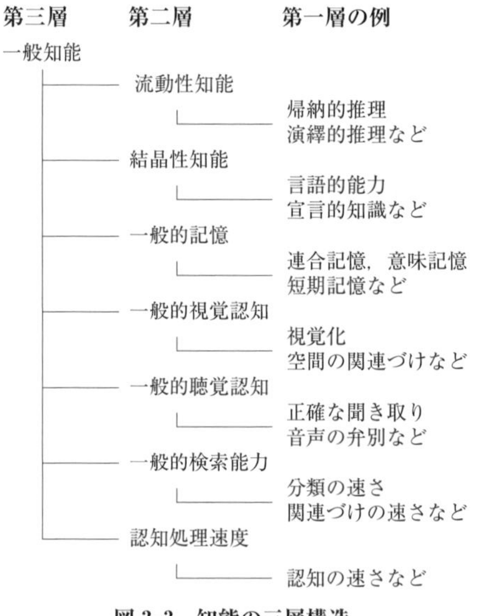

図3-3　知能の三層構造
（山森，2006）

スピアマンの弟子のキャッテル（Cattell, R. B.）は，サーストンの多因子説に理解を示しながら，「一般的知能」（g因子）は，**結晶性知能**（言語能力，理解力，洞察力等）と**流動性知能**（処理スピード，直観力等）に分けることができると述べた。キャッテルは，知能の生涯発達についても検討し，結晶性知能は20歳以降も上昇し，高齢になっても安定している一方，流動性知能は10代後半から20代前半にピークを迎えた後は低下の一途をたどることを示し，知能には加齢に伴って低下しやすい能力だけではなく，維持されやすい能力があることを明らかにした（図 3-2 参照）。

キャッテルは共同研究者のホーンとキャロル（Horn, J. L., & Carroll, J. B.）とともに，これまでの知能研究を再度統計的分析にかけ，知能の三層理論モデルである**CHC 理論**（Cattell-Horn-Carroll Theory）を提唱した（図 3-3 参照）。最上位の第Ⅲ層には，スピアマンの g 因子に対応する一般知能があり，第Ⅱ層には，7 種の知能（流動性知能，結晶性知能，一般的記憶，一般的視覚認知，一般的聴覚認知，一般的検索能力，認知処理速度），第Ⅰ層には具体的な課題によって示された 76 の能力が想定されている。この CHC 理論は，実証データに基づく妥当性の高さから，K-ABC 心理・教育アセスメントバッテリーをはじめとする既存の知能検査の多くに影響を与えている。

知能検査とは　知能とは何かについては定まっていないものの，知能を測定するという社会的な要請は常にあった。19 世紀後半頃から 20 世紀にかけての時期には，子どもたちの知的発達の診断をするための知能検査が数多く開発された。代表的な知能検査にビネー式知能検査とウェクスラー式知能検査と K-ABC 心理・教育アセスメントバッテリーがある。ビネー（Binet, A.）は，さまざまな課題を年齢別に並べ，どの年齢水準まで達成できるか見ることで，知能の発達水準を明らかにする検査を開発した。ビネー式知能検査は，生まれてからの暦の上での年齢を生活年齢（CA），検査で解答できた問題難易度に対応する年齢を精神年齢（MA）と考え，**知能指数**（IQ）を，**精神年齢**（MA）と**生活年齢**（CA）の比率で考えた。

$$\text{知能指数（IQ）} = \frac{\text{精神年齢（MA）}}{\text{生活年齢（CA）}} \times 100$$

例えば，10 歳の子どもが，10 歳までの問題ができれば，子どもの生活年齢は 10 歳，精神年齢は 10 歳となり，IQ は 100 となる。

ビネー式知能検査は知能の全般的な発達水準を見るが，ウェクスラー式知能検査は，**偏差知能指数**（DIQ）を指標として，領域（言語理解，視覚空間，流動性推理，ワーキングメモリ，処理速度）ごとの同年齢集団の中での相対的な位置を見るものである。偏差知能指数は，各年齢の中央値を100として，標準偏差15とした正規分布となるように得点換算したものである。7割近くの人は85～115の間に入る。一般的に，70～85は境界線級／ボーダーライン，51～70未満は軽度知的障害，36～50は中度知的障害，21～35は重度知的障害，20以下は最重度知的障害とされていることが多い。ウェクスラー式知能検査には，児童版のWISC，成人用のWAIS，幼児用のWPPSIがあり，研究知見やデータの蓄積とともに，修正が加えられて，最新版としては，2018年に「WAIS-Ⅳ」が出版されている。

K-ABC心理・教育アセスメントバッテリーは，子どもの認知処理過程を同時処理と継次処理の2側面から捉える検査である。同時処理とは，複数の刺激を全体的に処理し空間的に統合する力を指し，継次処理とは，刺激を一つずつ系列的，時間的順序で処理する力のことを示す。子どもの情報処理の特徴がわかるので，教育や支援に生かしやすい検査である。

新しい知能観　従来の知能観は，ゴールマン（Goleman, D.）の提唱した**EQ**（情動的知能）のような自己や他者の感情を知覚し，また自分の感情をコントロールする能力等が考慮されていないことに加えて，欧米諸国以外の人々の知的能力を網羅していないことが明らかになり，1980年代頃から知能観念の見直しが行われるようになった。

スタンバーグ（Sternberg, R. J.）は，学校場面でなく，生活場面で使われる知能に着目し，分析的知能，創造的知能，実践的知能の3つのバランスを重視する「鼎立（ていりつ）理論」を提唱した。また，ガードナー（Gardner, H.）は，知能は言語的な課題や論理的な数式を解く場合だけに現れるのではなく，芸術やスポーツや対人援助職といった分野にも現れるものと考えた。そして，知能は多数の並列した多重構造によって構成されており，人は少なくとも8つの知能（1. 言語的知能，2. 論理数学的知能，3. 音楽的知能，4. 身体運動的知能，5. 空間的知能，6. 対人的知能，7. 内省的知能，8. 博物学的知能）について独自の組合せを有しており，各々の潜在能力を成長させていくための環境が大切であると考え，**多重知能理論（MI理論）**を提唱した。

近年，知能には多様な側面があることが明らかになるとともに，知能検査や理論も改訂がなされている。指導者や支援者は，理論や検査が何を明らかにしようとしたものなのか，自分は何を知りたいのかを再考し，検査の有効性や限界といった点も知る必要がある。

引用・参考文献

天野清　1988　音韻分析と子どもの literacy の習得　教育心理学年報，**27**, 142-164.

Baillargeon, R., Spelke, E. S., & Wasserman, S. 1985　Object Permanence in 5-Month-Old Infants. *Cognition*, **20**, 191-208.

Baltes, P. B., Reese, H.W., & Lipsiit, L. P. 1980　Life-Span Developmental Psychology. *Annual Review of Psychology*, **31**, 65-110.

板倉昭二　1999　自己の起源―比較認知科学からのアプローチ　金子書房.

Mampe, B., Friederici, A. D., Christophe, A., & Wermke, K. 2009　Newborns' Cry Melody is Shaped by Their Native Language. *Current Biology*, **5 November**.

中垣啓　2011　ピアジェ発達段階論の意義と射程　発達心理学研究，**22**, 369-380.

高橋登　2006　読み書き能力の文化的発達の理論に向けて，心理学評論，**49**, 197-210.

内田伸子　2003　幼児心理学への招待―子どもの世界づくり　サイエンス社，115.

Wynn, K. 1992　Addition and Subtraction by Human Infants. *Nature*, **358(27)**, 749-750.

山森光陽　2006　学習する能力とその形成　鹿毛雅治編　教育心理学　朝倉書店，39-41.

模擬試験問題

問1　以下の文章の空欄に当てはまる語句を【語群】から選びなさい。

ピアジェによれば，ヒトの思考は，生まれてから14，15歳までに4段階の質的変化を見せるという。（　①　）期は，感覚を通し外界の物事を捉え，その物に直接的に働きかけることなどの具体的な行動を通して外界を認識する時期である。前操作期は，外界の認識の仕方が，感覚を通じた「活動」から「操作」へ発達してゆく移行の段階である。前操作期では表象の能力を使って，（　②　），描画，言語といった活動ができるようになる。（　③　）を使った推理ができるものの，見た目に支配されていて（　④　）である。他者の視点の理解が難しく（　⑤　）が特徴といえる。具体的操作期は，具体物があれば，（　⑥　）に思考できるようになる。例えば，高さや重さで物を系列化することはできるので，（　⑦　）も確立する。形式的操作期になると，具体的な現実から離れて，（　⑧　）や仮説演繹的な思考が可能となる。

【語群】

ア　論理的　　**イ**　直感的　　**ウ**　感覚運動　　**エ**　イメージ
オ　自己中心的な思考　　**カ**　抽象的な思考　　**キ**　保存の概念
ク　ごっこ遊び

問2　以下の文章の空欄に当てはまる語句を【語群】から選びなさい。

0歳児時期に見られる，クーイングや（　①　）などの発声および（　②　）や指差しや身振り等は，言語発達にとって重要である。1歳を迎える頃になると，子どもの対人的コミュニケーションの在り方には大きく変化する。それ以前は，子ども対大人，子ども対モノといった（　③　）でのコミュニケーションであったのが，子どもが興味を持ったものを指差すようになる。大人－子ども－モノを介した3項間でのやりとりが展開されるようになる。このことを（　④　）の成立という。一般的に，1歳をすぎると（　⑤　）が見られ，2歳半頃には（　⑥　）が出現する。言語の発達について，ヴィゴツキーは，外側に向けて発せられる外言から，（　⑦　）の道具としての（　⑧　）へと言葉の移行が見られると述べている。

【語群】

ア　三項関係　　**イ**　二語文　　**ウ**　喃語　　**エ**　2者間　　**オ**　思考
カ　一語文　　**キ**　内言　　**ク**　共同注意

問3　以下の文章の空欄に当てはまる語句を【語群】から選びなさい。

スピアマンは，知能は（　①　）因子と（　②　）因子からなる知能の二因子説，サーストンは多因子説，キャッテルは，（　③　）因子と（　④　）因子から知能観を提唱した。その後，キャッテルはキャロルの考え方を発展させ，知能の三層理論モデルである（　⑤　）理論を提唱した。また，近年，従来の知能観は，ゴールマンの提唱した（　⑥　）や，西欧以外の人々の知的能力を網羅していないことが明らかになっている。知能を評価する方法の一つに，知能指数がある。知能指数は，（　⑦　）／（　⑧　）× 100 で算出され，偏差知能指数は，各年齢の中央値を 100 として，標準偏差 15 とした正規分布に近似し，7割近くの人は 85 ～ 115 の間に入る。

【語群】

ア 流動性　**イ** EQ　**ウ** 一般　**エ** CHC　**オ** 特殊

カ CA　**キ** 結晶性　**ク** MA

4章

パーソナリティ・感情の発達

1　パーソナリティとは

パーソナリティ・性格・人格　　人は，その人らしさの特徴，例えば「明るい人」とか，「短気な人」とかいった特徴を持っている。このようなその人らしさを表すものとして，性格，人格などの言葉が使われる。特に人格という言葉は，例えば「人格者」などと使うと，優れた品性や，道徳的な価値の高い人物という意味が含まれてしまう。これらの言葉が日常に使われるとき，多義的に用いられたり，ほとんど同じものとして扱われたりしているので，我が国の心理学会では**パーソナリティ**と表記されることが多い。

ただし，パーソナリティという概念自体が個々人のその人らしさを表すものと概ね共通して理解されているが，研究者によって多少の違いがある。

パーソナリティの構造　　パーソナリティは，単一の向性ではなく，生物学的に規定された部分から，社会的関係の中で形成された部分まで，複数の階層を持っている。人間が生まれながらに持っていて，乳児期から見られる特性（性質）を**気質**（temperament）と呼ぶ。**性格**（character）は，習慣，役割，文化など，環境の影響を受けて作られた**特性**（性質，特徴）である。宮城（1960）は性格の構造を図 4-1 のように示した。

パーソナリティの類型論　　パーソナリティの**類型論**とは，性格をいくつかの典型的なタイプに分けて捉え，性格の理解を容易にしようとした，20世紀前半にドイツで発展したパーソナリティ論の考え方である。

その代表的なものに，**ユング**（Jung, C. G.）の**内向型**と**外向型**がある。ユングは，内向型の人は関心が自分の内面や主観に向かい，外向型の人は他者や客観的なものに向かいがちだとした。

シュプランガー（Spranger, E.）は，芸術（審美），理論，政治（権力），社会，経済，宗教の6つの領域のうち，どれに価値を置いているかをもとに人間の生活様式，性格を分類する価値類型論を主張した。

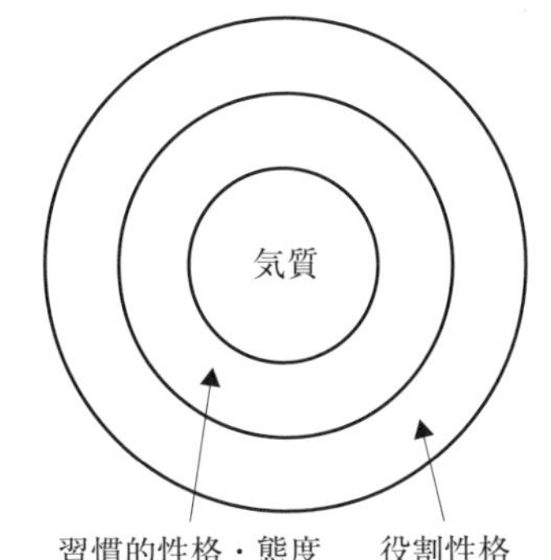

図 4-1　性格の構造（宮城，1960 を改変）

クレッチマー（Kretschmer, E.）は，ドイツの精神科医で，性格を体型に基づいて分類した。肥満体型の人は陽気で活発だが，気分が動揺する傾向があり（躁うつ気質），細身体型の人は非社交的で神経質（分裂気質），筋肉質の人は執着しやすく，攻撃的であるとした（粘着気質）。アメリカのシェルドン（Sheldon, W. H.）は，クレッチマーの影響を受け，体型が内胚葉型（肥満）の人の気質は内臓緊張型（社交的），中胚葉型（筋肉質）は身体緊張型（精力的），外胚葉型（細身）は頭脳緊張（神経質）に対応するとした。

しかし，類型論による性格分類は，データに基づく実証性が低い。現代心理学では性格を捉える理論として，後述する特性論が主流となっている。

特性論とは　特性とは，明るい，感情的だ，好奇心が強い，真面目だといった人の性質，特徴，特有性を意味する。その特性が集まったものを性格と考えるのが**特性論**である。オールポート（Allport, G. W.）は，ウェブスター国際辞典の約 40 万語から性格を表す 1 万 7953 語を抽出，分類して，多くの人に共通する特性（共通特性）を想定した。

アイゼンク（Eysenck, H. J.）は，性格は外向性－内向性，神経症傾向，精神病的傾向の 3 つの次元（特性の集まり）によって構成され，それらの強さが性格の個人差を生み出していると考えた。

キャッテル（Cattell, J. M.）は性格特性に 16 個の次元を想定した。拡散／収束的思考の提唱者であるギルフォード（Guilford, J. P.）は 12 個の次元を想定した。

表 4-1　ビッグファイブの次元と特性の例
（並川ら，2012 を参考に作成）

次　元	特性の例
外向性	社交的，話好き，陽気な
誠実性	計画的，几帳面な，慎重な
神経症傾向	心配性，緊張しやすい，弱気
開放性	多才な，進歩的，好奇心が強い
調和性	温和な，寛大な，親切な

近年は，性格特性は５つの次元に集約できるという**ビッグファイブモデル**（5 因子モデル）が有力である。５つの因子（次元）の名称は，外向性，誠実性，神経症傾向，開放性（知性），調和性（協調性）とされる（表 4-1）。

2　性格の測定

性格を測定する方法は，その方法から，質問紙法，投影法，作業検査法（作業法）の３つの方法に分類される（表 4-2）。

質問紙法　人の具体的行動や考え方に関する質問項目への回答からその人の性格を把握しようとする検査法である。5 件法の場合，「あてはまる」を５点，「まったくあてはまらない」を１点などと得点化し，合計点を評価する。集団に短時間で実施できるという利点がある。しかし，人は故意または無意識による社会的に望ましい方への回答の偏り，すなわち回答バイアスが生じることがあるので，結果の解釈には注意が必要である。また，この方法では，無意識の側面の測定はできない。

投影法　曖昧な図を見せる，絵や図を描かせる，文を書かせるなどして，その反応から性格を評価する方法である。この方法は回答者が意識していない欲求，葛藤を測定できるという利点がある。しかし，実施や解釈に時間がかかり，検査者に練度を要するという難点がある。

作業検査法　加算作業，図形の模写などの簡単な作業をさせ，作業量，遂行態度，遂行結果などから性格を評価する。一度に多くの被験者に実施できる，意図的な操作が入りにくいという利点がある。一方で，性格の全体像を把握しにくいという欠点がある。

表 4-2　代表的な性格検査

方法	名称	概要
質問紙法	モーズレイ性格検査（MPI）	アイゼンクの考案。外向性－内向性，神経症的傾向の2つの因子で性格を測定する。
	主要5因子性格検査，NEO-FFI，NEO-PI-R，FFPQ	外向性，誠実性，神経症傾向，開放性，調和性のビッグファイブ（5因子）で性格を測定する。原型はコスタ（Costa, P. T.）とマクレー（McCrae, R. R.）の考案。
	YG性格検査（矢田部ギルフォード性格検査）	ギルフォードの理論をもとに，矢田部達郎が作成した。行動特性（外向－内向），情緒安定性，人間関係に関する特性など，12因子で測定する。
	ミネソタ多面的人格目録（MMPI）	ハサウェイ（Hathaway, S. R.）とマッキンレー（McKinley, J. C.）の考案。抑うつ，パラノイア，統合失調症などの病理性について，550項目を用いて測定する。
	親子関係検査	品川不二郎らの考案。拒否，支配，保護，服従，矛盾・不一致の5つの養育態度をもとに，よいしつけの在り方を目指す。
投影法	ロールシャッハ・テスト	ロールシャッハ（Rorschach, H.）の考案。10枚のインクの染みを見せ，どのように見えるかを答えさせ（自由反応段階），どこに（反応領域），なぜそう見えるか（反応決定因）を答えさせる。最後にすべての反応を得点化し，解釈する。性格と病理性を評価できる。
	絵画統覚検査（TAT）	人が描かれた図版を見せ，物語を作らせる。マレー（Murray, H. A.）の欲求理論に基づいて，人間関係や社会的態度，内面的願望，不満，不安などを探る。
	絵画欲求不満テスト（P-Fスタディ）	ローゼンツヴァイク（Rosenzweig, S.）の考案。欲求不満状態を描いたイラストに登場する2人の吹き出しに入る言葉を考えさせる。3種類の攻撃の型と3種類の攻撃の方向性を組み合わせ，欲求不満と攻撃の観点から性格を理解する。
	文章完成法テスト（SCT）	家族関係，対人関係，自己概念について，「私はよく……」「私の父は……」などの未完成の文章を完成させる。内容や形式（反応時間，文法の正誤など）の観点から性格を評価する。
	バウムテスト	コッホ（Koch, K.）の考案。実のなる木を1本描かせる。幹の太さ，葉の量，実や花，筆圧などから，発達段階に合った描き方か，丁寧さ，豊かさなどの指標に基づいて性格を評価する。
	HTPテスト	バック（Buck, J. N.）の考案。家（House），木（Tree），人（Person）の順に描画させる。家の絵は家庭環境，木は無意識の自己像，人は意識的な自己像が投影されるとしている。描画を得点化して，IQ（知能指数）を算出することができる。
作業検査法	内田クレペリン精神作業検査	クレペリンの考案を内田勇三郎が発展させた。1桁の足し算を休憩を挟み30回行い，計算量の変化パターン（作業曲線）などから，能力面の特徴，性格・行動面の特徴を評価する。

3　親子関係と性格

基本的信頼感　**基本的信頼感**の獲得は，エリクソン（Erikson, E. H.）が示した乳児期の発達課題である。乳児は適切な養育やアタッチメントをもとに，自分は身近な人々にとって価値のある存在であるという感覚や信頼感を抱く。逆の場合は，他者への不信感だけでなく，自分に価値を認められなくなるとされた。しかし，乳児期だけが基本的信頼感を獲得する時期であるということではない。

養育態度　サイモンズ（Symonds, P. M.）は，親の養育態度を支配－服従（自由），保護－拒否の２軸が形成する４つのタイプに分類した（図 4-2）。前出のキャッテルは，愛着－冷淡，承認的－拒否的，加虐的－非攻撃的，支配的－服従的，保護的－放任的など，９つの養育態度を示した。

非行に関する研究結果を整理した大渕（2013）は，親からの放任，過度の厳格さ，一貫性のないしつけといった不適切な養育態度は，子どもの反社会的行動を引き起こすとしている。これは親という重要な他者から受けるストレスへの反応といえる。

トマスら（Thomas, A., et al., 1963）は，気質には出生直後から個人差があることを見いだした。活動性，規則性，機嫌，注意の持続性，順応性，新しい刺激への反応，気の紛れやすさなどである。例えば，よく泣く敏感な乳児に親が疲れ，子育てに消極的になるということがある。これは親の養育態度→子どもの性格，行動という因果関係だけでなく，子どもの気質，性格が親の養育態度に影響を与えるという逆の因果関係もあることに留意する必要

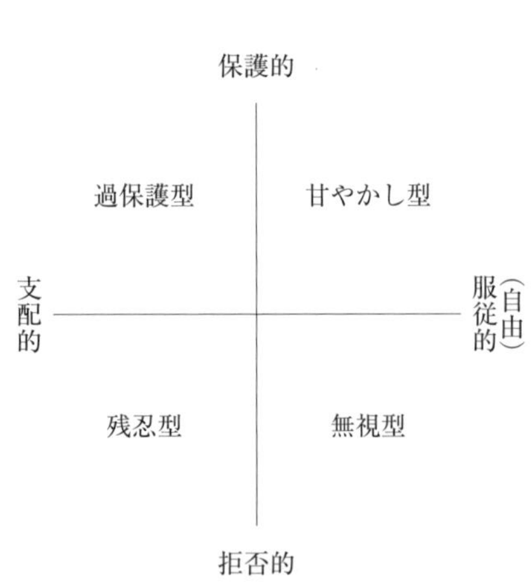

図 4-2　養育態度の２軸と４タイプ
（Symonds, 1939；詫摩 , 1967）

がある。さらには，子どもの気質と親の養育行動は，双方向的に影響しながら変化するという考え方もある。

子どもは周囲の人々の行動を観察，模倣することでも学習している（モデリング）。トマスらは，気質と環境とのマッチングが社会的適応に影響するとして，人－環境適合理論を提唱している。

4　アイデンティティ

エリクソンは**アイデンティティ（自我同一性）**の獲得を青年期の発達課題とした。アイデンティティとは，自分はどのような人間なのかという問いに対する答えである。過去から現在，未来にわたって，自分は自分であるという感覚（斉一性・連続性）が得られることに加え，その自己像と他の人の認識が一致した状態になって，アイデンティティを獲得したといえるのである。

アイデンティティの獲得に失敗した状態や模索されずに獲得されなかった状態を**アイデンティティ拡散**という。達成の逆で，心理・社会的危機の状態であり，引きこもりなどの非社会的行動，非行などの反社会的行動や無気力につながる可能性がある。しかし，青年期だけがアイデンティティを獲得する時期ということではなく，生涯にわたって内容が変わりながら再構成されていくものでもある。

アイデンティティの獲得においても個人差がある。マーシャ（Marcia, J. E., 1966）は，達成，**モラトリアム**，早期完了（フォークロージャー），拡散の４つの状態（アイデンティティ・ステイタス）を示した。これらのうち，モラトリアムとは，選択に悩みながらも意思決定しようとしている状態である。早期完了とは，葛藤がないまま親や周囲の希望を受け入れた状態である。この状態は，幼児期以来の信念が補強されたにすぎず，融通が利かないといった特徴があり（無藤, 1979），アイデンティティが獲得されていないことに留意する必要がある。

教師は生徒が生き方を自己決定できるよう，能力や適性に関する情報の提供，支持的な関わり，援助を続けることが重要である。

5　自己概念の発達

自己概念とは，自分の性格，能力などさまざまな特徴に関する認知や信念の総体である。つまり，自分について，自分がどんな人間であるかということについて，抱いているイメージである。

生後6ヶ月くらいまでは，自分の手を不思議そうにじっと見つめるハンドリガードと呼ばれる行動が見られる。この行動は，視覚や触覚，手の運動機能の発達によって自分の手を認識し，自分自身に興味を持つようになったことを示している。

幼児期には自分自身について，名前，性別などの属性に関すること，「いい子」「できる」「好きなもの」といった自己のイメージを言葉とともに認識するようになる。

幼児期は自己を肯定的に捉えるが，児童期には学校や養育者からの評価，他の児童との関わりを通して，「できない」などと自分の否定的な面にも気づくようになる。特に児童期には，失敗経験が蓄積されると劣等感が強くなり，学習意欲の低下や不適応行動が生じることがある。

6　感情の発達

感情とは　**感情**（feeling）の定義は研究者によって異なるが，共通するのは，人，物事，出来事，環境に対する評価という点である。そして，快不快の評価の結果，生理的反応や行動が方向づけられるという点も共通している。

感情という語には，**情動**（emotion），**気分**（mood），情緒という類義語があり，心理学では使い分ける場合がある。情動とは，数秒から数分間にわたる強くて一過性の反応で，表情や血圧などの生理的変化を伴う心的状態である。驚き，喜び，怒り，悲しみ，恐れといったものが相当する。気分とは，数時間から数日間にわたり微弱に持続する心的状態で，憂うつ，いらいら，不安といったものが相当する。一般的には，情動や気分を総称して，感情という語が使われている。

感情の初期発達　ここまで述べてきたようなさまざまな感情を我々は生まれながらに持っているわけではない。図4-3は**ブリッジェス**（Bridges, K. M. B., 1932）が示した感情の分化，発達である。この図が示すように，新生児期の示す感情は興奮のみであるが，その後，興奮から「快」「不快」が分化し，さらに，不快から怒りが分化し，怒りから嫌悪，恐れなどが派生する。一方，快の表出から，得意，愛情，喜びなどの感情も発達し，2歳になる頃には，さまざまな感情の表出が見られるようになるのである。

一方，ルイス（Lewis, M., 1995）は，新生児は感情の意味を理解できないが，快・不快の感情を表出でき，その後，認知能力の発達とともにさまざまな感情に分化していくとしている。さらに，生まれながらにして人が持っているのは，「満足」「興味」「苦痛」の3つの感情であり，「満足」から「喜び」，「興味」から「驚き」，「苦痛」から「悲しみ」と「嫌悪」の感情が生まれると捉えている。満足，喜び，怒り，悲しみ，嫌悪，驚き，恐れは**1次的感情**であり，生後6ヶ月までには表れてくる。その後自己意識の芽生えとともに，他者を意識するようになり，2歳くらいまでには，照れ，共感，羨望といった社会的感情が発生する。そして，3歳くらいまでには誇り，恥，罪悪感といった規範との関係から生じる感情を経験するようになる（図4-4を参照）。

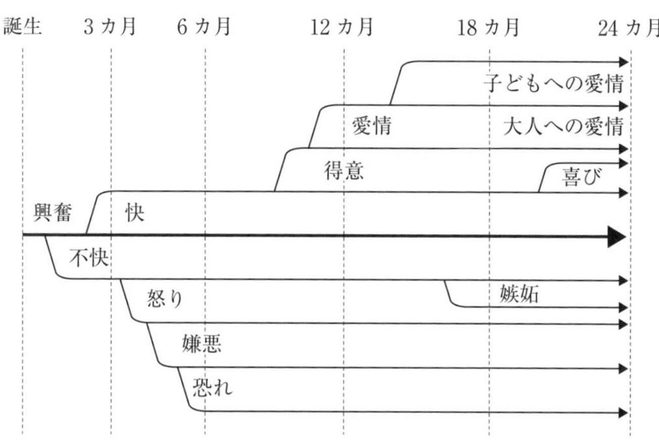

図4-3　感情の分化と発達（Bridges, 1932）

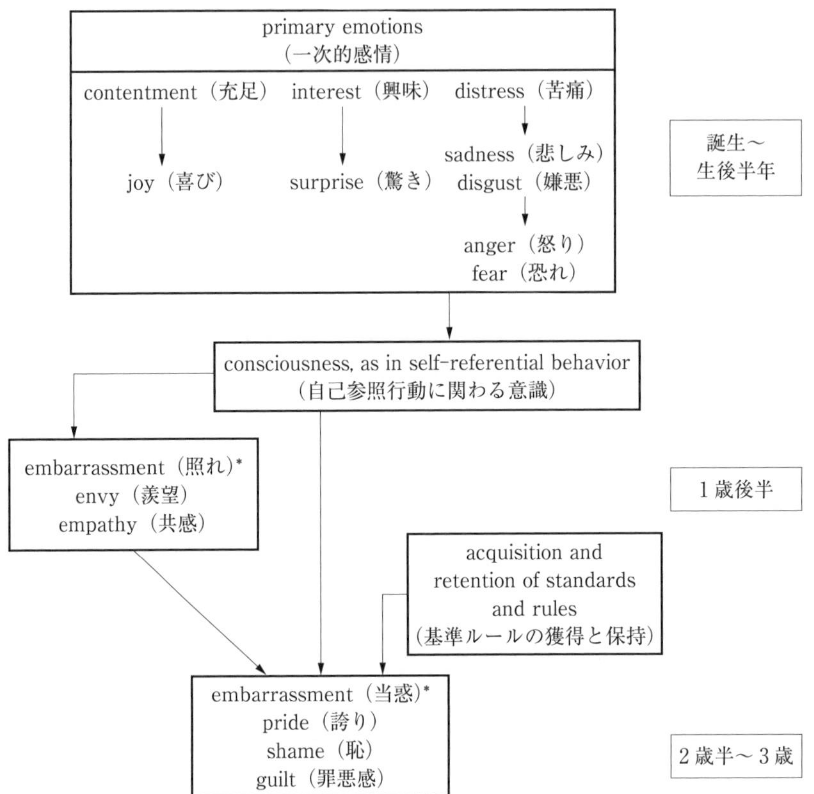

図 4-4　生後３年間の情動発達（Lewis, 1995 より，尾上, 2019 が作成）

＊ Lewis は２種類の embarrassment を仮定しており，最初に出てくるものは照れ，その後出現する embarrassment を当惑としている。

他者の感情理解の発達　ここでは子どもたちの他者の感情理解の発達を見ていく。大人は他者の感情を顔の表情，言葉や声のトーン，身振りなどから認知できる。幼児期における他者の感情理解の発達については，表情から感情を識別する能力について多くの研究がある。「喜び」「悲しみ」「怒り」といった感情は，３歳児のほとんどが表情を手がかりに他者の感情の意味を理解できることが知られている（森野, 2010）。このような理解は，幼児期から児童期初期にかけて急激に発達し，その後はゆっくり発達することが報告されている（菊池, 2004）。

感情は表情から読み取るだけではない。状況から他者の感情を推測する能力も必要となる。森野（2010）によれば，仮想状況の中で引き起こされた幼児の感情として，「喜び」「悲しみ」「怒り」「恐れ」「驚き」といった単純な感情が生じる状況を3歳児はある程度理解できる。さらに，多重な感情の理解に関しては，5，6歳頃には可能になるとされている。

感情制御の発達　近年，気に入らないことがあるとすぐに暴言を吐いたり，暴力を振るったりする，いわゆる「キレる子ども」や，不快感情を制御できずに怒り出したり，反対に深く落ち込んだりする人の増加が指摘される。このような問題は**感情制御**の発達と深く関係している。

大河原（2019）によると，我慢しなければならないことを認知的に理解し，意志の力だけで制御できるようになるというのは誤解である。むしろ，感情制御の芽生えはすでに新生児期から見られる。赤ちゃんが泣き，養育者から授乳されたり，抱き上げられたりして泣き止むのは，我慢する意志によって泣き止むのではなく，安心・安全の身体感覚によって泣き止むと述べている。つまり，感情制御は人生早期の親子関係を基盤にして，脳の機能の発達に基礎づけられている（大河原，2019）。したがって，児童虐待や愛着の不適切な形成は，感情制御の困難さを生み出し，青年期・成人期のメンタルヘルスの問題に影響を及ぼす恐れがある。

さらに，感情と言葉がつながることによって，制御能力は高められる。例えば，不快感情を持ったときに，「怖かったね」「嫌だったんだよね」などの共感の言葉から，子どもは感情とそれを表す言葉を結びつける。同時に，その言葉から安心に包まれて不快感を制御できているという感覚をつかんでいく。このプロセスは「感情の社会化」といわれ，安心による制御を乳児期から十分に体験することによって，年齢相応に意志・認知による感情の制御が機能するようになるのである（大河原，2019）。

共感性の発達　幼児が他の子どもにつられて泣いたり，「大丈夫？」と声をかけたりすることがある。他者の感情状態を知覚して，自分も同じような感情状態を経験することを**共感性**（empathy）という。共感性は他者への思いやり（援助行動，利他的行動，向社会的行動），道徳性の基盤として，保育や学校教育において重要な要素となっている。

ホフマン（Hoffman, H. L.）は，共感性の発達を次の4段階で考えた。

第1段階は，生後から1歳頃までに見られる反射的な共感である。新生児が他の子どもの叫喚を聞くと，自分も叫喚する共鳴反応がある。

第2段階の1～2歳には，他者の苦痛に関心が向き始める。泣いている子どもを慰めるなどの援助行動が見られるようになる。

第3段階の3～5歳には，他者の感情はその人の欲求に基づいていることがわかるようになる。絵本の読み聞かせなどを通して，多様で複雑な感情に共感できるようになる。

第4段階の6～9歳には，他者の苦痛がその人の経験と関係していることが理解できるようになる。共感の対象は，周囲から社会全体へと広がり始める。例えば，学校で行われる使用済みの鉛筆や切手の寄付行為には，他者の苦境を理解して，**向社会的行動**（社会のためになる行動）を促進する意味合いが含まれる。

引用・参考文献

Bridges, K. M. B. 1932　Emotional Development in Early Infancy. *Child Development*, **3**, 324-341.

菊池哲平　2004　幼児における自分自身の表情に対する理解の発達的変化　発達心理学研究 , **15**, 207-216.

Lewis, M. 1995　*Shame: The Exposed Self.* New York: Free Press.

Marcia, J. E. 1966　Development and Validation of Ego-Identity Status. *Journal of Personal and Social Psychology*, **3**, 551-558.

宮城音弥　1960　性格　岩波新書.

森野美央　2010　幼児期における感情理解　心理学評論 , **53**, 20-32.

無藤清子　1979　「自我同一性地位面接」の検討と大学生の自我同一性　教育心理学研究 , **27(3)**, 178-187.

並川努・谷伊織・脇田貴文・熊谷龍一・中根愛・野口裕之　2012　Big Five 尺度短縮版の開発と信頼性と妥当性の検討　心理学研究 , **83(2)**, 91-99.

尾上恵子　2019　感情の発達　内山一郎監修　感情心理学ハンドブック　北大路書房.

大渕憲一　2013　犯罪心理学―犯罪の原因をどこに求めるのか　培風館.

大河原美以　2019　感情制御の発達　内山一郎監修　感情心理学ハンドブック　北大路書房.

Symonds, P. M. 1939　*The Psychology of Parent-Child Relationships.* New York: D. Appleton-Century.

詫摩武俊　1967　性格はいかにつくられるか　岩波新書.

Thomas, A., Chess, S., Birch, H. G., Hertzig, M. E., & Korn, S. 1963　*Behavioural Individuality in Early Childhood.* New York: New York University Press.

模擬試験問題

問1　次の表は，性格理論について述べたものである。空欄に入る語句を【語群】から選びなさい。

性格理論	考え方	著名な論者
（　①　）論	人をある基準により分類することによって性格を捉える考え方	（　③　）：心的エネルギーを外向・内向に分類した （　④　）：躁うつ気質・分裂気質・粘着気質に分類した
（　②　）論	いくつかの（　②　）を単位として性格が構成されているという考え方	（　⑤　）：多くの人に共通する（　②　）と，ある個人の特徴的な独自の（　②　）とを区別した

【語群】

ア　特性　**イ**　行動　**ウ**　類型　**エ**　クレッチマー
オ　オールポート　**カ**　エリクソン　**キ**　ユング　**ケ**　フロイト

（静岡県／静岡市／浜松市 2015 年実施改）

問2　次の①～④の説明に当てはまる心理検査を【語群】から選びなさい。

①　絵を提示し，その絵から登場人物の欲求，そしてその将来を含めた物語を構成させ，空想された物語の内容から欲求の体系を明らかにする検査である。

②　漫画風の絵を用いて，フラストレーションを体験したときにどのような対処方法を採用するかを明らかにする検査である。

③　左右対称のインクの染みの図版 10 枚からなり，図版を 1 枚ずつ提示し，何

に見えるか，なぜそう見えたかを問い，人格を多面的に診断する検査である。

④　家，木，人物をそれぞれ別々の紙に描かせ，その大きさなどの形式的な特徴の分析と内容についての分析から知能や人格の査定を行う検査である。

【語群】

ア　TAT　　**イ**　HTPテスト　　**ウ**　P-Fスタディ

エ　ロールシャッハ・テスト

（滋賀県2014年実施改）

5章

社会性の発達

1　遊びと仲間関係

子どもは，遊びを中心に仲間との関係を作り，その過程で人と関わるために必要な知識や技術を獲得する。昨今の子どもを取り巻く人間関係を含め，年齢とともに変化する仲間関係や特徴を紹介する。

遊びと発達　遊びとは，一般に遊び手が自ら選んで取り組む活動であり，遊ぶこと自体が目的となる活動とされる。子どもの遊びには，身体的，精神的，心理的機能が深く関わっている。1歳前後の歩行開始頃は，諸感覚や運動機能の発達が著しく，這う，歩く，跳ぶといった運動自体が遊びになる。2歳以降になると，実際に目の前にないものを思い浮かべる表象（イメージ）が形成されてくることで，ふり遊び・ごっこ遊びが始まる。例えば，積み木を野菜に見立てお店屋さんごっこをしたり，お医者さんの役になりきって病院ごっこをしたりする背景に，**表象機能**の発達がある。さらに，抽象的な理解ができ始める5，6歳頃になると，ルールのある遊びや複雑で知的なゲーム遊びも展開されるようになる。乳幼児期の子どもの遊びは，認知的側面の発達とともに多様に展開される中で，遊びの形態が個人から仲間とともに取り組むものへと広がっていく。

遊びと仲間関係　子どもの遊びの変化と仲間との関わりについて，パーテン（Parten, 1932）は，2歳から5歳までの子どもの遊びの観察を通して6つの特徴を示した。2，3歳頃は他児との関わりを持たない**ひとり遊び**や**平行遊び**が多く見られ，4，5歳になると，同じ遊びを一緒に取り組むような**連合遊び**や**協同遊び**が見られるようになる。年齢とともに，友だちと遊びのイメージを共有したり，役割分担をするようになり，さらに自分たちで

表5-1　パーテンの遊び形態と仲間との関わり

遊びの形態	内容
何もしていない状態	周囲の活動をちらっと見たりするが，物や自分の体をいじったりして特に何もしていない。
傍観	他の子どもが遊んでいる様子を眺めている。
ひとり遊び	一人で遊んでおり，遊びは個別で他の子どもたちの遊びや活動にほとんど注意を向けない。
平行遊び	他の子どものそばで同じような活動をしている。模倣をすることもあるが，お互いに関わることはない。
連合遊び	子ども同士で一緒に遊んでいるが，各自のイメージの世界で遊んでおり，明確な役割やルールは共有していない。
協同遊び	集団の一員として遊んでおり，遊びには，明確な役割分担やルールがある。

ルール作ったりしながら複雑でダイナミックな遊びを展開していく（表5-1）。

子どもを取り巻く人間関係　社会性の定義はさまざまあるが，共通して社会や集団の中で適応的に生きていくための能力を指し，社会の規範，価値観，望ましい行動など社会や集団の一員として必要な知識や技術も含まれる。他者との関わりを通して，社会における適切な規範意識や望ましい行動，対人関係スキルが獲得されていく。子どもが生活の大半をすごす保育所・幼稚園・小学校などの集団生活の場は，まさに**社会性**を獲得する場である。現代社会における人間関係は，核家族化や少子化，情報化が進む中で大きく変化した。家庭では，保護者の就労状況や習い事などによって，子どもが自由に遊ぶ「時間」が制限されるようになり，地域では子どもたちが安心して遊べる「空間」は少なくなっている。さらには，2018年度人口動態統計によると，出生数が100万人を割り，少子化の一途をたどる中，身近に学び合うことのできる「仲間」が少なくなっている。このような社会変化は，**三間**（さんま）**の喪失**といわれ，人間関係の変化は，子どもの発達に影響すると考えられる。

仲間関係の特徴　児童期以降は，親子関係（タテの関係）から仲間関係（ヨコの関係）中心の生活に変化していく。ホフマンら（Hoffmam, et al., 1988）は，仲間関係の特徴について，家族関係との違いと合わせて次の3つをあげている。第1に，仲間との関係性は，能動的に子どもたち自身が獲得していくものであり，言葉遣いや態度が悪いと拒否をされたり，関係性を失うことがある。そのため，仲間とのルールを守ること，我慢をすること，ときには仲間の意見に賛同・同調することが必要となってくる。第2に，仲間関係は，初めて他者と対等な関わりを持つ機会を与える。それぞれが違う役割や責任を持つ家族関係とは異なり，仲間関係はほとんど対等な立場であるため，競争をしたり，より社会的ルールを守ることが必要となる。第3に，仲間関係は役割や能力においてほとんど対等な関係ゆえに，同年齢の子どもたちと競争や比較をすることで自分の能力や特徴について知ることになる。仲間と比べた自分を評価することで自信を得たり，自尊感情を高めたりする可能性がある。児童期以降は幼児期の自己中心的思考から脱し，自分自身を客観的に捉えられるようになる時期である。この頃から，自分と仲間の能力や行動などを比べる社会的比較を行うようになり，自分はどんな人間かを考えたり，自分の個性や特徴に気づく中で，自己概念を形成していく。

仲間意識の発達　子どもにとって友だちとはどんな人なのか。ビゲロウ（Bigelow, B. J., 1977）は，6歳から14歳の子どもに「親友とはどんな人か」「親友に期待することは何か」と尋ね，友だち意識の変化を3段階で示した。7歳から8歳頃（段階1）では，地理的・物理的に近くにいる共通の活動を行う子を友人と見なす。例えば，座席の近さや家の近さなどの近接性が仲間意識に強く関わっている。9歳から10歳頃（段階2）になると，価値観や社会的規範を共有できる子を友人と見なすようになり，例えば，自分と同じ意見を持つことやパーソナリティなどの類似性が影響してくる。そして，10歳から12歳頃（段階3）では，共通の趣味を持っていることや自己開示を通じて相互理解し合える子を友人と捉えるようになり，親密性が仲間意識の重要な要因となってくる。このように児童期を通して，仲間に対する意識は変化していく。特に，児童期初期では物理的な距離が重視されるが，年齢が上がるとともに，相手の価値観や興味といった内面を重視するようになる。類似性や親密性から仲間を選んでいくことは，持続的で安定的な関係性の構築につながっていく。

仲間集団の発達　年齢とともに仲間意識が変化してくるが，同時に仲間集団の特徴も変化してくる。児童期中期から後期は，**ギャング・エイジ**といわれる仲間との結びつきが強くなる時期である。この時期に見られる集団を**ギャング・グループ**といい，同じ遊びをしたり，絶えず行動をともにすることで，集団内での役割分担や仲間だけで通用するルールを持つようになる。また，親よりも仲間の存在や約束を重視し，親への依存的な関係から自立に向かう時期でもある。この頃生じる親との葛藤は，仲間との情緒的な絆によって和らげられる。一方で，仲間中心の関係は，仲間以外に対して排他的，閉鎖的な態度を示すこととなる。ときには，親や教師，社会規範に対して反抗的な態度をとったりする。こうした緊密な仲間との経験や活動の中で，集団で生活するための知識や技術，適切な自己主張や規範意識などを身につけていくことから，子どもの社会性の発達に重要な役割を果たしている。しかし，昨今，少子化や核家族化の影響から，子どもの時間・空間・仲間が減少しており，ギャング・グループが形成されにくい状況にある。このような仲間集団を通した社会的なスキルの獲得がされにくい環境は，人間関係上のトラブルにつながっていると指摘されている。

2　道徳性と向社会性の発達

良好な人間関係を作り，よりよく生活していく上で，道徳性や相手を思いやる向社会性は不可欠である。学校教育における道徳を含め，道徳性の発達，向社会性行動に関わる要因について紹介する。

道徳性とは　道徳とは，「ある社会で，人々がそれによって善悪・正邪を判断し，正しく行為し秩序を保つための規範の総体」と定義される（三省堂編修所，1993）。さまざまな価値観を持つ個人が集まる社会生活の中で，よりよく調和的に生活していくには，善いこと悪いことの判断や社会的ルールを守る意識の形成が必要である。一般に，困っている人を助けたり慰めたりすることは，良い行いであり，人の物を壊したり嘘をついたり，また決められたルールを破ることは悪い行いと見なされる。それでは，偶然に手が触れて友だちの作品を壊してしまった場合，過って起こした行為を悪いと判断するだろうか。また，家が貧しく病気の家族を助けるために薬を盗んでしまっ

表 5-2　ピアジェの道徳的判断のお話

【A】食堂のドアの後ろに椅子があり，椅子の上には 15 個のコップがトレイに置いてあります。ジャンはそれを知らずにドアを開けてしまい，コップが 15 個割れてしまいました。	【B】アンリは，お母さんが留守中に，戸棚からジャムをとろうとしました。椅子に乗って手を伸ばしたところ，近くにあったコップが 1 つ割れてしまいました。

た場合，即座に悪い行為と判断されるのだろうか。人の行動の背景には，心理的，状況的，また社会文化的なさまざまな要因が関係しており，思いがけず，人を傷つけてしまったり，社会的ルールを逸脱することがある。このような複雑な要因を考慮するような道徳的判断や規範意識はどのように形成されていくのだろうか。

道徳性の発達段階　ピアジェ（Piaget, J., 1932）は，5 歳から 13 歳の子どもを対象に，ジャンとアンリという男の子の話を聞かせ，道徳的判断を調べた（表 5-2）。その結果，子どもの判断には，「コップをたくさん割った」という理由から【A】を悪いと判断するタイプと，「ジャムをとろうとしたから」という理由から【B】を悪いと判断するタイプがあり，9 歳頃を境に，【A】から【B】に判断が変化することが示された。【A】はコップの多さに着目した客観的な結果を基準とした判断であり，**他律的な判断**といえる。一方，【B】は動機や意図に着目した，**自律的な判断**である。このように，年齢に応じて道徳的判断は変化していく。

ピアジェの道徳性の発達はおおよそ児童期までを対象にしていた。ピアジェの考えをもとにコールバーグ（Kohlberg, L., 1971）は，青年期までを対象として，「ハインツのジレンマ」という葛藤状況を含むお話を聞かせ，道徳的判断を尋ねた。

ハインツの妻は病気で死に瀕している。医者は，最近開発された高価な薬以外に治る見込みがないと言う。その薬は，ある薬屋が独自に開発したもので，開発費用の 10 倍の値段で売られている。ハインツは，友人に借金をしたり，金策に走ったりするが半分しか治療費が集まらない。

表5-3　コールバーグの道徳性の発達段階（二宮, 2007より）

水準	段階	概要
前慣習的水準	1：罰と服従への志向	苦痛と罰を避けることや，おとなの力に譲歩し，規則に従う。
	2：道具主義的な相対主義	報酬を手に入れ，愛情の返報を受ける仕方で行動することによって，自己の欲求の満足を求める。
慣習的水準	3：対人的同調，「良い子」志向	他者を喜ばせ，他者を助けるために「良く」ふるまい，それによって承認を受ける。
	4：「法と秩序」志向	権威（親，教師，神）を尊重し，社会的秩序をそれ自身のために維持することにより，自己の義務を果たすことを求める。
脱慣習的水準	5：社会契約的な法律志向	他者の権利について考える。共同体の一般的福祉，および法と多数者の意志により作られた標準に従う義務を考える。公平な観察者により尊重される仕方で行為する。
	6：普遍的倫理的原理の志向	実際の法や社会の規則を考えるだけでなく，正義について自ら選んだ標準を，人間の尊厳性への尊重を考える。自己の良心から非難を受けないような仕方で行為する。

薬屋に事情を話し，値引きか後払いにしてくれるように頼むが，断られる。ハインツは思いつめた結果，薬屋に忍び込み，薬を盗んだ。

コールバーグは，盗むという行動に対する賛否の判断ではなく，その判断の理由づけに着目し，表5-3に示したような3水準6段階の道徳性の発達段階を示した。5歳から6歳までの子どもは，主に前慣習的水準とされ，自己中心的な視点が中心となる。そして，児童期にかけて「良い子」としての評価を意識する対人同調的な判断をするようになる。さらに青年期頃では，社会秩序や権利への志向性へと進み，社会全体の視点を持つようになるとされる。

学校教育における道徳　これまでの小学校・中学校では「道徳の時間」に心のノートを活用しながら，社会規範や思いやりなどを学ぶ機会が設定されていた。しかし，小学校では2018年度から，中学校では2019年度から教科として位置づけられ，「特別の教科　道徳」（道徳科）が始まる。この背景には，長年のいじめ問題があり，いじめの未然防止に資するという考えから教科化に至った。教科化により，道徳の教科書を使用した年間35時間（小学1年は34時間）実施することが求められ，教師による学習評価が必須となる。道徳の教科化については，各回の到達目標の設定や指導方法の工夫，そして評価の観点などさまざまな課題があり，今後さらに教科としての在り方について検討が必要である。道徳性については，経験や学習の影響が大きい。そのため，道徳性の育成において教育的観点は必要であり，学校における道徳教育では，物事の善悪を直観的判断する子どもたちに対して，理性的判断を育成する指導を重視することが求められている（林，2016）。

向社会的行動とは　　**向社会的行動**（prosocial behavior）は，「他人あるいは他の人々の集団を助けようとしたり，こうした人々のためになることをしようとする自発的な行為」と定義される（Eisenberg, N., & Mussen, P., 1989）。つまり，「自発的に人を助ける行為」のことを指し，このほかにも，類似した概念として，「援助行動」「利他性」「愛他的行動」などがあげられる。各概念の厳密な定義や対象は，それぞれの文脈や分野によって異なるが，向社会的行動と互換性がある程度あるものとして取り扱っている（広田，2000）。向社会的行動は，1歳半から2歳頃にかけて現れ始める。例えば，泣いている子どもがいたら，近くのぬいぐるみを渡したり，頭をなでてやったりする姿が見られる。また，直接手を差し伸べるだけでなく，先生を呼んできたり，解決のために状況を伝えたり多様な行動が見られるようになる。また，明確な援助要請のサインがなくても，相手の気持ちを推測した手助けもするようになる。向社会的行動の発達には，認知的能力と社会性の発達の両方が大きく関わっており，社会認知的発達が進むにつれ，向社会的行動は安定してくるとされる。

向社会的行動に関わる要因　　人を助けたり，思いやる行動には何が影響しているのか。菊池（1984）の向社会的行動の生起過程と要因を含めたモデルでは，援助を必要とする状況への気づきから意思決定し，そして実際の行動という過程を想定している。状況への気づきを起点に，相手の感情を共有し（共感性），相手の立場に立って状況を捉えること（役割取得）が向社会的

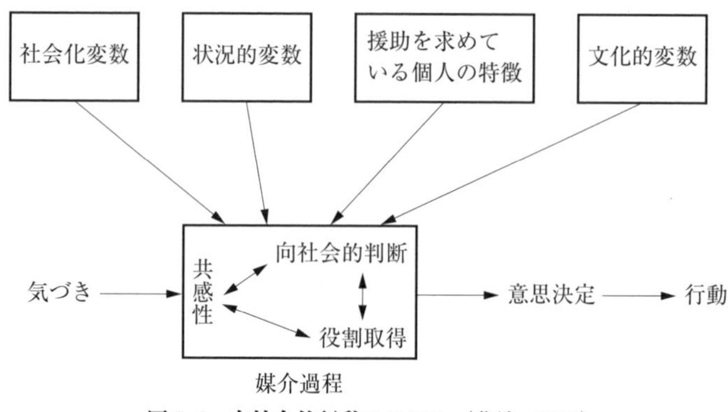

図 5-1　向社会的行動のモデル（菊池, 1984）

行動への動機づけとして働く。そして，自分の提供できる資源や報酬，評価など含めて援助するかどうかを判断し（向社会的判断），実際に行動するかどうかの決定を経て，向社会的行動に至る。このような個人の内的状態だけでなく，援助者がどのような家庭教育を受けてきたか（社会化変数），緊急度や自分以外に援助者がいるかどうか（状況的変数），援助を必要とする人との関係，年齢など（援助を求めている個人の特徴），援助することに対する地域や社会の意識や雰囲気（文化的変数）など，複数の要因が向社会的行動に影響しているといわれる（図 5-1）。

向社会的判断の発達　アイゼンバーグ（Eisenberg, N., 1986）は，自分の提供できる資源や報酬，評価など含めて援助するかどうかなどの向社会的判断には，表 5-4 に示したような 6 つの発達段階があるとしている。児童期初期までは，自己の感情に結びつく快楽に結びついた判断をするが，次第に他者の要求に気づき，相手の立場に立った共感的な判断を経て，強く内面化された価値観に基づくものへと発達していく。

3　社会的スキルの発達

対人関係では，状況や人に応じた望ましい行動や関わり方があり，成長過程を通して**社会的スキル**として獲得されている。そこで，仲間関係や学校で必要とされる社会的スキルについて紹介する。

表 5-4　アイゼンバーグの向社会的判断の発達（二宮, 2007 より）

レベル	概要	年齢
Ⅰ：快楽主義的・自己焦点的志向	道徳的な配慮よりも自分に向けられた結果に関心を持っている。他人を助けるか助けないかの理由は，自分に直接得るものがあるかどうか，将来お返しがあるかどうか，自分が必要としたり好きだったりする相手かどうか（感情的な結びつきのため）といった考慮である。	小学校入学前および小学校低学年
Ⅱ：要求に向けた志向	他人の要求が自分の要求と相対するものでも，他人の身体的，物質的，心理的欲求に関心を示す。この関心は，自分でよく考えた役割取得，同情の言語的表現や罪悪感のような内面化された感情への言及といった事実ははっきりと見られず，ごく単純な言葉で表現される。	小学校入学前および多くの小学生
Ⅲ：承認および対人的志向，あるいは紋切り型志向	良い人，悪い人，良い行動，悪い行動についての紋切り型のイメージ，他人からの承認や需要を考慮することが，向社会的行動をするかどうかの理由として用いられる。	小学生の一部と中・高校生
Ⅳａ：自己反省的な共感的志向	判断は，自己反省的な同情的応答や役割取得，他人の人間性への配慮，人の行為の結果についての罪やポジティブな感情を含んでいる。	小学校高学年の少数と多くの中・高校生
Ⅳｂ：移行段階	助けたり助けなかったりする理由は，内面化された価値や規範，義務および責任を含んでおり，より大きな社会の条件，あるいは他人の権利や尊厳を守る必要性への言及を含んでいる。しかし，これらの考えは明確に強く述べられるわけではない。	中・高校生の少数とそれ以上の年齢
Ⅴ：強く内面化された段階	助けるか助けないかの理由は内面化された価値や規範，責任性，個人的および社会的に契約した義務を守ったり，社会の条件をよくしたりする願望，すべての個人の尊厳，権利および平等についての信念に基づいている。自分自身の価値や需要した規範に従って生きることにより，自尊心を保つことに関わるプラスあるいはマイナスの感情もこの段階の特徴である。	中・高校生の少数だけで小学生にはまったく見られない

社会的スキルの必要性　良好な人間関係を作り，安定的に関係性を持続するには，適切な対人関係能力が必要である。学校現場で起こっている“いじめ”“キレる”，不登校，学級崩壊などの現象の背景には，対人関係能力の低下があるといわれる（相川，2008）。前節までで述べたように，対人関係に必要な能力は，人との関わりを通して獲得されていくが，社会構造の変化による人間関係の希薄化や価値観の多様化によって，子どもが自然にその能力を身につけることが難しくなっている。このような背景から，教育現場では，いじめや問題行動を未然に予防し，子どもが望ましい人間関係を形成するために社会的スキルが必要とされている。社会的スキルは，学習や経験を通して獲得可能であり，また修正可能なものとされている。そのため，教育現場では積極的に**社会的スキルトレーニング**（Social Skills Training：以下SST と略記）が行われている。

子どもに必要な社会的スキル　佐藤（1996）は，子どもの対人関係において求められる社会的スキルを表5-5に示したような3つに分類している。3つのスキルは相互に関連しているため，さまざまな状況の中で発揮され，学習されていく。実際の学校場面では，まず身近な仲間とのつながりが基盤となり，集団生活を円滑にしていくことからも，はじめに「友情形成スキル」のトレーニングを行うことが推奨されている。

社会的スキルの問題　学校には，さまざまなタイプの子どもたちがいる。落ち着きのない子ども，乱暴な子ども，反抗的な子どもは，教師からの指導の対象となりやすい。一方，引っ込み思案や集団に入りにくい子どもは，気になる児童として認識されやすい。異なる行動特性ではあるが，いずれも，対人関係において必要な社会的スキルが不足していると考えられる。適切な

表5-5　児童に求められる社会的スキル（佐藤，1996）

友情形成スキル	仲間との関係を円滑にし，それを維持するために必要とされる向社会的な行動スキル
主張性スキル	相手を傷つけないように自分の要求や権利を主張したり，相手の不合理な要求を上手に断ったりすることができるスキル
社会的問題解決スキル	子どもが直面する友達との利害の対立や葛藤を「問題」として捉えて，それを克服するスキル

SSTが実施されるには，社会的スキルのどこに問題があるのかを把握する必要があり，スキルの獲得と活用の段階を踏まえると「社会的スキルの欠如」「社会的スキル遂行の欠如」「自己コントロールのスキルの欠如」「自己コントロールの遂行の欠如」の4つに分類される。さらに杉本（2016）は，社会的スキルの欠如について，子どもの成長過程で，①社会的スキルを学習してこなかったことによる「社会的スキルの欠如」「自己コントロールのスキルの欠如」と，②社会的スキルは学習してきて行動レパートリーとして持っているが，適切な場面でそのスキルを発揮することができない「社会的遂行の欠如」や「自己コントロールの遂行の欠如」の2つに分類している。前者の獲得段階に課題のある子どもは，なぜスキルが必要なのか，どのようなスキルがあるのかを中心に学習する必要があるだろう。一方，後者の遂行段階に課題のある子どもは，どのような場面でスキルを用いるか，さまざまな状況や場面を設定しながら，実践的に学んでいくことが必要である。このように，それぞれの段階に合ったトレーニングを実施していくことが，教育現場において子どもの社会的スキルの学習において有効であると考えられる。

社会的スキルトレーニング　学校現場では，クラスや学年などの集団でSSTが行われる。他者との実践的なやりとりを通して，実際の場面で活用できる方法を学習していく。SSTの主な流れは次の通りである。まず具体的なスキル（例：順番を守る）について言葉や企画教材で説明する【教示】。次に，手本を示し（例：順番を守っている子の姿），その様子を観察させ，気づきを促す【モデリング】。そして，適切なスキルをロールプレイ（例：順番を待ったり，入れてと伝える）しながら，実践を繰り返す【リハーサル】。最後に，それぞれの行動を振り返り，うまくできたところは褒め，課題のある点は，改善案を提示する【フィードバック】。対人関係では，相手に対して怒りや不満を感じたとき，自己をコントロールしたり，適切に感情表出することが必要である。相川（2008）は，小学生を対象に攻撃行動に代わる適切な社会的スキルとして，「怒りのコントロールスキル」や「自己コントロールスキル」「優しい頼み方スキル」等を取り入れた実践を行い，SSTが児童のソーシャルスキルの向上に効果を持つことを示した。そして，今後は，さらに行動変容を直接促すような取り組みが数多く，長期的に組み込まれることが望ましいとしている（表5-6）。

表5-6　社会的スキルトーニングの実際（相川，2008をもとに筆者が再構成）

スキル	スキルごとの目標	実践の概要
話を聴くスキル	上手に聴くスキルを実行できる	・伝え会う難しさをゲーム「同じ絵描けるかな」で知り，聴くことの重要性に気づかせる ・聴き上手になるための5つのポイントを伝える ・聴くスキルをモデリングさせ，子ども同士でリハーサルさせる ・聴くスキル5つのポイントを確認させる
気持ちに共感するスキル	友だちの気持ちを理解し，理解したことを伝える	・自分の失敗体験を手がかりに，友だちに共感する重要性に気づかせる ・私メッセージやポジティブフィードバックを教える
	友だちを励ます	・友だちの気持ちの言葉を繰り返すことを教える ・温かい言葉かけについて教える ・子ども同士でリハーサルとチェックを行わせる
怒りをコントロールするスキル	怒りをコントロールする方法を学ぶ	・怒りのコントロールの重要性に気づかせる ・深呼吸＋落ち着き（自己会話）を教える ・ロールプレイを行わせる
	優しい注意の仕方を学ぶ	・人に優しく注意する必要があることに気づかせる ・相手を守る優しい気持ち，失敗は人の一部であることを強調する
優しい頼み方のスキル	上手にお願いする方法を学ぶ	・優しい頼み方の重要性に気づかせる ・頼み事の理由，内容，肯定的気持ちについて教える
	頼んで断られたらどうするか考える	・断られたときの対処法について教える ・交渉，説得，譲歩などについて具体的な言葉とともに教える
友だちを励ますスキル	友だちのよいところを見つける	・班内でそれぞれメンバーのよいところを書き出させる ・班内で発表し合い，各人のよいところを1つ決めさせる
	友だちのよいところを褒める	・班内で各人のよいところを表彰状に書いて，表彰させ合う ・よいところ＋感情語を教える

引用・参考文献

相川充　2008　小学生に対するソーシャルスキル教育の効果に関する基礎的研究―攻撃性の分析を通して　東京学芸大学紀要, **59**, 107-115.

Bigelow, B. J., 1977　Children's Friendship Expectations: A Cognitive-Developmental Study. *Child Development*, **48(1)**, 246-253.

Eisenberg, N., 1986　*Altruistic Emotion, Cognition, and Behavior*. Hillsdale, NJ: Lawrence Erlbaum.

Eisenberg, N., & Mussen, P., 1989　*The Root of Prosocial Behavior in Children*. New York: Cambridge University Press.

林創　2016　道徳性の発達　子どもの社会的な心の発達　金子書房, 83-104.

広田信一　2000　向社会的行動の発達　堀野緑・濱口佳和・宮下一博編　子どものパーソナリティと社会性の発達　北大路書房, 160-173.

Hoffman, L., Paris, S., Hall, E., & Schell, R., 1988　*Developmental psychology Today (5th edition)*. Random House, 244-258.

菊池章夫　1984　向社会的行動の発達　教育心理学年報, **23**, 118-127.

コールバーグ, L.（永野重史編）1985　道徳性の発達と教育―コールバーグ理論の展開　新曜社（Kohlberg, L., 1971　From Is to Ought: How to Commit the Naturalistic Fallacy and Get Away with It in the Study of Moral Development. In T. Mischel (Ed.), *Cognitive Development and Epistemology*.）

二宮克美　2007　おもいやり行動と社会的発達　南徹弘編　発達心理学　朝倉書店, 189-201.

Parten, M., 1932　Social Participation among Preschool Children. *Journal of Abnormal and Social Psychology*, **27**, 243-269.

ピアジェ, J.（大伴茂訳）1957　臨床児童心理学Ⅲ　児童道徳判断の発達　同文書院（Piaget, J., 1932　*Le jugement mornl chez l'enfant*. Alcan.）

三省堂編修所　1993　辞林 21.

佐藤正二　1996　子どもの社会的スキル・トレーニング　相川充・津村俊充編　誠信書房, 79-100.

杉本任士　2016　児童期における社会的スキルの発達と課題―いじめ未然予防の一助として　日本大学大学院総合社会情報研究科紀要, **17**, 179-190.

模擬試験問題

問1　以下の文章の空欄に当てはまる語句を【語群】から選びなさい。

乳幼児期の仲間との遊びを通して社会性が獲得される。（　①　）によれば，2,

3歳頃は，それぞれが一人ひとりで遊び，他の子どもたちの遊びや活動にほとんど注意を向けない（　②　）や，他の子どものそばで同じような遊びをしているが，お互いの関わることのない（　③　）も見られる。4，5歳頃になると，一緒に遊んでいるが，各自のイメージの世界で遊んでおり，明確な役割やルールは共有していない（　④　）から，集団の一員として，明確な役割分担やルールがある（　⑤　）へと移行し，仲間関係の広がりとともに社会性が発達していく。児童期になると，仲間に対する意識が変化する。友だちの選び方では，7，8歳頃は，席の近さといった（　⑥　）性が関わり，9，10歳頃になると，自分と同じ意見やパーソナリティの近い（　⑦　）性を重視するようになる。そして，10歳から12歳にかけては，自己開示ができ互いを理解し合える（　⑧　）性を重視するようになり，仲間意識の変化は，安定的かつ持続的な仲間関係を作るようになる。

【語群】

ア　ピアジェ　**イ**　ヴィゴツキー　**ウ**　パーテン　**エ**　構成遊び
オ　平行遊び　**カ**　ひとり遊び　**キ**　象徴遊び　**ク**　ごっこ遊び
ケ　連合遊び　**コ**　機能遊び　**サ**　協同遊び　**シ**　親密　**ス**　同質
セ　近接　**ソ**　異質　**タ**　類似　**チ**　統一

問2　以下の文章の空欄に当てはまる語句を【語群】から選びなさい。

良好な人間関係を築き，集団に適応していくためには，道徳性や規範意識が必要である。（　①　）によれば，善悪の道徳的判断は，9歳頃を境に，客観的な結果を基準とした（　②　）な判断から，動機や意図を考慮した（　③　）な判断ができるようになる。さらに青年期までを対象にした（　④　）は，年齢とともに，自己中心的な視点を持つ（　⑤　）水準から，「良い子」としての評価を意識する（　⑥　）水準，そして社会秩序や権利を考慮する（　⑦　）水準への視点が変化することを示した。近年，学校教育においては，道徳が教科化されたが，この背景には，（　⑧　）問題への対応があり，規範意識の育成や社会的スキルの獲得が求められている。

【語群】

ア　コールバーグ　**イ**　ヴィゴツキー　**ウ**　ピアジェ　**エ**　精神的
オ　他律的　**カ**　自律的　**キ**　認知的　**ク**　前操作的　**ケ**　前慣習的
コ　依存的　**サ**　慣習的　**シ**　脱慣習的　**ス**　親和的　**セ**　不登校
ソ　自殺　**タ**　いじめ

第 2 部

学習の理解

6章

学習・認知・記憶

1　学習の基礎

学習の基礎知識として，パヴロフによる**古典的条件づけ**とスキナーによる**道具的条件づけ**を忘れてはならない。この2つの条件づけには，学習が成立するための基本原理が示されている。

1）古典的条件づけ（レスポンデント条件づけ）

パヴロフ（Pavlov, I. P.）は，犬に肉粉を与えると自然に唾液が出るが，ベルの音を聞かせるとほぼ同時に肉粉を与え，それを繰り返しているうちに，犬はベルの音を聞いただけで唾液を出すようになることを見いだした。もともと，犬がベルの音に対して唾液を出すことはなかったので，無関係であった刺激（ベルの音）と反応（唾液分泌）の間に新しい連合が作られたことになる。それゆえ，この条件づけにおける学習は，刺激と反応の新しい結合ということになる。そして，この学習（刺激と反応の結合）は，ベルの音（**条件刺激**）に対して，肉粉（**無条件刺激**）が時間的に接近して提供されること（**強化**〔reinforcement〕と呼ぶ）によって成立する。梅干しを見たり，想像しただけでも唾液が出てくるのは，条件づけによる学習が成立したことを示す一つの例である。

2）道具的条件づけ（オペラント条件づけ）

もう一つの条件づけとして，スキナー（Skinner, B. F.）による道具的条件づけがある。彼は，スキナー箱と呼ばれる箱を用いて，空腹のネズミを使った実験を行った。この箱には，バー（弁別刺激）を押せば餌（強化刺激）が出る仕掛けがあり，ネズミが餌を求めて箱の中を動き回る際に，偶然バーに触れ，餌が出てきて，それを食べることがある。この偶然が繰り返されると，箱に入れられるとすぐにネズミはバーを押すという道具的反応をするようになる。したがって，ネズミはバーを押して出てきた餌を食べることを学習したわけである。この学習が成立するための重要な条件は，ネズミのバーを押すという自発的反応（オペラント反応ともいう）の直後に強化刺激（餌）が与えられることであり，これがこの条件づけにおける強化である。

3）学習の方法

条件づけにおける学習の成立過程を解説したが，実際に人間が学習する際の方法はどのようなものであろうか。そこには，3つの学習方法がある。

練習による学習　読み・書きの技能，計算の技能，表現技能，運動技能など，あらゆる技能は，繰り返し練習することによって学習される。知識の学習も繰り返しによって達成される。さらに，基本的生活習慣も親のしつけの繰り返しによって学習されたといえよう。ソーンダイク（Thorndike, E. L.）は，**練習の法則**として，「刺激と反応の結合は，練習によって強められ，練習しないと弱められる」と述べている。ここでの刺激と反応の結合が学習のことである。

練習回数の増加に伴う学習量の変化を示したのが，練習曲線もしくは学習曲線である。例えば，自動車の運転技能に関する練習曲線を見ると，以下に紹介する5つの段階を経過していくことが知られている。

①潜在学習期：実際に自動車に乗って運転したことがなくても，自動車の助手席に乗せてもらう経験が多い人は，その経験が運転技能の習得を促進させる場合がある。このように，練習者は実際に練習を行う前に潜在的に運転の学習をしているのである。

②初期：自動車に乗って運転の練習を始めた初期では，練習者の運転技能への意欲が高く，練習によるかなりの進歩が認められる。

③高原期：練習しても，運転技能の進歩がないように感じる段階である。これは**プラトー**（plateau）と呼ばれ，練習者の意欲や興味の低下，疲労，技能の複雑性の増加などによって生じると考えられる。

④飛躍期：高原期を切り抜けると，急激な進歩の見られる時期が来る。この急激な進歩は，高原期では出現しなかった練習効果が，この時期になって

現れてきたものと考えられている。

⑤後期：練習者の能力や自動車の性能に限界があるため，運転技能の進歩もその限界に近づく段階である。この段階に至るには，何年もの練習が必要になる。

強化による学習　道具的条件づけにおいては，ネズミに餌（強化刺激）が与えられることが強化であるが，一般に学習者の行動に対して賞賛や叱責，報酬や罰などを与えることを強化という。学習者のある行動に賞賛や報酬が与えられると学習者はその行動を再度行うことを学習し，叱責や罰が与えられるとその行動をやめることを学習する。すなわち，強化が与えられることによって，良い行為と悪い行為の区別を学習することができる。

ソーンダイクは，「賞は結合を強め，罰は結合を弱める」という**効果の法則**を提唱し，その後，「賞は結合を強め，罰は結合を強めも弱めもしない」と改訂をしている。この改訂は，学習者に不快な感情を喚起させる罰のような強化は，学習に効果がないということを述べたものである。体罰に関する論議がなされて久しいが，一般的に罰による学習は効果的ではないのである。

学習者に直接強化が与えられなくても，他者が強化を与えられるのを見るだけでも学習することができる。これは，代理強化による学習といわれている。また，学習者が学習目標を達成したときに，自ら味わう成功感や満足感はそれ自体報酬の意味を持っており，いわば自分が自分に与える自己強化と見なすことができる。

観察による学習　学習者が実際に行動しなくても，また学習者の行動に対して直接強化が与えられなくても，誰かの行動を観察してそれを模倣することにより学習することができる。子どもの行動は，親や教師に似てくるといわれているが，これは，観察の対象すなわちモデルとしての親や教師の行動を観察することによって，その行動を学習したことを示すものである。バンデューラ（Bandura, A.）は，モデルの行動を模倣して学習するという意味で，**モデリング**（modeling）という語を用いている。実際の人間のモデルを観察しなくても，TV アニメの主人公や動物であっても，模倣されることが明らかであり，メディアによって示されるモデルの影響は大きい。

親や教師は，子どもにとって重要なモデルに違いないが，親や教師を子どもが信頼していれば，親や教師の行動様式を無意識に取り入れるが，逆に信頼していないと，取り入れにくくなる。松田（1973）は，5歳の幼児が自分の母親を受容的と見ているか，拒否的と見ているかを調べた。そして，人形を殴ったり，ボールを投げつけたりするような攻撃行動を幼児の母親にしてもらい，それをビデオに録画した。その録画したビデオを幼児に観察させ，その後，幼児に自由に遊びをさせ，母親を模倣して攻撃行動をする回数を記録した。その結果，受容的な母親の子どもの方が，拒否的な母親の子どもよりも模倣行動（攻撃行動）が多かった。この結果は，幼児は，拒否的な母親よりも受容的な母親をモデルとして自分の中に取り入れる可能性が高いことを示している。

2　情報処理における記憶と学習

近年の心理学では，記憶や学習を情報処理の視点から捉え，多くの認知的機能に関する概念が提唱されている。その中で，重要な概念を以下に紹介する。

1）短期・長期記憶からワーキングメモリ

多重貯蔵モデル　アトキンソンとシフリン（1968）は，情報が保持される期間によって，感覚貯蔵庫（約1秒以内で消失），短期貯蔵庫（約15秒以内で消失）および長期貯蔵庫という情報の貯蔵庫を区分した多重貯蔵モデルを提案している。このモデルがきっかけとなり，短期と長期では情報の保持システムが異なるという**短期記憶**と**長期記憶**の区分が知られるようになった。そして，記憶された情報は短期記憶に保持され，それが長期記憶へ転送されるという考えも広まってきたのである。ただし，近年になって，短期記憶を調べるテストの成績と，長期記憶が関連すると考えられる文章理解テストの成績との関係がほとんどないことが明らかにされた。例えば，文を読む場合，その文に出て来る単語の意味は長期記憶内にあるので，その長期記憶の情報を参照することになる。ただし，短期記憶から長期記憶へと情報が転送されるのであるから，長期記憶の情報を参照するためには短期記憶を通らなければならない。それゆえ，短期記憶と長期記憶との関連はあるであろうと考えられていた。しかし，この両者の関連性がないということは，短期記憶が主に一定時間単純に情報を保持するだけの機能を持つという考えを否定するものであった。したがって，短期記憶が一定時間情報を保持する機能だけであれば，言語理解などの認知活動に対する貢献はほとんどないことになる。本を読む場合には，文を読んでその情報を保持し，その情報がどのような意味なのかを，長期記憶（知識）に蓄えられている多くの意味から瞬時に探すという処理が行われていると考えられる。もし，情報を保持するだけであれば，意味がわからないし，本を読むことはできない。そこで，単に情報を保持する機能に対して用いられた短期記憶という概念に代わって，情報処理機能をつけ加えたワーキングメモリという概念が出現してきたのである。

ワーキングメモリ（作動記憶）　最初に**ワーキングメモリ**という概念を提唱したのは，バドリーとヒッチ（1974）であった。そこでのワーキングメモリとは，短期記憶に近い概念ではあるが，外界から入ってきた情報を一時的に保持し，その保持した情報を長期記憶との関連から処理して認知活動の遂行を支えるシステムである。図6-1は，バドリー（1992）によるワーキングメモリのモデルである。ワーキングメモリには中央実行系という部位があ

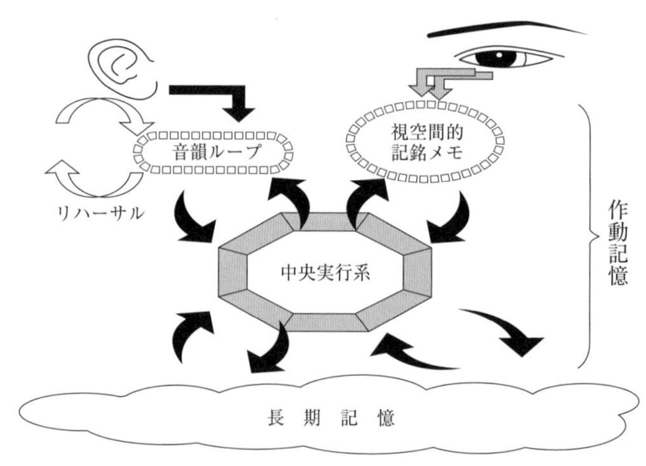

図6-1 ワーキングメモリのモデル（Baddeley, 1992）

る。この部位は，音韻ループ（音韻情報を保持している部位）や視空間的記銘スケッチパッドメモ（視空間的情報を保持している部位）を制御して，高次の認知活動（言語理解，推論など）に必要な処理を行い，その処理の実行結果を一時的に保持するという機能を持っている。人間の認知活動が効率よくできるか否かは，ワーキングメモリの機能が規定しているといえよう。

2）意味記憶

タルヴィング（1972）は，保持される情報の内容から，記憶を2つに区分している。**意味記憶**（semantic memory）には，日常生活における常識や教養などの情報が保持されており，知識と対応した概念である。一方，後述のエピソード記憶（episodic memory）には，過去のさまざまな個人的な出来事が保持されている。

連想ネットワークモデル　意味記憶に関しては，コリンズとロフタス（1975）によるモデルが有名である。図6-2に示されているように，多くの概念がネットワークで結びついている。そして，2つの概念がお互いに意味的に関連しているほど，その間のリンクが短く表現される。そして，ある概念が処理されると，その概念の活性化水準が高まり，その活性化がリンクのつながった他の概念ノードへと波及していくとされている。これが**活性化拡散**（spreading activation）という考えであり，近年の心理学では広く認識されている。

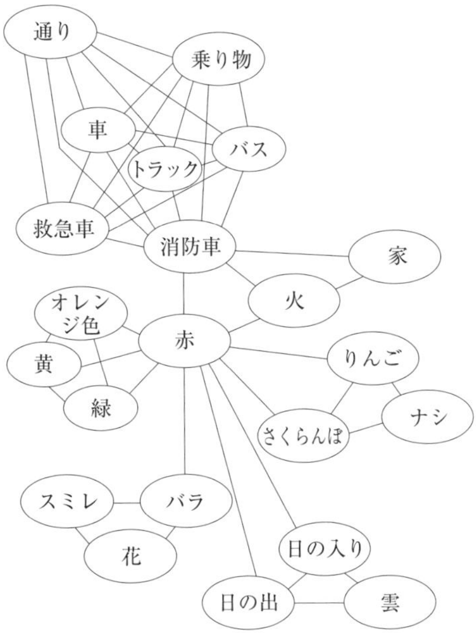

図6-2　意味記憶のネットワークモデル
（Collins & Loftus, 1975）

エピソード記憶　タ

ルヴィングによる記憶区分において意味記憶と対立するのが，**エピソード記憶**（episodic memory）である。エピソード記憶は，個人的な過去の出来事に関する記憶である。記憶内容が一定の時間や空間と結びついている場合にはエピソード記憶であり，意味記憶は一定の時間や空間とは結びついていない。

符号化特定性原理　エピソード記憶が時間や空間と結びついていることを示す原理が，タルヴィングとトムソン（1973）による**符号化特定性原理**である。これは，憶える際の状況（符号化文脈）と，思い出す際の状況（検索文脈）とが一致するほど記憶成績はよくなるというものである。例えば，A教室である単語を憶えたとすると，その単語を思い出す場合に，同じA教室の方が，別のB教室よりも思い出す可能性は高くなる。それは，単語を憶えた際の符号化文脈（A教室）が，思い出すときの検索文脈（A教室）と一致しているからである。この原理からすれば，児童生徒がテストにおいて学習内容を想起できるか否かは，学習した際の符号化文脈とテストが実施される検索文脈との一致している程度に左右されるといえよう。

3）情報処理による記憶や学習を規定する要因

情報処理の視点からは，記憶や学習は情報処理の量（どの程度処理を行ったか）や質（どのような処理を行ったか）によって規定される。

処理水準　クレイクとロックハート（1972）による**処理水準**（levels of processing）説は，学習や記憶対象に対する処理が深いほど，その学習や記憶成績が高まるというものである。一般的に，浅い水準は形態的処理，中間水準は音韻的処理，深い水準が意味的処理に対応している。クレイクとタルヴィング（1975）は，記銘語に対して処理水準に対応する方向づけ質問を設定した（表6-1を参照）。参加者は，それらの質問に対して「はい」か「いいえ」で答えるように求められた。質問のタイプ（形態，音韻，意味）と答え（「はい」「いいえ」）によって，記憶成績を比較すると，意味的質問を受けた記銘語の記憶成績が最もよく，次いで音韻的質問，そして，形態的質問を受けた語が最も劣っており，処理水準説からの予想通りであった。また，同じ水準の質問を受けた場合であっても，「はい」と判断した語の方が「いいえ」と判断した語よりも記憶成績がよいという現象（適合性効果）も見いだされた。

表 6-1　処理水準の方向づけ質問（Craik & Tulving, 1975）

処理水準	方向づけ質問	記銘語	
		「はい」	「いいえ」
形　態	この単語は大文字で書かれていますか？	TABLE	table
音　韻	この単語は「WEIGHT」と韻を踏んでいますか？	crate	MARKET
意　味	この単語は“He met a ______ in the street”という文に当てはまりますか？	FRIEND	cloud

精 緻 化　**精緻化**（elaboration）とは学習内容に情報を付加することであるが，参加者が「はい」と答えた場合には，記銘語が参加者の持つ知識構造に統合されて記銘語に対して多くの情報が付加される。一方，「いいえ」と答えた場合には統合されず記銘語に対して付加される情報は少ない。この記銘語に付加された情報の量，すなわち精緻化量の違いによって記憶成績の違いが生まれたのである。

学習や記憶対象に情報を多く付加することは精緻化量を増やすことであり，記憶や学習を促進する。豊田（1990）は，参加者に記銘語から連想する語を一定時間内に報告させ，その報告した連想語数と記憶成績との関係を検討した。その結果，報告した連想語が多いほど，連想語を手がかりとして思い出す割合が高かったのである。情報を思い出すことを検索というが，記銘語に多くの情報が付加されると思い出すための手がかりが増える。その結果，直接その記銘語を検索できない場合でも，多くの手がかりを利用した検索ルートが多くなり，記銘語が想起されやすくなるのである。

ただし，どんな情報であっても，多ければよいというものではない。ステインら（1978）は，記銘語に対して，表 6-2 に示したような 3 種類の枠組み文を作成した。記銘語に付加される情報量（精緻化量）のみが記銘語の記憶成績を決めるのであれば，基本文が最も短く情報量が少ないので，基本文の記憶成績は最も低くなり，情報量の等しい適切精緻化文と不適切精緻化文の間には差がないと予想できる（基本＜適切＝不適切）。しかし，枠組み文を手がかりとした再生率を比較した結果，不適切＜基本＜適切という関係になった。この結果は，付加される情報量よりも，情報の質（精緻化の質）が重要である

表 6-2　ステインら（1978）の用いた材料（豊田，1995）

文　型	文　例
基本（base）文	The fat man read the sign. （太った男が掲示板を読んだ。）
適切（precise）精緻化文	The fat man read the sign warning about thin ice. （太った男が薄い氷について警告している掲示を読んだ。）
不適切（imprecise）精緻化文	The fat man read the sign that was two feet high. （太った男が２フィートの高さにある掲示を読んだ。）

＿＿の部分の語が記銘語，～～部分が付加された情報（精緻化情報）。

ことを示している。適切精緻化文は記銘語が「fat（太った）」でなければならないことを明確にする限定性の高い情報であるのに対して，不適切精緻化文はその限定性はないものであった。したがって，記銘語の意味を限定することが精緻化情報として重要なのである。

自己生成精緻化　学習者自身に情報（精緻化）を生成させるとその効果は高まることが知られている。プレスリーら（1987）は，記銘語（例：「空腹の（hungry）」）を含む基本文（例：「空腹の男が車に乗った」）に対して「なぜ，その男がそんなことをしたのか？」という質問に対する答えを生成させる条件（自己生成精緻化条件）が，実験者によってその質問に対する答えが提供される条件（実験者提示精緻化条件）よりも，記憶成績（例：「どんな男が車に乗ったか？」に対する正答率）の高いことを明らかにしている。学習者が自己生成した情報は個々の知識構造に基づく情報であり，知識構造と関連のある情報である。それゆえ，客観的に適切か否かは別にして学習者自身には理解されやすく，記銘語を学習者自身の知識構造に統合しやすい情報なのである。

3　メタ認知（認知の制御システム）

記憶や学習，そして問題解決といった認知活動が効率よく遂行されるためには，知識をうまく利用し，認知活動を制御するシステムが必要になる。それが，メタ認知である。すなわち，**メタ認知**とは，認知活動（学習，記憶，思考など）に関する知識（**メタ認知的知識**）と，認知活動をモニターし，コントロールする制御システム（メタ認知的制御）である。例えば，ある学習をする場合，「どんな方法で学習すればよいか」「どのくらい学習すればよいか」などのように，自分の学習活動に関する決定をする。このような決定は，メタ認知的知識に基づいて行われる。また，学習活動を行った後，「もう十分学習できたか，まだ，不十分か」をチェックするのは，モニタリングという機能に基づいているが，これは**メタ認知的制御**の重要な役割である。

1）記憶におけるメタ認知（メタ記憶）

認知活動の中心である記憶活動に関する知識や制御機能がメタ記憶であり，メタ認知の下位概念として位置づけられている。

コントロールとモニタリング　清水（1995）によれば，ネルソンとナレンス（1990）によるメタ記憶のモデルでは，人間の認知過程を対象レベルとメタレベルから捉え，対象レベルは対象への直接的な働きかけや情報抽出に関連したレベルであり，メタレベルは対象レベルでの処理活動を制御するレベルである。メタレベルから対象レベルに対しては記憶活動の流れをコントロールする機能が働き，記憶目標の設定や記憶活動の実行，修正などが行われる。一方，対象レベルからメタレベルへは記憶のモニタリング機能が働き，記憶に対する気づきや判断，予測がなされている。図6-3は，記憶段階と記憶活動を対応づけたものであり，図の上半分がモニタリングに関する活

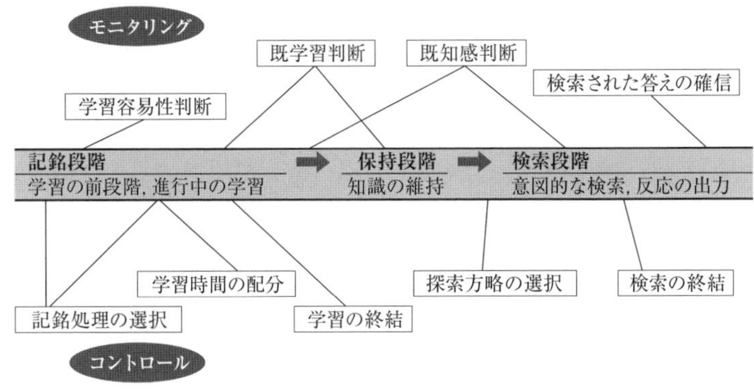

図6-3　記憶の段階ごとのモニタリングとコントロール
（Nelson & Narens, 1990；清水，1995をもとに作成）

動である。**モニタリング**は記憶した程度を認識する機能であり，「知っている」という感覚である既知感（feeling of knowing）が反映される。ある対象を思い出そうとして，どうしても思い出せないことがあるが，これはTOT（Tip of Tongue）現象と呼ばれ，内容は思い出せないが，既知感だけは意識できる状態といえる。

既学習感とモニタリング　既知感と似た感覚として，「学習できた」という**既学習感**がある。これは，児童生徒が学習内容をしっかりと頭に保持しているか否かを捉える感覚として重要である。既学習判断（judgement of learning）を求める実験では，項目を学習する際に，後でどの程度正しく思い出せるかを学習者に判断させる。ダンロスキーとネルソン（1994）は，学習者の用いた記憶方略（憶えるための手段・方法）と既学習判断との関係を検討した。学習項目のイメージを描きながら憶えるように求めるイメージ方略条件と，単に学習項目を繰り返して憶えるように求めるリハーサル方略条件を設け，それぞれにおいて既学習判断をさせた。リハーサル方略よりイメージ方略の方が記憶成績はよかったのであるが，興味深いことに，リハーサル方略よりもイメージ方略がよく学習できていると正確に既学習判断できる割合は，学習直後よりも，一定の時間が経過した後の方が高かったのである。児童生徒に自分が用いた学習法の有効性を認識させることは重要であるが，学習直後よりも一定時間が経過した方が有効性を認識しやすい可能性がうかがえる。
記憶や学習を効率よくするためには，どのような記憶・学習方略を用いるかだけでなく，どの程度時間をかけるかという判断が重要である。オーウィングスら（1980）では，小学5年生に理解しやすい物語と理解しにくい物語を与え，それぞれの物語を学習するのに要する時間を測定した。日常の記憶能力を測定するテストの得点が高い児童は理解しにくい物語により多くの時間を費やしたが，得点の低い児童は理解しやすい物語としにくい物語に費やした時間に差はなかった。学習時間の配分に差が見られなかった児童は，物語の困難度の違いを認識できず，学習時間を適切に配分しなかったのである。自分が学習する内容とその学習に必要となる時間を正確に知るという経験は，モニタリング機能を高める上で重要である。

2）問題解決におけるメタ認知

問題解決は高次な認知活動であり，メタ認知の役割はより重要になってくる。

認知能力とメタ認知　スワンソン（1990）は，小学4，5年生を対象にして，メタ認知水準と一般的な認知（学習）能力を測定し，メタ認知水準の高低と認知能力の高低の組合せによる4つの群を設けて，問題解決における成績を比較した。その結果，メタ認知水準が高く，認知能力の低い群は，メタ認知水準が低く，認知能力の高い群よりも問題解決における成績がよかったのである。さらに，メタ認知水準の高い群は，問題解決のための仮説を作り，それが妥当か否かをモニターする者が多かった。これらの結果は，問題解決につながる方略の選択や方略のモニタリングによって，認知能力を補うことができることを明らかにしており，学校教育におけるメタ認知の指導の重要性が示唆される。

理解モニタリング　問題解決においては，提示された問題の内容が十分に理解できているかどうかをモニターできることが重要である。これを**理解モニタリング**と呼ぶ。マークマン（1977）は，小学1～3年生に,「ゲーム」などの手順を説明するが，わざと重要な部分を抜かして説明し，それに児童が気づくかどうかを調べた。その結果，3年生は，説明が不十分であり，自分が理解できていないことを認識していたが，1年生は理解できていないことを認識できず，説明通りに実際に実演してみて，初めてできないことに気がつくのであった。したがって，1年生は自分が理解できていないことがわからず，理解モニタリングが十分に発達していない。

このように，問題解決におけるメタ認知の役割は重要であり，他の認知活動においても，メタ認知の重要性は明らかである。従来の教育においては，一般的な認知能力の向上を目標としたが，これからの教育ではメタ認知の向上を目標とする必要がある。

引用・参考文献

Atkinson, R. C., & Shiffrin, R. M. 1968　Human Memory: A Proposed System and its Control Processes. In K. W. Spence & J. T. Spence (Eds.), *The psychology of learning and Motivation: Advances in Research and Theory*, Vol.2. Academic Press.

Baddeley, A. D. 1986　*Working Memory*. Oxford University Press.

Baddeley, A. D. 1992　Working Memory. *Science*, **255**, 556–559.

Baddeley, A. D., & Hitch, G. 1974　Working Memory. In G. H. Bower (Ed.), *The Psychology of Learning and Motivation*, Vol.8. Academic Press.

Collins, A. M., & Loftus, E. F. 1975　A Spreading-Activation Theory of Semantic Processing. *Psychological Review*, **82**, 407–428.

Craik, F. I. M., & Lockhart, R. S. 1972　Levels of Processing: A Framework for Memory Research. *Journal of Verbal Learning and Verbal Behavior*, **11**, 671–684.

Craik, F. I. M., & Tulving, E. 1975　Depth of Processing and the Retention of Words in Episodic Memory. *Journal of Experimental Psychology: General*, **104**, 268–294.

Dunlosky, J., & Nelson, T. O. 1994　Does the Sensitivity of Judgments of Learning (JOLs) to Effects of Various Study Activities Depend on When the JOLs Occur? *Journal of Memory and Language*, **33**, 545–565.

Markman, E. M. 1977　Realizing that You Don't Understand: A Preliminary Investigation. *Child Development*, **48**, 986–992.

松田惺　1973 幼児の母親模倣行動における母子関係の影響　心理学研究 , **44**, 79–84.

Nelson, T. O., & Narens, L. 1990　Metamemory: A Theoretical Framework and New Findings. In G. H. Bower (Ed.), *The Psychology of Learning and Motivation: Advances in Research and Theory*, Vol.26. Academic Press. 125–173.

Owings, R., Petersen, G., Bransford, J., Morris, C., & Stein, B. 1980　Spontaneous Monitoring and Regulation of Learning: A Comparison of Successful and Less Successful Fifth Graders. *Journal of Educational Psychology*, **72**, 250–256.

Pressley, M., McDaniel, M. A., Turnure, J. E., Wood, E., & Ahmad, M. 1987　Generation and Precision of Elaboration: Effects of Intentional and Incidental Learning. *Journal of Experimental Psychology: Learning, Memory, & Cognition*, **13**, 291–300.

清水寛之　1995　記憶力　高野陽太郎編著　認知心理学２　記憶　東京大学出版会 , 169–187.

Stein, B. S., Morris, C. D., & Bransford, J. D. 1978　Constraints on Effective Elaboraition. *Journal of Verbal Learning and Verbal Behavior*, **17**, 707–714.

Swanson, H. L. 1990　Influence of Metacognitive Knowledge and Aptitude on Problem Solving. *Journal of Educational Psychology*, **82**, 306-314.

豊田弘司　1990　偶発記憶における検索に及ぼす精緻化の効果　心理学研究, **61**, 119-122.

豊田弘司　1995　長期記憶I 情報の獲得　高野陽太郎編　認知心理学2　記憶　東京大学出版会, 101-116.

Tulving, E. 1972　Episodic and Semantic Memory. In E. Tulving & W. Donaldson (Eds.), *Organization of Memory*. New York: Academic Press.

Tulving, E., & Thomson, D. M. 1973　Encoding Specificity and Retrieval Processes in Episodic Memory. *Psychological Review*, **80**, 352-373.

模擬試験問題

問1　以下の文章の空欄に当てはまる語句を【語群】から選びなさい。

（ ① ）は，犬に肉粉を与えるとほぼ同時にベルの音を聞かせることを繰り返して，ベルの音である（ ② ）に対して，（ ③ ）である唾液分泌が生じることを見いだした。この過程を（ ④ ）という。この過程において，強化は，ベルの音と（ ⑤ ）である肉粉をほぼ同時に提示することである。また，（ ⑥ ）は，ネズミのバーを押すという（ ⑦ ）（自発的反応）に対して，餌である（ ⑧ ）を与えることによって学習が成立することを見いだした。この過程を道具的条件づけという。

【語群】

ア　フロイト　**イ**　ヴント　**ウ**　スキナー　**エ**　ビネー
オ　パヴロフ　**カ**　ワトソン　**キ**　条件刺激　**ク**　無条件刺激
ケ　強化　**コ**　自発的　**サ**　レスポンデント条件づけ
シ　オペラント条件づけ　**ス**　無条件反応　**セ**　学習
ソ　オペラント反応　**タ**　条件反応　**チ**　バー押し　**ツ**　強化刺激
テ　弁別刺激　**ト**　消費反応

問2　以下の文章の空欄に当てはまる語句を【語群】から選びなさい。

学習者は，学習内容を繰り返し反復することによって，学習する。これを（ ① ）による学習という。（ ② ）は，（ ③ ）と（ ④ ）の結合は（ ① ）によって強められるという（ ① ）の法則を提唱している。

（　①　）回数による学習量の変化を示す（　①　）曲線を描くと，その曲線の上昇が滞る時期がある。この時期を（　⑤　）と呼ぶ。親や教師から賞賛や叱責を与えられることによって，善・悪の学習が可能となる。このような賞賛や叱責，報酬や罰によって学習する場合を強化による学習という。また，直接自分に賞賛や叱責が与えられなくても，他者へ与えられる賞賛や叱責によって学習する場合がある。これは，（　⑥　）による学習である。さらに，他者から賞賛や叱責が与えられなくても，自分が感じる成功感や満足感が報酬の意味を持ち，それによって学習する場合もある。この場合は，（　⑦　）による学習といえる。人の行動を見るだけで学習できる場合もある。（　⑧　）は，モデルの行動を模倣する学習の重要性を指摘し，モデルの行動を取り入れるという意味でモデリングという言葉を用いた。

【語群】

ア　エリクソン　**イ**　ソーンダイク　**ウ**　ケーラー　**エ**　バンデューラ
オ　プラトー　**カ**　ウェルトハイマー　**キ**　練習　**ク**　訓練
ケ　習慣　**コ**　自己暗示　**サ**　報酬　**シ**　刺激　**ス**　善・悪
セ　反応　**ソ**　快・不快　**タ**　モデリング　**チ**　モニタリング
ツ　自己強化　**テ**　代理強化　**ト**　直接強化

7章

動機づけの理論

1　動機づけとは

教壇に立つ者で，子どもたちの学習意欲に関する問題で悩みを抱かない者は恐らくいないだろう。「好きこそものの上手なれ」「馬を水辺につれていくことはできても水を飲ませることはできない」などのことわざがあるように，教師が子どもたちの学習を効果的に支援するためには学習意欲の問題を無視できない。こうした日常用語としての「意欲」や「やる気」という現象に対して，心理学研究では**動機づけ**（motivation）という概念を用いて研究が積み重ねられてきた。

動機づけとは，「行動が起こり，活性化され，維持され，方向づけられ，終結する現象」と定義される（鹿毛，2013）。上記の定義は直感的な理解がややしにくいかもしれないが，エネルギーと指向性という２つの重要な観点を用いて考えるとわかりやすい。エネルギーとは，動機づけの量的な側面を指す。自動車のエンジンが動力を与えるように，動機づけは生体の行動に心理的なエネルギーを提供し，活性化・維持を導く。子どもたちが，ある課題に対して集中して長時間取り組んでいるとき，私たちは子どもの姿の背後に高い動機づけのエネルギーを感じ取る。指向性とは，動機づけの質的な側面を指す。自動車のハンドルが目的地に導くように，動機づけには生体の行動をある特定の方向に向ける働きがある。受験の合格を目指す上で必要だからという理由で歴史の勉強をする場合と，趣味で歴史について学ぶ場合とでは，学習行動のパターンは異なると考えられる。

このように，動機づけ研究では「なぜ，どのように行動が生じるのか」という問いに対して永く検討がなされてきた。動機づけは生体の多様な行動を説明し得る概念であるが，ここでは主に学習行動を取り上げる。以降の節では，子どもたちの学習行動が「なぜ，どのように生じるのか」という問題について理解するための基本的な理論をいくつか見ていこう。

２　自律的な意欲を育む―自己決定理論

内発的動機づけと外発的動機づけ　我が国の教育界においてもよく知られている動機づけ概念として，**外発的動機づけ**（extrinsic motivation）と**内発的動機づけ**（intrinsic motivation）がある。これら２つの概念は，「手段－目的」という枠組みによって動機づけを分類したものといえる。

外発的動機づけとは，「志望校合格のために必要だから数学を勉強する」「親に叱られないようにするために宿題をこなす」といったように，ある目的を達成するための「手段」として活動が位置づいているときの動機づけである。先述の例では，「志望校合格」や「親に叱られないようにする」という目的を達成するための手段として，それぞれ「数学の勉強」や「宿題」という行動に取り組んでいるといえる。このような外発的動機づけは，いわゆる「アメとムチ」に基づく動機づけと考えるとわかりやすい。すなわち，外発的動機づけに基づく行動の目標としては，賞（＝アメ）の獲得あるいは罰（＝ムチ）の回避が目指されているのである。

一方の内発的動機づけは，活動そのものが目的となっているときの動機づけである。例えば，ゲームに夢中になっている子どもたちの多くは，ご褒美を得るためにゲームをしているわけでもなければ叱られないためにゲームをしているわけでもないだろう。ゲームをすること自体に楽しさを感じているからこそ，その活動に取り組んでいると考えられる。このように内発的動機づけは，課題そのものに対する興味・関心に基づく動機づけである。したがって，内発的動機づけに基づく行動では，活動への取り組みや課題に対して習熟することが目的となる。

内発的動機づけと外発的動機づけという２種類の動機づけに関しては，従来前者が望ましく，後者は望ましくない動機づけであるという見方がされてきた。しかし，こうした見方は動機づけをあまりに単純化しすぎており，注意が必要である（e.g., 速水, 2019）。このような従来の単純な見方に対して，新たな視点を提示した理論が次に紹介する**自己決定理論**（self-determination theory）である。

自己決定理論とは　一言で外発的動機づけといっても，親に叱られないように嫌々取り組む勉強と，自分の将来の夢を達成するために前向きに取り組む勉強とでは，動機づけの様相が随分異なりそうだということは直感的にも推測できるだろう。デシ（Deci, E. L.）とライアン（Ryan, R. M.）らが提唱した自己決定理論では，外発的動機づけを細分化し，内発的動機づけとの関係を**自己決定性**（自律性）という次元上で整理している（表7-1）。自己決定性が高まるほど，個人は活動に対する意義や価値を理解しており，主体的・自律的にその活動に取り組んでいる状態といえる。

表7-1について，具体的に見ていこう。自己決定理論では，非動機づけ，外発的動機づけ，そして内発的動機づけの３つを自己決定性の程度から１次元上に連続体として配置している。まず，非動機づけとは，自己決定性が最も低く，動機づけがまったく生じていない状態を指す。すなわち，活動に対して無気力な状態といえる。

続いて，非動機づけと内発的動機づけに挟まれる形で外発的動機づけが位置する。自己決定理論において，外発的動機づけは自己決定性の程度から4つの段階に分けられる。最も自己決定性の低い段階が，外的調整である。外的調整とは，報酬の獲得や罰の回避といった理由から行動を起こす段階である。活動そのものに対する価値はほとんど感じておらず，従来悪者扱いされてきた典型的な外発的動機づけといえるだろう。具体的には，「親に叱られ

表7-1　自己決定理論における動機づけの連続性（Ryan & Deci, 2016を参考に作成）

動機づけのタイプ	非動機づけ	外発的動機づけ				内発的動機づけ
調整の段階	無調整	外的調整	取り入れ的調整	同一化的調整	統合的調整	内的調整
自己決定性の程度	動機づけの欠如	他律的動機づけ		自律的動機づけ		
	まったく自己決定的ではない	→				十分に自己決定的

るから」「ご褒美を得るため」といった理由の動機づけである。

次に，やや自己決定が進んだ段階が，取り入れ的調整である。取り入れ的調整は，罪悪感や恥といった形で消極的ながら一部その活動の価値を取り入れている状態である。具体的には，「勉強が苦手だと恥ずかしいから」「勉強で友だちに馬鹿にされたくないから」といった理由があげられる。

さらに自己決定が進んだ段階が，同一化的調整である。この段階では，活動に対して自分にとっての価値を認識し，納得して当該の活動に取り組んでいる。具体的には，「希望進路を実現するために必要だから」などの理由が当てはまる。なお，外的調整と取り入れ的調整を合わせて他律的動機づけ，同一化的調整以降の段階を合わせて自律的動機づけと呼ぶことがある。

外発的動機づけの中で最も自己決定性の高い段階が，統合的調整である。この段階は，同一化的調整がさらに進み，活動の価値と自分の信念・欲求とが調和している状態である。具体的には，「学ぶことが自分の価値観と一致するから」といった理由が該当する。

最後に，最も自己決定性の高い動機づけが内発的動機づけである。内発的動機づけは，自分の興味・関心に基づいて行動し，外部からの働きかけが不要であることから，最も自律的な動機づけとされている。

自己決定理論に基づく先行研究では，自律的動機づけと学業達成や精神的健康とのポジティブな関連が数多く報告されている。以上より，従来の動機づけの見方が内発的か外発的かを問題視していたのに対して，自己決定理論では，個人がある活動に対してどの程度自律的かという観点から動機づけを捉えている。

自律的動機づけを促進するための支援　　それでは，他律的な動機づけ状態の子どもたちに対して自律的動機づけを促進するために，教師はどのような支援ができるだろうか。自己決定理論では，**自律性支援**の重要性が強調されている。

自律性支援とは，学習者の視点に立ち，学習者自身の選択や自発性を促そうとする指導を指す。表 7-2 には，自律性支援的な指導行動と，生徒の自律性を抑制する統制的な指導行動をまとめた。近年，教師の多忙化や授業時間

表 7-2　自律性支援的指導行動と統制的指導行動（Reeve, et al., 2008 を参考に作成）

自律性支援的指導行動	
聞く	授業で生徒の意見を聞くための時間を教師がとる
生徒の要求を尋ねる	生徒がしたいこと・必要としていることを教師が尋ねる
個別作業の時間を設ける	生徒が個別にそれぞれのやり方で作業する時間を設ける
生徒の話し合いを促進する	授業の中で学習内容について生徒同士が話し合う時間を設ける
座席配置を工夫する	教師よりも生徒が学習教材の近くに座れるような座席配置にする
理由を説明する	ある行動や考え方，感じ方がなぜ有意義かを説明する
情報的フィードバックとして褒める	生徒の学習改善や習得に関して肯定的なフィードバックを伝える
励ます	「君ならできる」と生徒の取り組みを励ます言葉をかける
ヒントを与える	生徒がつまずいたとき，どのように進めばよいかアドバイスを与える
応答的に対応する	生徒の質問やコメント，提案などに応じる
生徒の視点で言葉をかける	生徒の視点や経験を認める共感的な言葉をかける
統制的指導行動	
命令や指示を出す	「これをやりなさい」「それを動かして」など命令を出す
「〜べき」と発言する	生徒は〜をすべき，しなければならない，考えるべき，など，実際に生徒がそうしていないことに対していう
「正しいやり方」を教える	生徒が自分自身で効果的な方法を発見する前に正しいやり方を教える
「正しいやり方」を示す	生徒が自分自身で効果的な方法を発見する前に正しいやり方をやってみせる
学習教材を独占する	教師が学習教材を物理的に独占する
統制的な質問をする	不信や疑念を感じているようなイントネーションで指示・質問をする

数の不足などが問題視されており，ときに教師はカリキュラムや行事などの都合で授業のペースを考えざるを得ない場合もあると思われる。しかし，自己決定理論の観点を踏まえると，できる限り教師は子どもたちに対して学習活動の意義や重要性を丁寧に伝え，彼（女）らが自ら行動することや選択することを励ます働きかけが重要である。

3　熟達への目標を掲げる—達成目標理論

2つの達成目標　日常生活において何らかの目標を設定し，その実現に向けて意欲的になるという経験は，恐らく誰もが持つだろう。動機づけ研究においても，目標は重要概念の一つとして数多くの理論や知見が蓄積されてきた。その中でも代表的な理論が，**達成目標理論**（achievement goal theory）である。

達成目標理論では，課題への目標を2つに大別している。一つは，**熟達目標**である。熟達目標とは，学習課題に対する深い理解や，スキルの習得を通じて自身の能力の向上を目指す目標である。例えば，「英単語や英文法を幅広く身につけて，英語でコミュニケーションできる力を伸ばしたい」「世界史についてもっと深く知りたい」といった目標が当てはまる。もう一つは，**遂行目標**である。遂行目標とは，他者との比較によって自身の能力を示し，高い評価を得ようとする（あるいは低い評価を避けようとする）目標である。例えば，「他者よりもよい成績をとって褒められたい」などの目標が該当する。

これら2つの達成目標は，生徒たちの動機づけや学習行動と深い関連を持っている。熟達目標を持つ生徒は，学習課題に対して深い理解を目指して探究的に努力し，内発的動機づけや学業達成につながることが示されている。また，このような生徒は，自身の能力の向上や習熟を目指すため，失敗しても粘り強く取り組み，自己改善や成長を志向する。一方の遂行目標を持つ生徒は，他者との競争に勝ち，自身の能力を誇示することに注力する。そのため，課題に対して自信がある場合には積極的に取り組むものの，自信がない場合や失敗した際には安易に諦めるなどの無気力な反応が生じやすい。以上より，学習場面においてより適応的な目標は，熟達目標と考えられている。

知能観と達成目標　上記した2つの目標のどちらを持ちやすいかは，個人の**知能観**によって影響を受けるという。知能観とは，自身の能力に対する信念を指す概念であり，**増大的知能観**と**固定的知能観**の2つに分けられる。増大的知能観は，人間の基本的資質は努力次第で伸ばすことができるという信念を指す。もう片方の固定的知能観とは，人間の能力や資質（才能）は生まれつきのものであり，固定的で変わらないという信念を指す。

知能観と達成目標との関連については，増大的知能観は熟達目標へ，固定的知能観は遂行目標へとつながりやすいことが指摘されている。増大的知能観を持つ生徒は，努力によって自身の能力を伸ばすことができると理解しており，学業達成を通して自身の能力の向上や自己成長を志向する。一方の固定的知能観を持つ生徒は，学習しても自身の能力自体は変わらないと考えている。そのため，自分がすでに持つ能力の高さを他者に対して誇示したり，能力の低さが他者に露呈しないようにするといった形の目標を持ちやすい。

以上より，「学力とは努力や学習のやり方によって高めることができる」という信念を形成することは，子どもたちにとって非常に重要な教育実践的課題といえる。このような子どもたちの知能観形成に当たっては，子どもにとって身近な大人である親や教師による影響も大きいと思われる。したがって，まずは教師自身が増大的知能観を持ち，能力は努力によって可変であるというメッセージを子どもたちに日頃から伝える必要があるだろう。

熟達目標を促すための支援　さて，子どもたちの熟達目標や増大的知能観を促すために，教師はどのような支援ができるだろうか。達成目標理論からは，**目標構造**という概念が提案されている。目標構造とは，達成目標を学習者に認知させている状況の特性（学級風土）を指す。教室において，何に価値が置かれて目標とされ，そしてどのように評価されているのかといった観点から2種類の達成目標構造を整理したものが表7-3である。

表7-3から，生徒の熟達目標を促す教室にするためには，学習活動の結果のみでなく過程における努力も重視する必要性が理解できる。また，評価についても知識や技能を確実に習得できたかという点（絶対的基準）や，個人内での上達といった点に焦点を当てて評価することが肝要といえるだろう。さらに，熟達目標構造の教室においては，失敗の捉え方も肯定的である。努力や習熟，挑戦が重視される教室では，失敗もその過程で当然生じ得ることと見なされる。むしろ，「何を，どのように間違えたか」という自身の誤りを分析することは，その後の学習の改善にとって有益な情報を持つのである。

教師の立場からすると，特に受験なども考えると相対的評価の視点で生徒

表 7-3　クラスの雰囲気と達成目標（Ames & Archer, 1988；鹿毛, 2013 を参考に作成）

雰囲気の次元	熟達目標構造	遂行目標構造
何が成功と見なされるか	改善，上達	よい成績，高い順位
何に価値が置かれているか	努力，学習	他者よりも高い能力
満足する理由は何か	熱心な取り組み，挑戦	他者よりも優れた結果を出す
教師は何を志向しているか	どのように生徒が学習しているか	どのような成果を生徒が示すか
誤りや失敗はどう捉えられているのか	学習の一部	不安を喚起させるもの
何に関心が向けられているのか	学習のプロセス	他者と比較した場合の自分の成績
努力する理由は何か	新しいことを学ぶため	他者よりもよい成績や優れた結果を示すため
評価の基準はどこにあるのか	絶対的基準，上達	相対的基準

を見たり，いわゆる受験テクニックのように成績に焦点化した学習指導をする機会もあるかもしれない。しかし，順位や成績の高さだけを常に強調する指導は，生徒に失敗への不安を喚起させ，その場しのぎ的で長期的な学力の形成にはつながらない「ごまかし勉強」（藤澤, 2002）をさせるリスクもある。達成目標理論の観点からは，理解や習得，そして個人内での成長を重視し，失敗を肯定的に捉える教室の雰囲気こそが重要といえる。

4　深い興味を促進する―興味の深化モデル

興味深化の４段階モデル　教師は，子どもたちの学習への**興味**（interest）を刺激するために日々授業作りにおいて多様な工夫をしている。動機づけ研究では，このような興味の問題について単に興味の「高さ」のみを問題とするのではなく，興味の「深さ」という視点を導入して理論的な発展を進めている（田中・市川, 2017）。

興味は，「しばしの間熱中していた」というように一時的・短期的な状態であるとともに，歴史が好きで城巡りが趣味の人といったように長期的な特性としても表現できる。前者は**状況的興味**と呼ばれ，学習者の楽しさの感覚や集中力を高める。一方，後者のように特定のトピックに対して繰り返し取り組ませる持続的で安定的な傾向性は，**個人的興味**と呼ばれる。

ヒディとレニンガー（Hidi & Renninger, 2006）は，一時的につかまれた（catch）状況的興味が，維持される（hold）ことで次第に個人的興味へと深化・発達すると指摘し，興味深化の4段階モデルを示した（表7-4）。第1段階は，環境や課題の特徴によって一時的に興味が生じる段階である。第2段階は，課題に意義や価値を感じ，積極的に関与することで，課題への注意や取り組みが持続する段階である。第3段階は，特定の課題に対して繰り返し取り組みたいと長期的に望む興味の初期段階であり，ポジティブな感情，知識の蓄積，価値の認知を伴う。第4段階は，より知識や経験も深く豊かになり，特定の学習内容に対して粘り強く探究的に取り組もうとする段階である。興味の浅いうちは，楽しさや面白さといった感情的な側面が優位である一方

表7-4　興味深化の4段階モデル（Hidi & Renninger, 2006を参考に作成）

	第1段階：状況的興味の喚起	第2段階：状況的興味の維持
定義	特定の内容に関する，感情的・認知的プロセスの短期的な変化から生じる心理的状態	特定の内容に対して繰り返し注意を向けたり，持続したりすることを含んだ心理的状態
特徴	・内容に短い間関心が向いている ・意外性のある内容や，個人的に重要性のある内容によって喚起する ・感情反応はネガティブな場合もある ・困難に直面した場合は耐えられない可能性もある	・注意が喚起された内容に繰り返し取り組む ・内容に関する価値の認知や知識を深めている ・他者からの支援によって，内容と自分の知識・先行経験を結びつけることができる ・ポジティブ感情を持つ傾向がある
	第3段階：個人的興味の発現	**第4段階：個人的興味の十分な発達**
定義	心理的状態に加え，ある内容に繰り返し取り組もうとする比較的永続的な傾向性の発現	心理的状態に加え，比較的永続的な，特定の内容に取り組む傾向性
特徴	・自発的に繰り返し内容に取り組む傾向 ・知識と価値を蓄積している ・内容について熟考している ・他者からのフィードバックを積極的には求めない可能性がある	・自発的に繰り返し内容に取り組む ・自己調整して問いを再構成し，答えを探究する ・目標を達成するために，フラストレーションや困難に耐えることができる ・フィードバックを積極的に求める可能性がある

で，深い興味では感情的側面に加えて価値の認知や知識の蓄積といった認知的な側面も重要な特徴になる。ぜひ読者も個人的興味を持つ対象について思い浮かべ，自身の興味が状況的興味からどのように深化していったのか振り返って考えてみて欲しい。

このように興味の深さに着目することは，生徒の興味の状態を理解する上で有用である。理科の授業で生徒が驚くような実験を見せて興味を引くことに成功しても，その興味が最終的に浅い段階で終わってしまった場合，生徒をその後長期的に理科学習へ動機づけることは難しいだろう。さまざまな刺激や仕掛けによって生徒の興味をつかむことは，興味の発達の第１段階として非常に重要である。しかし，つかんだ興味を維持させ，より深い興味へと深化させる工夫についても射程に含めて教師は授業を考える必要がある。

興味の深化を促す支援　興味について深さの視点を踏まえた上で，生徒への支援を考えてみよう。状況的興味は，移ろいやすいものである一方で，外的な仕掛けによって比較的介入しやすい。例えば，対象の目新しさや複雑さ，鮮明さや意外性などによって状況的興味は喚起される。また，グループでの活動や動画教材，クイズや体験的なアクティビティの導入なども効果的と考えられる。

個人的興味は，安定的で持続的なものである一方で，状況的興味のように単発の介入で効果を挙げることは難しい。その上で，状況的興味を維持・深化させるためには以下の２つのポイントがあげられる。一つ目は，学習内容について，学習者の価値の認知を高めることである。当該の学習内容について，生徒たちにとってなぜ，どのように役立つのか（活用できるのか）を子どもたち自身に考えさせたり，親や教師が伝えることの重要性が指摘されている。二つ目は，課題の表面的な特徴（教材のカラフルさや学習形態など）ではなく，課題の内容そのものに根づいた興味を高めることである。課題が解けたときの嬉しさや，学習内容を深く理解したことによる知的な満足感などを生徒が得られるように，教師は課題の設定や出題の仕方を考える必要がある。つまり，チャレンジングな課題に挑む機会や，生徒を深い思考・理解へと導くような発問をすることが重要といえる。

授業中に生徒が活発に活動へ取り組んでいたり，教師の話術や教材の工夫によって授業の雰囲気が盛り上がれば，教師としての自信は高まるだろう。筆者自身，授業後に学習者から「面白い授業でした」と感想を伝えられれば嬉しい気持ちになる。しかし，興味の深化モデルは，その「面白さ」が果たしてどの程度の興味の深さに基づいたものなのかを読み取る視点の必要性を喚起している。

5　無気力を予防する―学習性無力感

無気力が「学習」されることを示した実験　ここまで，いかに生徒の動機づけを高めるかという視点で3つの理論やモデルを見てきた。最後に少し視点を変えて，なぜ人間は動機づけをなくし，ときに無気力になるのかについて考えてみよう。セリグマン（Seligman, M. E. P.）らの実験は，このような問題に対して重要な示唆を与えてくれる。

セリグマンとマイヤー（Seligman & Maier, 1967）は，犬を3つの群に分けて以下のような実験を行った。3つのうち2つの群の犬には，動けないように身体を固定した上で電気ショックを与えた。これらの電気ショックを受けた2群のうち片方の群（逃避可能群）では，犬が頭を動かしてパネルを押すと自力で電気ショックを止めることができた。もう片方の群（逃避不可能群）では，何をしても自力では電気ショックを回避できないものの，逃避可能群の犬が電気ショックを止めると，同じタイミングで電気ショックが止まった。つまり，自力で止める術のない逃避不可能群の犬への電流が止まるかどうかは逃避可能群の犬の行動に依存しているものの，2つの群で電気ショックを受けた時間の長さは同一である。なお，3つ目の群は，上記の訓練を受けない対照群であった。その後，3群の犬には同一の回避学習課題を行わせた。回避学習課題では，信号の後に続けて電気ショックが与えられるものの，犬の肩程度の高さの壁を飛び越えて隣の部屋に逃避すれば，電気ショックを受けずに済む。このような学習課題をさせたところ，はじめの段階に自力で電気ショックを止めることができた逃避可能群の犬や，電気ショックを受ける経験をしていない対照群の犬は，すぐにこの状況を理解し，信号後すぐに隣の部屋に飛び移る回避行動を学習した。しかし，自力では電気ショックを止めることができないという先行経験をした逃避不可能群の犬は，新たに自力で逃避できる環境へ移ったにもかかわらず，信号が与えられてもその場でうずくまって電気ショックを浴び続けていた。

セリグマンは，逃避不可能群の犬が自ら行動を起こさず無気力になった理由として，自力では電気ショックから逃れられないという先行経験を重ねる中で「どうせ行動しても無駄だ」という認知を学習したためと考えた。上記の考察を踏まえると，ある活動に対して無気力な人とは，その人がもともと「やる気がない」人間なのでもなければ，ネガティブな出来事を人より多く経験したからでもない（逃避可能群の犬と逃避不可能群の犬は，電気ショックを受けた時間の長さが一緒だという点を思い出して欲しい）。「自分が起こす行動と，自分が望む結果との間には関係がない」といった，行動と結果との非随伴性の認知を通して，人は無気力を学習するのだという見方ができる。このような考え方を**学習性無力感**（learned helplessness）という。

無気力状態の子どもへの支援　このように，「頑張ったのにうまくいかなかった」という体験を重ねることで無気力になるという学習性無力感の考え方は，学業に限らず多様な文脈における私たちの無気力を説明できると思われる。それでは，無気力への予防や対応としてはどのような支援が考えられるだろうか。鍵となるのは，「頑張ったらうまくいった」という生徒の経験や認知面への支援であろう。

ブロフィ（Brophy, 2004）は，無気力に陥ってしまった生徒の動機づけを回復させるための工夫について豊富に紹介している。ここでは，その中でも**帰属の再訓練**，**効力感の訓練**，そして**方略の訓練**の3つから構成される**認知の再訓練**を取り上げる。まず，帰属の再訓練では，生徒の失敗を今後改善できる原因（知識や努力の不足，あるいは不適切な課題への取り組み方）に求める（帰属させる）ことで，努力の継続を促す。失敗の帰属先を自分では改善不可能で固定的な要因ではなく，次回以降自分で改善可能な要因と捉えることで，生徒の動機づけは高まることが示されている。しかし，無気力状態の生徒は，失敗の原因を「自分は頭が悪いから」などのように固定的に捉えた能力へと帰属させることがある。生徒が失敗に至った過程を丁寧にたどり，課題のどこでつまずいたのか，どうしたらよりよい結果が得られたのかを生徒とともに確認することを通して，そのような帰属の傾向性を変容させる必要がある。

次に，効力感の訓練では，生徒が努力したことによって上達した点を生徒自身に正しく認識させ，努力を通して目標を達成することができるという自信を高める。ここでは，課題の難易度がその生徒に適したものかを精査し，課題をスモールステップに分けて段階的に達成経験を積ませることも有効だと考えられる。また，生徒が努力した点や実際に上達した点については積極的に褒め，成功の原因を努力に帰属させることも重要であろう。表7-3に示した熟達目標構造の考え方も参考になる。

最後に，方略の訓練では，課題を達成するために必要なスキルや方略面への支援を行う。無気力状態の生徒は，適切な課題の進め方や取り組み方がわかっていなかったり，誤解していたりする可能性がある。そのような場合は，教師が有効な課題への取り組み方を教示したり，実際に教師や友人がモデルを示すことも重要である。このように，効果的な勉強のやり方（学習方略）を含む生徒の自己調整学習過程への支援の重要性は，近年国内外で注目を浴びている（Bembenutty, et al., 2013）。なお，自己調整学習については，8章で詳しく述べられているので参照されたい。

学習場面で無気力状態に陥ってしまっている生徒を目にして，教師としては「やればできるはずなのに，なぜ勉強しないのか」という疑問を持つことがあるかもしれない。このとき，「やればできる」というのはあくまで教師の側の認知である点に注意が必要だろう。子どもの視点に立てば，過去にその子なりの努力をしたにもかかわらず報われなかったという経験を積んでいる可能性が考えられるのである。学習性無力感の考え方によれば，教師は生徒が努力の意味を見いだすことができる学習環境を整えることが重要といえる。

引用・参考文献

Ames, C., & Archer, J. 1988　Achievement Goals in the Classroom: Students' Learning Strategies and Motivation Processes. *Journal of Educational Psychology*, **80**, 260-267.

Bembenutty, H., Cleary, T. J., & Kitsantas, A. (Eds.) 2013　*Applications of Self-Regulated Learning Across Diverse Disciplines: A Tribute to Barry J. Zimmerman*. Charlotte, NC, US: IAP Information Age Publishing.（ベンベヌティ, H., クリアリィ, T. J., キトサンタス, A.〔中谷素之監訳〕2019　自己調整学習の多様な展開—バリー・ジマーマンへのオマージュ　福村出版.）

Brophy, J. 2004　*Motivating Students to Learn (2nd edition)*. Mahwah, NJ, US: Lawrence Erlbaum Associates Publishers.（ブロフィ, J.〔中谷素之監訳〕2011　やる気をひきだす教師—学習動機づけの心理学　金子書房.）

藤澤伸介　2002　ごまかし勉強—学力低下を助長するシステム　新曜社.

速水敏彦　2019　内発的動機づけと自律的動機づけ—教育心理学の神話を問い直す　金子書房.

Hidi, S., & Renninger, K. A. 2006　The Four-Phase Model of Interest Development. *Educational Psychologist*, **41**, 111-127.

鹿毛雅治　2013　学習意欲の理論—動機づけの教育心理学　金子書房.

Reeve, J., Deci, E. L., Ryan, R. M., & Jang, H. 2008　Understanding and Promoting Autonomous Self-Regulation: A Self-Determination Theory Perspective. In D. H. Schunk & B. J. Zimmerman (Eds.), *Motivation and Self-Regulated Learning: Theory, Research, and Applications*. New York: Lawrence Erlbaum Associates, 223-244.（リーブ, J., デシ, E. L., ライアン, R. M., & ジャン, H.〔瀬尾美紀子訳〕2009　自律的自己調整の理解と促進—自己決定理論の観点から　塚野州一編訳　自己調整学習と動機づけ　北大路書房, 183-199.）

Ryan, R. M., & Deci, E. L. 2016　Facilitating and Hindering Motivation, Learning, and Well-Being in Schools: Research and Observations from Self-Determination Theory. In K. R. Wentzel & D. B. Miele (Eds.), *Handbook of Motivation at School (2nd edition)*. New York: Routledge, 96-119.

Seligman, M. E., & Maier, S. F. 1967　Failure to Escape Traumatic Shock. *Journal of Experimental Psychology*, **74**, 1-9.

田中瑛津子・市川伸一　2017　学習・教育場面における興味の深化をどう捉えるか—鼎様相モデルによる諸研究の分析と統合　心理学評論, **60**, 203-215.

上淵寿　2003　達成目標理論の展望—その初期理論の実際と理論的系譜　心理学評論, **46**, 640-654.

模擬試験問題

問1　以下の文章の空欄に当てはまる語句の組合せを選びなさい。

動機づけについて，内発的動機づけと外発的動機づけという古典的な区別がある。これらの区別は「手段－目的」の区別に対応しており，それぞれ内発的動機づけは（　①　）的な動機づけであり，外発的動機づけは（　②　）的な動機づけといえる。しかし，近年の代表的な動機づけ理論の一つである自己決定理論では，内発的か外発的かよりも，学習者の自律性の程度が重視されるようになってきた。自己決定理論においては，例えば（　③　）の動機づけ状態では，外発的動機づけではあっても比較的自律的な動機づけであるため，高いパフォーマンスにつながることが指摘されている。

ア　①手段　②目的　③取り入れ的調整
イ　①手段　②目的　③同一化的調整
ウ　①手段　②目的　③内的調整
エ　①目的　②手段　③取り入れ的調整
オ　①目的　②手段　③同一化的調整
カ　①目的　②手段　③内的調整

問2　適切な記述を一つ選びなさい。

ア　教室において，固定的知能観に基づくメッセージや相対評価を強調することで，生徒の熟達目標を高めることができると考えられる。

イ　興味の深化モデルによると，浅い興味では認知的側面が優位である一方で，深い興味では感情的側面も重要な特徴となる。

ウ　学習性無力感の考え方によれば，人が無気力になるのは随伴性の認知を学習したためであるという。

エ　生徒の無気力に対する予防や対応を考える上で，熟達目標構造の視点は参考になると考えられる。

8章

自己調整学習

1　自己調整学習とは

生涯にわたって，人が主体的，能動的に学び続けるとは，どういうことか。教育心理学は，この問いに対して，さまざまな理論的，実証的な検討を重ねてきた。ジマーマン（Zimmerman, B. J.）が提起した**自己調整学習**（self-regulated learning）は，人の主体的学びとは何かについて，教育心理学の見地から説明する有力な理論の一つである（cf. Zimmerman & Schunk, 2001, 2011）。

シャンクとアッシャー（Schunk, D. H., & Usher, E. L., 2013）は，自己調整学習ないし自己調整について，学習者が，目標の達成を目指して，自らの思考，感情，活動を体系的に組織化し方向づける過程のことであると説明している。また，ジマーマン（1986）は，初期の文献の中で次のような定義づけをしている。自己調整学習者とは，メタ認知，動機づけ，行動の面で，自らの学習過程に能動的に関与する者である。自己調整学習は，**学習の自己調整**という言い方がなされたりもするが，自分なりの学びの目標に向かって，周りの環境も含めて自らのこころとからだのありようを自らの力で整えていき，自分自身を前へ押し出していくような姿を表している。その際，とりわけ，認知，情意，行動といった心理的側面での主体性や能動性が重要になってくるということである。

メタ認知　ジマーマン（1986）の見方をもとに，以下に，さらに詳しく見ていく。一つ目の側面として認知があげられるが，**メタ認知**（metacognition）がきわめて重要な働きを担っている（6章を参照のこと）。メタ認知は，考えたり憶えたりする認知活動を一段高いところからモニターし，自らの力で，よりよい方向にコントロールしていくプロセスのことを指している。

動機づけ　二つ目の側面の**動機づけ**も，自己調整学習が成立する上で不可欠のものである（7章を参照のこと）。目の前の活動に進んで取り組み，学び続けようとする意欲が，主体的，能動的な学びを支えている。賞罰に基づく**外発的動機づけ**ではなく，興味や関心に従って学ぼうとする**内発的動機づけ**や，学ぶ内容に価値や意義を認識して学ぼうとする**同一化的動機づけ**（identified motivation）が求められることになる（cf. 鹿毛, 2013）。

行　動　認知と動機づけは個人内要因に焦点があるが，三つ目の**行動**（behavior）の側面は，個人外要因との関係に焦点がある。学びに適した状況を生み出すべく，周りの環境に自ら働きかけができているかどうか，という側面である。この環境には，社会的なものと物理的なものがある。社会的な環境を整えるとは，学びにつまずきそうになったら教師にサポートを求めたり，友人との学び合いを通じて理解を深めたりすることである。物理的な環境を整えるとは，調べ学習を効果的に進められるように，コンピュータ上に検索ツールを準備したり，レポートが執筆できるように，参考資料を集めておき，データベースを作成しておいたりするようなことである。このように自己調整学習においては，環境に対して，主体的に行動を起こす力が求められる。

2　自己調整学習の理論に基づく主体的学びのプロセス

上述した3つの側面を考えると，自己調整学習が容易な実践ではないことがわかる。学習の実際としては，これらの側面が複雑に絡み合うことで，初めて成立してくる。ジマーマンが提起した自己調整学習は，バンデューラ（Bandura, A.）の**社会的認知理論**を基盤にしており，相互作用論が大きな前提となっている。社会的認知理論は，人間の学習の多くが社会的な環境の中で生起するというもので，認知機能が果たす役割を重視した学習理論である。

1）相互作用論

バンデューラは，人間の行動は，三項相互性の枠組みの中で機能すると考えた。図8-1のように，三項とは，**個人**，**行動**，**社会／環境**の3つの要因の

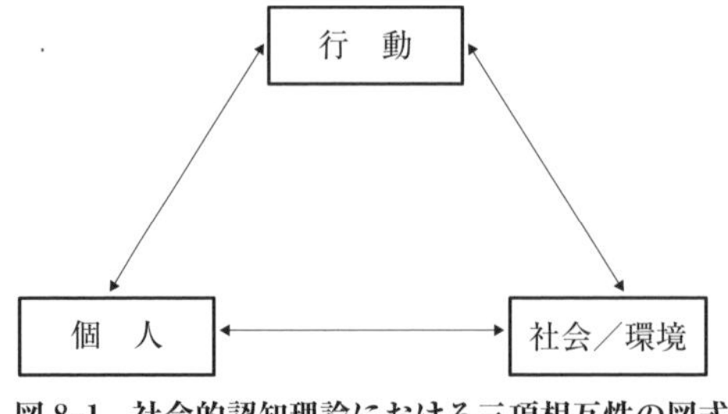

図 8-1　社会的認知理論における三項相互性の図式

ことを指している。個人の要因とは，認知，信念，スキル，感情といった個人内にある心理的要因が主たるものになる。社会／環境は，個人の外側にある要因であり，行動は，個人と社会／環境とに介在する重要な要因ということになる。**三項相互性**とは，これらの３つ要因の間の相互規定性のことを示している。

特定の個人が，自らの行動とその結果をどのように認知し解釈するかによって，置かれた環境そのものと個人内の要因に変化が生じることになる。このような認知と解釈のありようは，その後の行動も変化させる契機となる。

個人と行動の相互規定性　個人要因の中でも**自己効力感**（self-efficacy）が重要な鍵を握っている。自己効力感とは，人間がある行動を起こすことができるかどうか，という自らの能力に関する認知のことを表す（Bandura, 1977, 1997）。自己効力感が高い学習者は，努力を惜しまず，粘り強く取り組み，効果的な学習方略を用いる傾向にある。これは，個人要因が行動を規定することを示す。うまく取り組めていれば，自己効力感はさらに向上していき，これは，行動が個人要因である自己効力感を規定することを示している。

行動と社会／環境の相互規定性　行動と社会／環境要因の相互作用は，教育の実践場面において多く見られるものである。教師が，黒板を指示して説明を行い，生徒はノートに書き写す。教師が発問をし，生徒たちのやりとりや応答の様子を受けて，授業の流れに軌道修正を加えていく。一連の相互作用は，行動と社会／環境の相互規定性を表している。

個人と社会／環境の相互規定性　個人と社会／環境の要因の間の相互作用の例としては，学習に困難を抱える学習者の場合，スキルに欠け，自己効力感は低く，不安は高いことが考えられる。こうした個人の特性は，周りにいるクラスメートや教師に変化を促すことになるが，クラスメートの一人から励ましの声かけを受けることによって，学習者の自己効力感は回復する可能性がある。これは，社会／環境から個人に対して肯定的な作用が生じたということになる。

社会的認知理論は，人間存在の主体性，すなわち，**エージェンシー**（agency）という見方を重視する。個人は，自らが成長し成功することに能動的に関与できる存在である（Schunk & Usher, 2013）。

2）自己調整学習の次元

自己調整学習は，単一次元の現象ではなく，多くの次元からなる複合的な現象である。表 8-1 は，自己調整学習の次元ごとの主要な過程をまとめたものである。どのような次元で学習者自身による選択や調整がなされているかが重要である。すべての次元で他者による調整がなされているとすれば，それは自己調整学習とはいえない。

動機の次元　動機の次元は，人がなぜ自己調整学習に取り組むかを問題とする。主要な自己調整過程としては，**学習目標**と自己効力感をあげることができる。学習目標をどのように設定するかによって，動機の次元で，学習の自己調整がなされることになる。学習活動に応じて下位目標を設定しながら，学習が効果的なものとなるよう，調整が行われる。目の前の課題が自分には解決できる，という確信である自己効力感の高まりが，前向きに学んでいこうとする動機づけを形成していくことになる。

方法の次元　方法の次元は，自己調整学習がいかに生起するかということと関わっている。学習を効果的なものにする学び方や工夫である**学習方**

表 8-1　自己調整学習の次元

次　元	主要な自己調整過程
動　機	学習目標，自己効力感
方　法	学習方略，習慣化されたパフォーマンス
時　間	時間管理
行　動	自己観察，自己判断，自己反応
物理的環境	環境構成
社会的環境	対人ネットワーク作り，選択的な援助要請

略（learning strategy）の実行を通じて自己調整が進められる。自己調整学習者は，学習方略のレパートリーを豊かに兼ね備えており，学習状況に合わせて適切な学習方略を選んで用いていく。学習方略の遂行による成功体験の積み重ねによって，方略の実行が自動的になされるようになり，習慣化されたパフォーマンスとなっていく。

時間の次元　いつ，どのくらいの時間をかけて学習活動に取り組むか，という**時間管理**の在り方が，自己調整学習の時間の次元に当たる。効果的に学習が進むような時間の計画を立てて，これをもとにモニターしていく。自らの状況や特性を加味しながら，時間の計画を立て，目先の満足は先延ばしにするようにし，必要な活動に努力を傾ける自己調整が求められる。

行動の次元　行動の次元での自己調整は，高いパフォーマンスを得る上で必要不可欠なものといえる。目指す能力のレベルと結果として得られたレベルの両者の相違が問題となる。主要な自己調整過程は，**自己観察**，**自己判断**，**自己反応**である。行動の諸側面に注意を向けて，量や質に関する観点に従って自己観察を行う。次いで，目標とする能力のレベルと現在のパフォーマンスのレベルを比較し，進捗状況について評価を行う。その後，この自己判断をもとに，現在の方略を継続するか，別の方略に変更するかといった自己反応をとることになる。

物理的環境の次元　個人がどこで何を利用して学習するかに関する自己調整の次元である。自己調整学習者は，高い集中力が維持でき，優れたパフォーマンスをもたらす環境を選んだり構成したりする。学習を支える道具や空間を含めて，快適かつ効率的に活動ができる学習環境を構築することが，この次元では求められる。

社会的環境の次元　社会的環境の次元は，どのような他者と学習活動に取り組むかと関わっている。教師や指導者，学習仲間のように，どのような他者から学ぶか，どのような他者とともに学ぶかを調整する。自己調整学習者は，望ましい学習成果に結びつくように他者との人間関係を構築する。主要な自己調整過程としては，対人ネットワーク作りと選択的な援助要請があげられる。深い学び合いが成立するような対人ネットワークを形成したり，自らの課題の状況を適切に評価して，解決を図っていく上で，ふさわしい相手を選んで援助を求めたりする。

3）自己調整学習のサイクル

自己調整学習の次元は，人間が何を調整しているのかということを明示するものであった。自己調整が生起し，進行するプロセスはどのように説明できるだろうか。ジマーマンとシャンク（2001）は，自己調整を循環的，力動的なプロセスとして捉えるモデルを発展させ，理論的枠組みの一つとして確立してきた。ジマーマンとシャンク（2011）によれば，自己調整の主要なステップとして**予見**，**遂行／意思コントロール**，**自己省察**の3つのプロセスが重要な役割を担い，サイクルをなすことが実証的に明らかにされてきている。ジマーマンの理論の大きな特長は，自己調整に関する古典的な社会的認知理論の見方を進展させ，課題への**エンゲージメント**（engagement）の射程を広げて，学習という現象の総体に迫ろうとしているところにある。エンゲージ

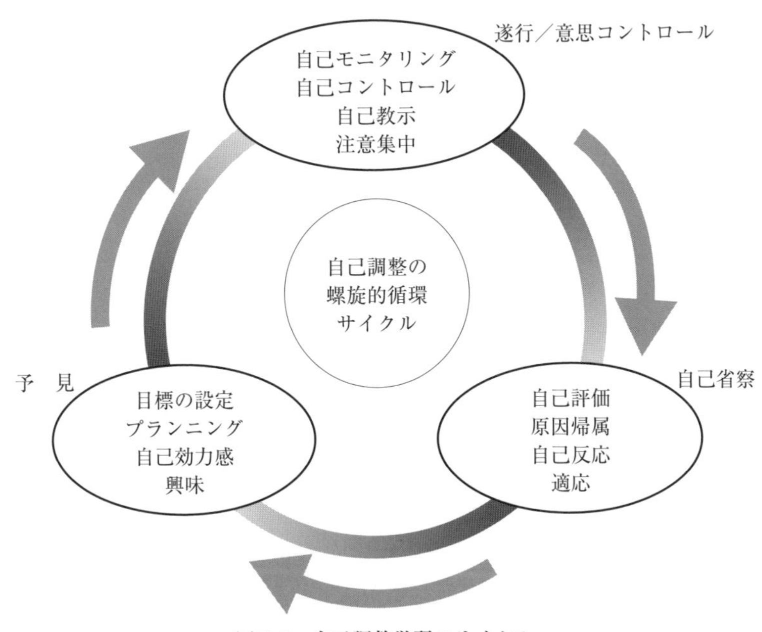

図8-2　自己調整学習のサイクル

メントとは，特定の活動に没入し，情熱を傾けて熱心に取り組んでいる心理状態，体験のことを表す。課題に没頭する直前の時点，その最中，そして，直後の時点において実行される自己調整プロセスを捉えるもので，まさに，課題へのエンゲージメントに迫ろうとするものといえる。図8-2に示すように，主体的で深い学びは，学習の進行とともに循環的，螺旋的なサイクルを形成しながら成立してくるものといえる。

予　見　予見のステップは，実際の遂行に先行して，活動の準備を整えるプロセスに当たる。予見は，**課題の分析**と**動機づけ信念**からなる。課題の分析としては，課題に取り組む前に，特定の学習成果に関する目標を設定することが重要になる。達成を目指す水準としての結果を目標に掲げることがよくなされる。解き方，考え方や学習の進め方といったプロセスに着目した過程目標も合わせて重要になる。こうした目標のもとに，さらに具体的な学習の進め方を検討し，はじめに用いる方略や手続きをどうするかを決定するために，方略的なプランニングに従事することになる。

動機づけ信念もまた自己調整を駆動する重要な役割を果たしている。さまざまな動機づけ信念があるが，とりわけ，自分はできる，という自己効力感（7章を参照）が求められ，活動内容にどのような興味を抱いているかが学習の見通しを支えていくことになる。

遂行／意思コントロール　このステップは，まさに課題へのエンゲージメントの最中に進行し，メタ認知によるモニタリングとコントロール（6章を参照）が中核的な役割を担う。この解き方や考え方でよいか，絶えず自らを見つめて，よりよい方略が実行できるように，自らをコントロールしていく。学びにつまずいたり，学びの方向づけを行ったりするときに，自分自身に語りかける自己教示も，遂行／意思コントロールを支える。このステップでは，意思の側面が重視され，主体的に学び続けるために，注意の集中を維持する自己調整も重要なプロセスとなる。

自己省察　学習活動が中断したり完了したりしたときに，自己省察のプロセスが生じる。まず，自己判断がなされる。自己判断とは，自らのパフォーマンスについての自己評価や**原因帰属**（結果の原因についての判断）を行う。目標とするパフォーマンスと現在の自らのパフォーマンスのレベルとを比較し，うまく学べているという信念が，自己効力感や動機づけを高めていく。学習の成果は，自分の努力や方略の適切さによるものと原因帰属をする学習者は，このまま続けることができると実感する自己効力感も高くなるだろう。他方，運や課題の困難度のように，自分の力では統制できない要因に原因帰属をする学習者の場合，高い自己効力感を抱くことはないだろう。

学習者は，判断したことに対してさまざまな形で反応をとる。期待した成果が得られていると判断すれば，自己満足感が生じ，動機づけも高まりやすい。一方，十分な成果が得られていないと判断すれば，不満足感が生じるかもしれない。その際，望ましい成果が得られなかったのは，方略が適切でなかったからだと原因帰属を行えば，別の効果的な方略に修正や変更を試みるだろう。このような方略による学習への適応は，次の予見のステップでのプランニングに引き継がれていく。それぞれのステップが次のステップに対して確かなサイクルをなして，学習が深化していくことが，まさに自己調整による学習ということになる。

3　自己調整学習と授業

自己調整学習の理論は，授業実践においてどのような形で実現できるだろうか。学習指導要領の「総則」（文部科学省，2017）を見ると，各教科等の指導に当たっての配慮事項に「生徒が，学習の見通しを立てたり学習したことを振り返ったりする活動を，計画的に取り入れるように工夫すること」とある。日本の学校教育の理念として，学びの自己調整を促すことが切に求められている。実際の授業実践を進めるに当たって，以下に3つの取り組みを紹介する。

結果と過程に焦点を当てた自己調整サイクルの促進　横浜国立大学教育人間科学部附属横浜中学校（2015）は，「見通す・振り返る」学習活動を重視し，思考力・判断力・表現力等を育成する授業の提案を行っている。全校をあげて，あらゆる教科を通じて，「見通す・振り返る」学習活動と言語活動を一体的に充実させることで，主体的，自律的に思考し，判断し，表現する力の育成を目指す実践モデルの提案となっている。

附属横浜中学校では，学習活動のプロセスを通じ，新たなる学びの意欲を引き出す具体的な手立てとして，「結果の見通し」「過程の見通し」と「結果の振り返り」「過程の振り返り」を授業の流れの中に位置づける提案を行っている。これは，自己調整学習でいう予見，遂行／意思コントロール，自己省察のサイクルを支える学習指導と見ることができる。

数学科の実践例をもとに詳しく説明すると，**結果の見通し**とは，授業の目当てを予想したり，問題の答えや成り立ちそうな命題を予想したりすることである。三角形と比の定理を扱う単元であれば，辺の長さを計算させたり実測したりする導入問題に取り組ませ，一般的に成り立ちそうな結論（定理）を予想させるというものである。

過程の見通しとは，問題解決の過程において有効に働きそうな見方，考え方，表し方といった方法をあらかじめ考えることである。例えば，三角形の一辺に着目させ，長さが8cmである理由について説明させる。さらに，三角形の相似条件や相似する図形の性質など，既習内容を想起させ，クラスメートが立てた方法に関する見通しを全員で共有していくような活動である。

結果の振り返りとは，授業の目当てに対する達成状況や，問題の答えなどの結論の意義や適用範囲について振り返ることである。例えば，三角形の条件を変更した場合にも予想した定理と同じ結論が導けるかを確認する活動が，これに当たる。

過程の振り返りとは，問題解決のプロセスにおいて有効であった方法や有効でなかった方法を振り返って，その価値の認識を深める活動である。例えば，命題に関する線分を一辺とする三角形の相似に着目する見方のよさをクラスで共有して，証明における方法知として価値を実感するような活動のことである。

ここであげた実践例は数学科であるが，あらゆる教科のさまざまな単元において，結果と過程の**見通し**と，結果と過程の**振り返り**を取り入れた活動が実践され，学習指導案として提案がなされている。

自律的な学びを生み出す心理的要素を組み込んだ指導プログラム　西

田・久我（2018）は，中高一貫教育校の１年生を対象に，自己調整学習理論に基づく英語科の学習指導プログラムの開発とその効果の検証を試みている。自律的な学習者の育成を目指し，主要な構成要素として「メタ認知」「動機づけ」「学習方略の獲得」を促す全８時間からなる単元が構想された。単元名は「将来の夢についてのスピーチと意見交換」であり，メタ認知を育むツールとして「目標管理・自己評価カード（Hop Step Jump Card）」，動機づけを高めることを意図した「ほめ言葉のシャワー（Encouraging Words and Phrases）」，将来の夢や目標の実現に向けた学習方略の獲得を促進する「勇気づけシート（Encouraging Questions）」をはじめとして，さまざまな指導上の手立てが開発されている。単元の全体を通して，これらのツールを「予見」「遂行／意思コントロール」「自己省察」の段階に明確に位置づける指導計画が立てられている。

実践を試みた効果の検証として，アンケートによる質問への回答や自由記述，スピーチ原稿の評価が分析された。その結果として，「メタ認知」「動機づけ」「学習方略の獲得」の構成要素が効果的に作用し，自律的な学びを生み出す一定の効果が検証されている。

自己調整に基づく読解方略の利用を促す授業単元の開発　細矢・狩野（2018）は，高校３年生を対象に，自己調整学習の方法論を取り入れた英語科（コミュニケーション英語Ⅲ）の単元を開発している。とりわけ読解方略に焦点を当てた自己調整学習の教材である「Text Detectives（テキスト探偵たち）」を単元「The 10,000-Hour Rule（1万時間の法則）」に適用し，検証を試みている。「Text Detectives」の優れた特徴は，「予見」「遂行／意思コントロール」「自己省察」の自己調整学習のサイクルに，次の２つの側面からなる学習プロセスが明確に位置づけられている点にある。一つ目は，探偵が事件の真相を暴く探究のプロセスを体験するという側面で，もう一つは，テキストを読み解く読解のプロセスを丁寧にたどっていくという側面である。探偵になりきることで学習者の動機づけを喚起し，テキストの真相がわかるまで探究を進める自己調整のプロセスを形成することを意図している。

また，自己調整学習の確立を図るため，「動機づけの自己調整」「方略の知識」「認知の自己調整」に対して働きかけがなされた。そして，次の3つの指導上のポイントを踏まえて，単元の流れが構成された。①テキストの読解という探究活動に取り組み続けようとする動機づけを高めること。②読解方略の知識を明示的に指導すること。③方略を選択的に適用できる機会を意図的に与えること。「Text Detectives」の教材としては，5つの探偵法（Detective Tool）が準備され，読解方略としての自己調整学習方略が教授されている。探偵法1は，精読する前に実施するもので，「タイトルから考える」活動である。探偵法2から4までは，精読する最中に実践する方略である。探偵法2の具体的な方法としては「障害物をのりこえる」活動で，英文を読み進める上で障害となる単語やフレーズを見つけて，それらを解決しようと試みるものである。探偵法3は，「心の中に絵や図をえがく」活動で，探偵法4は，「理解を確認する」活動である。探偵法5は，精読の後に実施するもので，「テキストを要約する」活動である。

これらの指導計画を通じて，テキストを読み解いていく読解過程と，探偵が事件を解決していく過程とが統合され，探究する態度の育成が目指されている。効果の検証として実施された自己効力感と内発的価値の尺度得点を分析すると，事前から事後にかけて有意な上昇が見られることが確認されている。また，新規なテキストによる読解課題において，半数以上の生徒が読解方略を適切に使用できていることが明らかにされている。

4　自己調整学習の育成に向けて

主体的，能動的な学び，すなわち，自己調整学習が成立するには，メタ認知，動機づけ，行動の側面が欠かせない。第1に，自分自身を一歩引いたところから見つめ直す力，そして，よりよい学びへと方向づけていく力が求められる。第2に，好奇心でもって学ぶことを楽しみ，学ぶことの意義や価値を実感する前向きな動機づけが必要である。第3には，実際に行動に移せる力が求められ，自分なりの効果的な学び方とその工夫である学習方略が着実に実行されていくことが肝要となる。これらの側面がすべて一体となって実現できるよう，主体的に学び続ける環境作りを進めていかなければならない。

次いで，実践者が留意すべきこととしては，学習者が何を調整しているかを捉え，自己調整が進むように支援することである。学習者の自己調整は，動機，方法，時間，行動，物理的環境，社会的環境の次元から捉えることができる。

教育者が授業を実践していくに当たっては，目の前の学習者が，今まさに，どのように調整しているのか，自己調整のサイクルを後押しする必要がある。「予見」「遂行／意思コントロール」「自己省察」の自己調整学習のサイクルが循環的，螺旋的に駆動しているかどうか，指導方略や環境構成の在り方を含め，授業デザインの全体を見つめ直す作業が求められる。その際，教育実践者自らが自己調整学習によって取り組んでいることが前提となるだろう。日本の学校教育では，**主体的・対話的で深い学び**の実現が理念となっているが，近年の自己調整学習研究では，**社会的に共有された学習の調整**（socially shared regulation of learning）という新たな理論的な枠組みのもとで検証が進められている（Schoor, et al., 2015）。一人ひとりの子どもの「主体的に学ぶ力」の育成とともに，「ともに主体的に学び合う力」の育成も，これからの教育においては求められているものといえる。

引用・参考文献

Bandura, A. 1977　*Social Learning Theory*. Englewood Cliffs, NJ: Prentice Hall.

Bandura, A. 1997　*Self-Efficacy: The Exercise of Control*. New York, NY: W. H. Freeman.

細矢智寛・狩野悠也　2018　高等学校英語科における読解方略の使用を促す介入とその効果―自己調整学習教材“Text Detectives”を用いた授業研究　日本教育工学会論文誌，**42**, 73-87.

鹿毛雅治　2013　学習意欲の理論―動機づけの教育心理学　金子書房.

文部科学省　2017　中学校学習指導要領.

西田寛子・久我直人　2018　自己調整学習の理論に基づいた「生徒の自律的な学び」を生み出す英語科学習指導プログラムの開発とその効果　日本教育工学会論文誌，**42**, 167-182.

Schoor, C., Narciss, S., & Körndle, H. 2015　Regulation During Cooperative and

Collaborative Learning: A Theory-Based Review of Terms and Concepts. *Educational Psychologist*, **50**, 97-119.

Schunk, D. H., & Usher, E. L. 2013　Barry J. Zimmerman's Theory of Self-Regulated Learning. In H. Bembenutty, T. J. Cleary, & A. Kitsantas (Eds.), *Applications of Self-Regulated Learning Across Diverse Disciplines: A Tribute to Barry J. Zimmerman*. Information Age Publishing, 1-28.（ベンベヌティ , H., クリアリィ, T. J., キトサンタス , A.〔中谷素之監訳〕2019　自己調整学習の多様な展開―バリー・ジマーマンへのオマージュ　福村出版.）

横浜国立大学教育人間科学部附属横浜中学校編　2015　思考力・判断力・表現力等を育成する指導と評価Ⅴ「見通す・振り返る」学習活動を重視した授業事例集　学事出版.

Zimmerman, B. J. 1986　Becoming a Self-Regulated Learner: Which Are the Key Subprocesses? *Contemporary Educational Psychology*, **11**, 307-313.

Zimmerman, B. J., & Schunk, D. H. (Eds.) 2001　*Self-Regulated Learning and Academic Achievement: Theoretical Perspectives*. Mahwah, NJ: Lawrence Erlbaum Associates.（ジマーマン, B. J., シャンク , D. H.〔塚野州一編訳〕2006　自己調整学習の理論　北大路書房.）

Zimmerman, B. J., & Schunk, D. H. (Eds.) 2011　*Handbook of Self-Regulation of Learning and Performance*. New York, NY: Routledge.（ジマーマン , B. J., シャンク , D. H.〔塚野州一・伊藤崇達監訳〕2014　自己調整学習ハンドブック　北大路書房.）

模擬試験問題

問1　以下の文章の空欄に当てはまる語句を【語群】から選びなさい。

自己調整学習の核心は，自らの心を整えていくサイクルをいかに駆動するかにある。ジマーマンとシャンクによれば，ある学習活動に取り組む事前あるいは初期の段階における心的過程として，（　①　）があり，目標の設定がなされ，方略のプランニングが行われる。どのような（　②　）や興味を抱いているかによって，その後の学習の進行の在り方が左右されることになる。（　③　）は，学習の進行中の心的過程であり，メタ認知によるモニタリングとコントロールが中心的な働きを担う。（　④　）は，学習活動が終了したところで作用する心的過程である。学習の成否について振り返りを行い，その原因は何かについて判断がなされ，必要であれば方略を変更するといった対応がなされる。

【語群】

ア　自己効力感　　**イ**　学習性無力感　　**ウ**　自己省察　　**エ**　予見

オ　遂行／意思コントロール　　**カ**　学習方略　　**キ**　相互作用論

問2　次の文章は，ある心理学概念の説明である。この概念と最も密接に関連する用語を下の①～④の中から一つ選びなさい。

バンデューラ（Bandura, A.）の社会的認知理論を有力な基盤の一つとして発展した学習理論であり，メタ認知，動機づけ，行動の面で，自らの学習過程に能動的に関与しながら進められる学習のこと。目標の達成を目指し，自らの思考，感情，活動を体系的に組織化し方向づける過程によって成立するものである。

①　試行錯誤学習　　②　洞察学習　　③　発見学習　　④　自己調整学習

第 3 部

生徒の理解と授業・評価

9章

授業のタイプと技術

1　個人差と指導

多様な個性や能力を持つ学習者に対して，教育がどのように対応するのかは，重要な検討課題である。学習に影響を及ぼす個人差には，知能，認知スタイル，学習到達度，パーソナリティなど，さまざまな要因が存在する。さらに，それぞれの要因も細かく分類される。例えば，知能一つを取り上げても，言語的知能，論理数学的知能，空間的知能，身体運動感覚的知能，音楽的知能，対人的知能，内省的知能などといった複数の知能が独立して存在することが示されている（Gardner, 1983）。このように，多様な観点から学習者の個人差を理解し配慮した指導が教師には求められている。

2　適性処遇交互作用

学習者の個人差に配慮した指導の重要性を示すものとして，**適性処遇交互作用**（Aptitude Treatment Interaction：ATI）がある。これはクロンバック（Cronbach, L. J.）が提唱した概念で，「すべての学習者によって唯一最良であるような教授法（同時に学習法）は存在しない」という考え方に基づき，学習者の個人的な特性（適性）と教授方法（処遇）との密接な関わりを示したものである。適性には，先に述べた知能，認知スタイル，パーソナリティ，さらに，既有知識や価値観などが含まれる。処遇とは具体的な指導内容や方法であり，そこには学習環境や教師の特性なども含まれる。この適性と処遇の間に交互作用がある，すなわち，学習者の適性に合う処遇と合わない処遇が存在する，とする考え方である（図 9-1 参照）。

スノーら（Snow, R. E., et al., 1965）は大学生を対象に，適性と指導法との関係について検討した。適性は検査を用いて行い，対人積極性や責任性などが調べられた。指導法については，大学生を2つのグループに分け，一方には映像によって授業を行い，もう一方には通常の教師による授業を実施した。両グループとも，各回の授業の終わりに小テストを行い，14回分の合計点を成績とした。両グループの成績を比較したところほとんど差はなかったが，学生の対人積極性の違いによって成績を整理し直すと，図9-2のような結果が得られた。対人積極性の高い学生は教師による授業で成績がよく，対人積極性の低い学生は映像による授業で成績がよかった。対人積極性が平均的な学生では，指導法による違いはほとんど見られなかった。

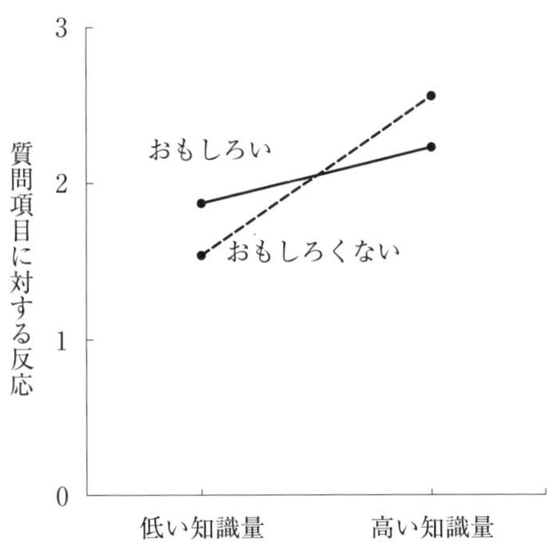

図9-1　学習者の知識量の高低とテキストのおもしろさの間のATI
(Garner, et al., 1991；並木, 1997)

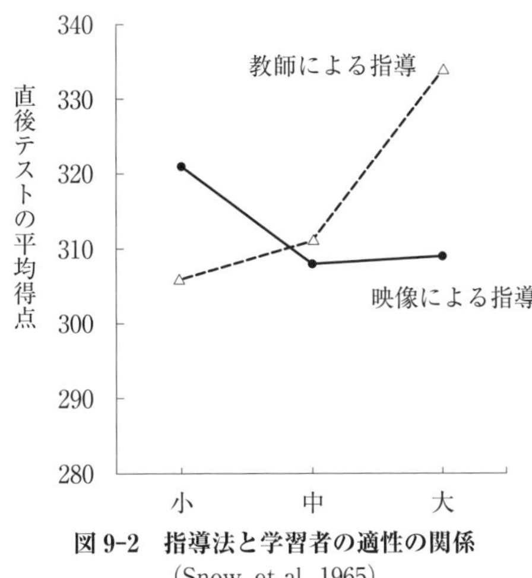

図9-2　指導法と学習者の適性の関係
(Snow, et al., 1965)

適性の要因は対人積極性に限らず，能力に関わるもの，性格に関わるもの，態度や意欲に関わるものなど多岐にわたる。学習者一人ひとりの適性に応じた指導が常に行われることが望ましいことはいうまでもないが，実際にはきわめて困難である。教師は，例えば一つの単元をいくつかの指導法を用いて授業を行うなど，多くの学習者がどこかで自分に合った指導を経験できるような工夫をする必要があるだろう。

3　学習到達度の個人差

どのような授業や指導を行うかについて考える際，学習者の学習到達度（いわゆる学力や理解度）の違いも考慮しておく必要がある。ここでは学習到達度の個人差を考慮した指導法や教授学習法として，習熟度別指導，プログラム学習，完全習得学習を取り上げる。

習熟度別指導　我が国では，2003年10月の中央教育審議会「初等中等教育における当面の教育課程及び指導の充実・改善方策について（答申）」において「『個に応じた指導』の一層の充実」が具体化され，その結果，習熟度別指導の実践が普及した。**習熟度別指導**とは，学習者を学習到達度によって複数の集団に分け，それぞれに適したやり方で指導する方法であるが，残念ながら，習熟度別指導の有効性については多くの調査結果で否定されており（例えば，アイルソンとハラム，2006；佐藤，2004），学習到達度の格差を拡大し，差別感を生むといった問題点が指摘されている。「個に応じた指導」それ自体は重要であり，学習者それぞれの学習到達度に配慮したきめ細やかな指導は大切である。しかし，授業場面においてそれを実現しようとする際に，具体的手段として習熟度別指導だけが多用されるのは問題である。

プログラム学習　**プログラム学習**は，オペラント条件づけの原理を応用したもので，スキナー（Skinner, B. F.）によって開発された。学習目標を分析し，学習内容を細かいステップに分け，あらかじめ学習者の反応を予測してそれらへの対応を設計し，学習内容・道筋を細かく決定した課題プログラムを作成する。そのプログラムを，ティーチング・マシンやプログラム・シートに組み込み，学習者が個別に学習を進めていくものである。プログラム学習は，表9-1のような原理で構成されている。

スキナーの提案したプログラム学習は，一組の教材の端から端までを1ステップずつ進んでいく直線型プログラムであった。直線型プログラムでは，各段階で正解しない限りは次の段階に進むことができない。これに対してクラウダー（Crowder, N. A.）は，学習者の誤答には概念の理解不足，計算力不

表 9-1　プログラム学習の原理（持留・森, 1980 をもとに改変）

(1)スモールステップの原理	最終目標に確実に到達できるよう，各ステップの間隔を小さくする。
(2)積極的反応の原理	学習者は，単に頭で理解するだけでなく，各ステップの課題に自発的・積極的に反応する。
(3)即時確認（フィードバック）の原理	学習者が各ステップの課題に反応したら，即座に反応に対する正誤を知らせ，学習者自身がそれを確認できる。
(4)自己速度の原理	個人差に応じて，学習者のペースで進めていく。
(5)フェンディングの原理	最初は正解が出やすいよう援助を多く与えるが，次第に援助を減少させ，学習者の力だけで正解できるようにする。

足，別概念との混同など，それぞれ固有の意味があることを指摘し，誤答の種類に応じて異なる学習系列へと分岐させる分岐型プログラムを提唱した。

プログラム学習は，学習者が一定の目標に，容易に，しかも確実に到達することを目標としており，学習者の能力に応じて学習を最適化することができたり，反応に対して即座にフィードバックすることができるといった長所がある。その一方で，明確な解答のある学習内容に限られることや，課題が単調になりやすいといった短所もある。

完全習得学習　**完全習得学習**（マスタリー・ラーニング）は，ブルーム（Bloom, B. S.）らによって提唱された教授学習法で，学習の質や方法や学習時間を個々の学習者に合うよう調整することで，すべての学習者の学力水準を一定に到達させることができるという考え方に基づく方法である。もとはキャロル（Carroll, J. B.）の学校学習モデルを基礎にして展開しており，学力の違いは，知能などの学習者が持つ内的特性の差異などではなく，学習内容を完全に理解するために学習者がかけた時間の違いに起因するとされる。

完全習得学習では，まず一斉指導で学習内容を教え，次に個々の学習者の理解状況を把握するために**形成的評価**を実施する。この結果に基づき，理解が不十分な学習者には治療的指導を個別に行い，すでに理解が進んでいる学習者にはさらなる定着や発展を目指した学習を行う。それらの指導が終了した段階で，最終評価を実施する。完全習得学習は，一斉指導の利点を生かしつつ，適宜，学習の個別化を図っていこうとする指導法である。

4　認知スタイルの個人差

認知スタイルとは，学習活動の過程において，情報をどのように受け止めどのように処理するかについての個人差に関する概念である。例えばウィトキン（Witkin, H. A.）らは「場依存型－場独立型」という次元を提唱している。場依存型とは，学習課題に取り組む際にその場面や全体的な印象の影響を大きく受けやすい傾向を持ち，場独立型とは，全体的な印象の影響を受けずに特定の要素を分析的に抽出しやすい傾向を持つ。また，ケーガン（Kagan, J.）らは，正確さとスピードが両立しにくい場面における課題遂行のタイプとして，「熟慮性－衝動性」という次元を提唱している。熟慮性とは，遂行のスピードよりも正確さのような課題遂行の質を重視し詳細な分析を重視する傾向を持つ。一方，衝動性とは，質よりもスピードを重視するために大まかな分析で課題を遂行する傾向を持つ。

このように，個人によって，情報や学習内容の認知の仕方，取り組み方などには違いがあり，それぞれの認知スタイルに適したアプローチが必要なことが分かる。

5　指導法による授業の分類

指導法の観点から授業を分類すると，授業は大きく教師主導型授業と学習者中心型授業に分けることができる。ここでは，学習者中心型授業として，プロジェクト法，発見学習，仮説実験授業，有意味受容学習，協同学習を取り上げる。どの授業方法も長い歴史を持ち，さまざまなバリエーションが考案され実践されてきた。

プロジェクト法　**プロジェクト法**（project method）は，キルパトリック（Kilpatrick, W. H.）によって提唱された方法で，近年のプロジェクト学習（PBL：Project-Based Learning）のルーツであると説明されることも多い（例えば，Savery, 2006）。一般的なステップとして，プロジェクトテーマの設定，解決すべき問題や問い・仮説の設定，先行研究のレビュー，必要な情報やデータの収集，情報やデータから結果と考察を導く，成果物（発表やレポート等）にまとめる，があげられる。学習者が小グループになり，これらのステップに基づいて自分たちで決定し進めていく。学習者がゴールに向けて全力で取り組んでいけるよう支援することが教師の役割となる。

発見学習　**発見学習**とは，学習者が発見のプロセスをたどりながら知識を獲得していく方法として，ブルーナー（Bruner, J. S.）が提唱した教授学習法である。学習者が学習課題に直面したとき，自ら仮説を立て，自らが考案した方法によって仮説を確認していく。発見学習では，既存の概念や原理が生成されてきた過程を，学習者に追体験させることによって自律的に学習に取り組む態度を培うことを目的としている。基本的過程として，学習課題の把握，仮説の設定，仮説の練り上げ，仮説の検証，発展とまとめの５段階がある（水越，1977，表9-2）。

発見学習の長所として，問題解決にすぐに役立つ知識の習得，自発的または発見それ自体のもたらす報酬によって内発的動機づけが増大すること，発見のスキルの獲得，知識の体制化による学習内容の保持，などがあげられる。

表9-2　発見学習に含まれる基本過程（水越，1977を参照）

(1)学習課題の把握	問題場面の中から，発見すべき課題を学習者に明確に把握させる段階である。教師は学習者が課題把握の手がかりを得やすいように，若干の資料を与えることが必要である。
(2)仮説の設定	この段階では，学習者は学習課題を意識した後，与えられた資料や新しい資料に基づいて，課題解決の仮説を立てる。ここでは，直観的思考によって仮説を立てることが多い。
(3)仮説の練り上げ	直観的思考によって洞察された仮説は，それが一貫して筋の通った仮説であるかどうかを練り上げ，同時にどのように確かめたらよいかという具体的な検証の条件・方法などを検討する段階である。
(4)仮説の検証	前段で練り上げた仮説を，十分な資料を用いて事実資料と照合したり，証明したり実験したりして，検証する段階である。この段階の仮説－検証は，一回だけで済む場合もあるが，例えば数字の定着練習のように数回繰り返されることも多い。
(5)発展とまとめ	これまでに発見した法則や概念をより高次の問題場面に適用し発展させたり，仮説－検証で得られた事柄を最終的に総合し，統一して結論を出す。

短所として，発見学習を考慮した授業のカリキュラム開発や教材に応じた援助の与え方が必要であるなど教師側の負担が大きいこと，時間がかかること，適用できる教科の範囲が限られること，などがあげられる。このため発見学習を活用した授業では，学習者が発見のプロセスを短時間でたどることができるように，また，あたかも自分たちの力でたどったかのように導いていく必要がある。実際の授業では「導かれた発見法（guided discovery）」が用いられる。

仮説実験授業　発見学習と同様の考え方から出発した教授法に，板倉聖宣が提唱した**仮説実験授業**がある。仮説実験授業では，「授業書」という指導書に従って授業が進められる（図 9-3 参照）。授業書では「問題」を中心にして，「質問」「研究問題」「練習問題」「原理・法則（の説明）」「読み物」などから構成されている。

授業の手順は，1)授業書でクラスの半数以上の子どもが誤答する問題を提示し，2)子どもの知的好奇心を呼び起こし，3)問題に対する予想（仮説）を各自で立てさせ，4)その仮説を小集団で討議させ，5)最後に仮説を実際に検

［問題］
みなさんは，身体けんさで体重をはかったことがありますね。そのとき，はかりの上に両足で立つのと，片足で立つのと，しゃがんでふんばったときとでは，重さはどうなるでしょう。

［予想］（自分の予想に○をつける）
ア　両足で立っているときが一番重くなる。
イ　片足で立っているときが一番重くなる。
ウ　しゃがんでふんばったときが一番重い。
エ　どれもみな同じでわからない。

［討論］
どうしてそう思いますか。いろいろな考えを出し合いましょう。

［実験］
実際にたしかめてみることにしましょう。
はかりは針がきちんと止まってから目盛りをよみます。

実際の結果

図 9-3　仮説実験授業における授業書（板倉・渡辺，1974 を改変）

証するために実験を行う，というものである。仮説を討論しても，子どもだけでは必ずしも正解の方向に至らない場合があり，教師の役割は，仮説の設定や実験に入るタイミングの助言など，学習者の予想をもとに討論する際の発見を導き，支援することである。

有意味受容学習　教師主導型授業では，教師が学習内容を説明し学習者はそれを受け取って理解していく。ここでなされる学習は受容学習と呼ばれる。プロジェクト法や発見学習は，受容学習に対する批判から提案されてきた。

発見学習では，仮説を考えたり予想の根拠を考えたりする。そのとき学習者は，自分がすでに持っている知識を活発に利用する。学習者は自分が持っている知識と学習材料を関連づけて思考を展開していく。このため，発見された知識は，既有の知識体系に組み込まれやすくなる。学習材料と既有知識を関連づけて有意味化していくプロセスは，学習者の能動的な活動である。

オーズベル（Ausubel, D. P.）は，受容学習においでても，このような能動的な活動が可能であると考えた。それが**有意味受容学習**である。有意味受容学習を実現する際に重要な役割を果たすのが，先行オーガナイザーである。**先行オーガナイザー**とは，学習内容に先行して提示される情報で，学習内容よりも一般的でかつ包括的な情報のことである。先行オーガナイザーをあらかじめ提示することによって，それが媒介となって学習内容が学習者の既存の認知構造に関連づけやすくなる。

有意味学習の成立要件として，①論理的有意味性：学習材料そのものが，学習者の認知構造と論理的に関連づけ可能なものである，②潜在的有意味性：学習者がすでに，その学習材料を関連づけることが可能な概念を持っている，③有意味学習の構え：学習者に関連づけの意図が存在する，の３点が指摘されている。

協同学習　**協同学習**とは，学習者同士が共通の目標達成に向けて協力して取り組むことで，自分の学びと他者の学びを最大に高めようとする学習法である（ジョンソンら，1990）。協同的な学習環境は，単に学習者を小集団にして学習課題を与えれば実現するものではない。それにはいくつかの要件

表 9-3　協同学習の要件

ジョンソンら（1990）	ケーガン（1994）
⑴肯定的な相互依存関係 ⑵対面的で促進的な相互交流 ⑶目標達成に向けた個人の責任の明確化 ⑷小集団技能の育成と活用 ⑸グループの改善手続き	⑴肯定的な相互依存関係 ⑵目標達成に向けた個人の責任の明確化 ⑶参加の平等性の確保 ⑷活動の同時性の配慮

が存在する。ここでは，ジョンソンら（Johnson, D. W., et al.）とケーガン（Kagan, S.）による協同学習成立の要件を表 9-3 に示す。

協同学習の実現に当たっては，指導者の持つ教育観や授業観，協同学習に対する理解度が大きく影響する。協同学習の基礎になっている理論的前提は，学習者同士の間に築かれた相互依存関係の型によって，学習者同士の相互作用の仕方が決定され，それが教育効果に影響する，というものである。つまり，ジョンソンら，ケーガンの要件の１点目にある「肯定的な相互依存関係」が学習目標として設定され，それを学習者自身も理解していることが重要となる。肯定的な相互依存関係は学習者同士の相互作用を促進し，それによって学習者は効果的な援助を与え合い，必要とされる情報資源を交換し，より高い成果をあげるためのフィードバックを行い，共通の目標を達成するための努力を讃え合い，お互いの利益に貢献するために努力したいと動機づけられる。協同学習を基盤とした授業を実践するためには，このような協同の教育観について理解し共感することが重要であろう。

また，協同学習の理論や考え方に基づく方法論も多数存在する。塩田芳久による**バズ学習**，アロンソン（Aronson, E.）による**ジグソー法**，ヒル（Hill, W. F.）による「LTD 話し合い学習法」などもこれに当たる。2，３名で短時間で実施できる簡単なものから，クラス全体で長時間を要する複雑な方法まで，多くの多様な方法が存在する。

6　授業の技術

近年は，「主体的・対話的で深い学び」の実現が求められている。画一的で一方向型の授業実践ではなく，学習者が授業の中心であり，学習者の学びを確実に保証していくために，多様な授業の技術が求められる。

例えば，田中（1991）は**教授スキル**を，学習指導におけるコミュニケーションのスキル，学習をスムーズに進行させるための学習運営（学習訓練を含む）のスキル，学級の人間関係を円滑にする学級運営のスキル，の3タイプに分類している。このうち，学習指導におけるコミュニケーションのスキルについて表9-4に示す。このような授業を展開する上で必要となる技術のレパートリー全体を概観し，自分の特性や癖などと照らし合わせながら改善・向上させていくとよいだろう。

また，授業を展開する上での技術だけでなく，教師には高度な**コミュニケーションスキル**も必要である。コミュニケーションスキルは，児童生徒をより深く理解しコミュニケーションをとっていく上で重要なスキルである。例えば，相川（2008）は，教師という職業の特徴を踏まえながら，主に児童

表9-4　学習指導のスキル要素（田中，1991）

スキル要素	具体例
1. 変化とバランスのスキル	机間巡視等教室内での位置と移動，ジェスチャーや顔の表情・話し方，子どもの多様な活動と感覚の使用
2. 導入と提示のスキル	注意・意欲の喚起，課題の整理と組み立て，既有知識・興味・関心との結び付け，部分・段階的提示
3. 強化と評価のスキル	言葉・ジェスチャーによる賞賛，座席への接近・身体的コンタクト，発展課題を与える，ノート等へコメント，到達レベル・ユニークさの明示
4. 発問のスキル	簡潔・分かりやすい言葉，収束的／拡散的思考のための閉じた／開いた発問，多様なレベル・思考への対応，間合い取り，掘り下げ・再発問，構造化・関連づけ
5. 説明のスキル	構成の仕方，提示の方法，説明の内容
6. 指名のスキル	教師指名，ルールによる指名，生徒の相互指名，つぶやきの拾い上げ
7. 指示のスキル	挙手，学習ルールの遵守，活動の転換，意見・感想の記録，気分転換，学習技術のアドバイス，解答・活動の開始と終了，思考・活動の条件と約束の提示
8. 板書のスキル	字の大きさ・正確さ・筆順，内容の構造化と視覚表現，補助教具の活用

生徒に対する場合に必要なスキルについて９つに整理している（表9-5参照）。これらのスキルを向上させるためには，①意識してスキルを使う，②人の言うことに耳を傾ける，③達人の真似をする，④繰り返し使ってみる，⑤ときおり振り返る，ことが重要であると指摘している。

このように，授業に関わる技術やコミュニケーションに関わる技術を高めることはとても重要である。しかし，一方で，授業の技術や方法に正答は存在しない。目標や目的に応じて，学習者の特徴に応じて，授業それ自体のダ

表9-5　子どもに対して必要な教師のスキル（相川，2008）

1. **心が開いている雰囲気をつくるスキル** 子どもたちが警戒心や不安を感じずに安心して話しかけられる雰囲気。 （例えば，近づきやすい先生，話しやすい先生，子どもたちと積極的に関わろうとする気持ちが感じられる先生）
2. **話を聴くスキル** 子どもの話に関心があり，子どもの話を理解したことを伝える。 （最後まで聴く，共感する，話題に関連した質問をするなど）
3. **思いを伝えるスキル** 自分の内側からわき上がっている思いを把握して，それを素直に伝えようとする。 「私」メッセージを発する。 （肯定的な依頼の言葉を添える，タイミングをはかる，体を使って伝えるなど）
4. **子どもからの批判に対応するスキル** 批判は必ずある，批判は情報である，批判は子どもとの関係を見直す機会である。 （批判に耳を傾ける，自分の怒りをコントロールする，批判から要求を知る，言い分を受け入れ感謝するなど）
5. **揶揄や悪口に対処するスキル** 感情の爆発を抑える，徹底的に無視する，「私」メッセージを発するなど。
6. **子どもの怒りの爆発に対応するスキル** 子どもの心が傷ついているという前提に立つ，怒りを爆発させる子どもとの接触を増やす，怒りの適切な表し方を教えるなど。
7. **怒りの爆発への緊急対応スキル** 自己会話で自分を落ち着ける，怒りを静める言葉を言い続ける，はっきりした声で暴力を制止する，怒りの爆発が弱まったときに声をかけるなど。
8. **考える力を育てる会話スキル** 子どもが自分で考えることを促すために実行する会話スキル。 （話を促すための質問をする，聴くスキルを使う，長所に気づかせる質問をする，ヒントになる質問をする，努力と変化を褒めるなど）
9. **問題解決力を育てる会話スキル** 子どもが先生に突きつけた問題は子どもに返して，子ども自身に解決策を考えてもらう。問題の明確化，解決策の案出，解決策の決定と確認，成果の確認。

イナミックスや文脈に応じて，実践・評価・修正を繰り返す必要がある。そのために，教師には，自分自身が学び続けること，学び上手になることも重要となる。このことは，**省察的実践家**（reflective practitioner；Schön, D. A.）についてや，**研究的実践**（杉江，2007）の考え方を参照されたい。

また，教師が学び続けることや授業を改善していくことについて，個人で行うよりも集団として共通の目標に向かって協同することで効果が高まると考える。杉江・石田（2018）は，子どもにとっての最適の教育条件のポイントは**教師の協同**であると述べている。児童生徒のことや授業改善を題材として教師同士が頻繁に情報交換し，よりよい授業実践に向けて切磋琢磨することを通して，児童生徒の豊かな学び，充実した学校生活が実現できる。このような他者と協同するスキルも，教師には必要となる。同時に，問題を一人で抱え込まず，学校全体の問題として取り組めるような学校風土も重要であろう。

引用・参考文献

相川充　2008　教師のためのソーシャルスキル　サイエンス社.

Gardner, H. 1983　*Frames of mind*. New York: Basic Books.

Garner, R., Alexander, P. A., Gillingham, M. G., Kulikowich, J. M., & Brown, R. 1991　Interest and learning from text. *American Educational Research Journal*, **28(3)**, 643-659.

アイルソン，J. & ハラム，S.（杉江修治・石田裕久・関田一彦・安永悟訳）2006　個に応じた学習集団の編成　ナカニシヤ出版.（Ireson, J. & Hallam, S. 2001　*Ability Grouping in Education*. Sage Publication of London.）

板倉聖宣・渡辺慶二　1974　ものとその重さ　仮説実験授業記録集成 4　国土社.

ジョンソン，D. W., ジョンソン，R. T., ホルベック，E. J.（石田裕久・梅原巳代子訳）2010　学習の輪—学び合いの協同教育入門（改訂新版）　二瓶社.（Johnson, D.W., Johnson, R. T., & Holubec, E. J. 1984 / 1990　*Circle of Learning: Cooperation in the Classroom*, Edina, MN: Interaction Book Company.）

Kagan, S. 1994　*Cooperative Learning*. San Clemente, CA: Kagan Publications.

水越敏行　1977　発見学習入門　明治図書.

持留英世・森敏昭　1980　福岡教育大学心理学研究室編　教育心理学図説　北大路書房.

並木博　1997　個性と教育環境の交互作用―教育心理学の課題　培風館.
佐藤学　2004　習熟度別指導の何が問題か　岩波ブックレット.
Savery, J. R. 2006　Overview of Problem-Based Learning: Definitions and Distinctions. *Interdisciplinary Journal of Problem-Based Learning*, **1**, 9-20.
Snow, R. E., Tiffin, J., & Seibert, W. F. 1965　Individual differences and instructional film effects. *Journal of Educational Psychology*, **56(6)**, 315-326.
杉江修治　2007　教育心理学はどんな学問か　杉江修治編　教師教育テキストシリーズ4　教育心理学　学文社.
杉江修治・石田裕久　2018　教師の協同を創るスクールリーダーシップ　ナカニシヤ出版.
田中博之　1991　学習指導の方法―マルチメディア教育　大野木裕明・森口英嗣・田中博之編著　教育の方法と技術を探る　ナカニシヤ出版.

模擬試験問題

問1　以下の文章の空欄に当てはまる語句を【語群】から選択した場合の正しい組合せを一つ選びなさい。

オペラント条件づけの原理に基づき，スキナーが開発した教授学習法を（　A　）という。ティーチング・マシンを用いて，確実に目標に到達することを達成するために，（　B　）の原理，積極的反応の原理，（　C　）の原理，自己速度の原理，フェンディングの原理，によって構成されている。

【語群】

ア　完全習得学習　　**イ**　プログラム学習　　**ウ**　発見学習
エ　先行オーガナイザー　　**オ**　即時確認（フィードバック）
カ　ステップアップ　　**キ**　スモールステップ

（組合せ）

	A	B	C
①	ア	キ	オ
②	ア	カ	エ
③	イ	キ	オ
④	イ	カ	エ
⑤	ウ	キ	オ
⑥	ウ	カ	エ

問2　以下の文章の空欄に当てはまる語句を【語群】から選択した場合の正しい組合せを一つ選びなさい。

（　A　）とは，すべての学習者に合う学習指導法を求めず，一人ひとりの（　B　）（知能，学習到達度，認知スタイル，性格など）に応じて，その（　C　）（処遇）を変えようとする概念である。（　D　）によって提唱された。

【語群】

ア　クロンバック　**イ**　オーズベル　**ウ**　適性　**エ**　指導法

オ　学習法　**カ**　一般教育学　**キ**　適性処遇交互作用

ク　発達の最近接領域　**ケ**　学習スタイル

（組合せ）

	A	B	C	D
①	キ	オ	ケ	イ
②	キ	ウ	エ	ア
③	ク	ケ	オ	イ
④	ク	オ	ケ	ア
⑤	カ	ウ	エ	イ
⑥	カ	ケ	オ	ア

10章

教室でのICT利用

1 児童生徒のICT利用の実態

授業における学習活動や家庭での調べ学習などに，PC，タブレット端末，スマートフォンなどのいわゆる**ICT**（Information and Communication Technology）機器（以下ICT機器と略記）が用いられることが一般的になった。しかし，このようにICT機器を教室や家庭で誰もが用いることができるようになったのはごく最近のことである。総務省の調査によると，2010年のスマートフォンの普及率は9.7%，タブレット端末は7.2%であったのに対し，2017年にはスマートフォンが75.1%，タブレット端末が36.4%と大幅に利用率が上がっている（総務省，2018a）。小学生から高校生までの機器ごとのインターネットの利用状況を示したのが図10-1である（総務省，2018）。図10-1を見ると，2018年度における児童生徒全体のインターネット利用率は93.2%である。児童生徒の90%以上が何らかの機器を用いてインターネットを利用していることがわかる。スマートフォンの利用については，小学生は34.8%，中学生が62.6%，高校生が93.4%と学年が上がるにつれて利用率が高くなっていく。また，小学生や中学生はタブレット端末や携帯ゲーム機も用いてインターネットを利用しているのに対し，高校生はスマートフォン利用が93.4%である。一方で，高校生のタブレット端末の利用は19.9%，携帯ゲーム機でのインターネット利用は20.6%となっている。

以上の調査結果は，児童生徒のインターネット利用に関しての実態を反映している。まず，児童生徒は学校外でインターネットを利用しているということ，そして，学校種に応じてインターネット利用に関する指導方法を考慮しなければならないということである。本章では，現代の児童生徒を取り巻

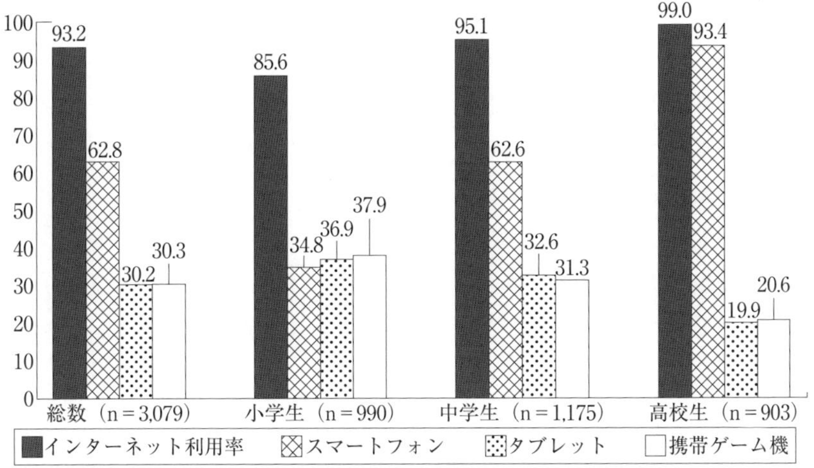

図 10-1　インターネット利用率（機器・学校種別，単位は％）

く情報機器利用に関する話題を取り上げ，学校内外での児童生徒が適切に情報機器を利用できるようになるための教師の指導の在り方について検討する。

2　情報機器利用を支える基盤的能力としてのリテラシー

リテラシー（literacy）とは，もともとは読み書き能力，識字能力のことであるとされる。リテラシーの概念は，時代とともに拡張して，現在では単なる読み書き能力だけでなく，より広い意味で，我々が日常的に接する情報を的確に読み解いていく能力に関わると考えられるようになっている。教育関係者の間で「リテラシー」という語が関心を集め出したのは，OECD 生徒の学習到達度調査（Programme for International Student Assessment：PISA）によるところが大きい（松下，2006, p.34）。PISA のリテラシーの概念は，基本的に識字能力を拡張したものである。PISA では，リテラシーを「多様な状況において問題を設定し，解決し，解釈する際に，その教科領域の知識や技能を効果的に活用して物事を分析，推論，コミュニケートする生徒の力」（OECD, 2004, p.20）と定義している。すなわち，リテラシーとは，問題を設定し，解決し，解釈することであり，そのために，物事を分析，推論，コミュニケートすることであるとすると伝統的なリテラシーとPISAに共通性を見いだすことができるだろう（松下，2006, p.34）。このような考え方を踏まえると，我々が日常生活で行っている意思決定の大部分にリテラシーが関わっていると考えられる。例えば，目的地に向かうためにはどのような交通手段を用いるべきかを考える際には，時刻表を確認したり，インターネットの検索ツールを用いて予定ルートや所要時間を見積もる。あるいは，パソコンなどのある程度高額な品物の購入を検討する際には，パンフレットを読んだり，インターネット上の関連する情報を比較したり，場合によっては使用者にインタビューをしたりすることもあるだろう。リテラシーは，意思決定における情報の分析や理解，あるいは問題解決に関わっている。

リテラシーの構造について，楠見（2015, p.185）は，図10-2のような**批判的思考**に支えられたリテラシーのモデルを示している。図では研究者や専門性の高い職業従事者に求められるリテラシーを頂点とするピラミッド型の構造が示されているが，リテラシーの教育や育成は大学などの高等教育におい

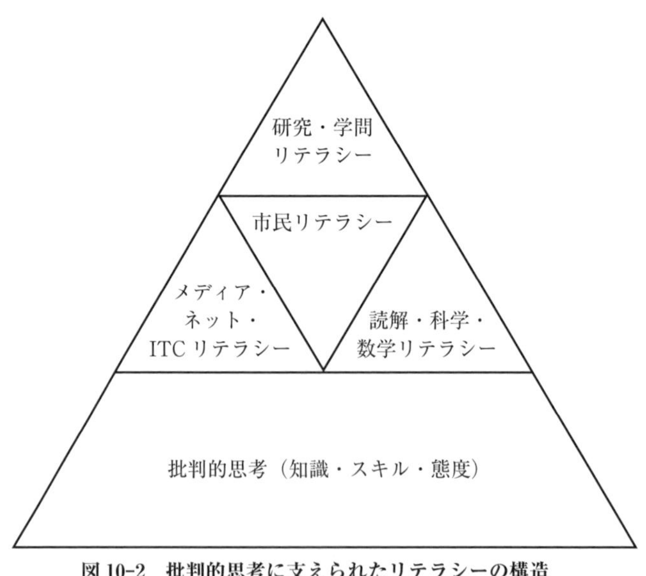

図10-2　批判的思考に支えられたリテラシーの構造
（楠見，2015を筆者がレイアウトの変更）

てのみ行われるわけではない。小中学校においても段階的に教育することが求められる。例えば，国語科における言語活動では，資料について説明する文章を作成することや，新聞記事から材料を収集し意見文を書くという活動が推奨されている（文部科学省，2011；犬塚，2015, p.119）。あるいは，社会科などで行われる消費者教育は，児童生徒の実生活における日常生活でのリテラシーの活用を目指したものであると考えられる。このような，簡単にインターネットにアクセスすることができるタブレット端末やスマートフォン，携帯ゲーム機の機能や適切な利用方法としてのICTリテラシーの教育に関する関心が近年高まっている。

3　情報リテラシー

児童生徒に求められる情報リテラシーの特徴　近年のスマートフォンやタブレット端末の急速な普及によって，児童生徒の情報機器利用に関する教育の必要性が高まっている。このような現状を踏まえて，小中学校や高等学校で情報機器利用に関する授業科目や単元，教育活動が設置されるようになった。

小学校の新学習指導要領においても，「情報活用能力の育成を図るため，各学校において，コンピュータや情報通信ネットワークなどの情報手段を活用するために必要な環境を整え，これらを適切に活用した学習活動の充実を図る」と記述されている（文部科学省，2017）。すなわち，小学校からICT機器を適切に活用した教育活動が行われるようにデザインすることが求められる。

児童生徒の情報機器利用に関して，情報リテラシーの育成の観点が指摘されるようになっている。いわゆる新学習指導要領では，情報リテラシーは各教科で学び，知識・技能などのコンテンツの獲得のベースとなる学ぶ能力（コンピテンシー）として位置づけられている（堀田・佐藤，2019, p.117）。本章では，児童生徒の適切な情報機器利用に必要な知識や技能の総称を情報リテラシーとする。前学習指導要領では，情報活用の実践力，情報の科学的な理解，情報社会に参画する態度を総称した**情報活用能力**の育成をねらった活動が実施されていた。しかし，新学習指導要領において，文部科学省（2015b）は，「情報や情報手段を主体的に選択し活用していくために必要な情報活用能力，物事を多角的・多面的に吟味し見定めていく力（いわゆる「クリティカル・シンキング」），統計的な分析に基づき判断する力，思考するために必要な知識やスキルなどを，各学校段階を通じて体系的に育んでいくことの重要性は高まっている」と指摘している。すなわち，情報機器を上手に扱うことができるという技能的側面だけでなく，情報機器を適切に利用して，物事を多角的・多面的に分析することができる批判的思考力や統計的な分析力が重視されていることがうかがえる。

また，情報リテラシーの教育は，問題解決に関わる態度や技能にとどまるものではなく，児童生徒自身の心身の安全が脅かされないことも考慮しなければならない。そのような，情報社会で適正な活動を行うためのもとになる考え方と態度のことを**情報モラル**と呼び（文部科学省，2009），新学習指導要領では情報モラルに関する教育も重視されている（文部科学省，2015b）。以上を踏まえると，情報リテラシーには，ICT機器の使い方に関する知識や技能，ICT機器を用いた問題解決に関する知識や技能，そして情報モラルに関する知識や態度の側面があると考えることができるだろう。

情報リテラシーの特徴と指導の関係　各側面の特徴と各教育段階における教育や指導の観点を表10-1に整理した。

表10-1を見ると，小学校においては，基本的な機器の利用方法の習得，情報には誤ったものや危険なものがあることなど，ICT機器を安全に利用できるための基礎的な知識や技能の習得が教育活動の中心となっている。これに対し，中学校や高等学校では，プログラミングなどコンピュータ利用に関する専門的な知識や技能の習得や情報の加工，また個人情報の保護や著作権の保護，情報セキュリティ管理など，社会人としてICT機器や情報を扱う際の権利や義務などに関する知識や技能の習得に焦点化していることがわかる。

情報リテラシーは，スマートフォンやタブレット端末の利用に関する知識や技能を含むものであり，インターネットの利用と切り離して考えることは

表10-1　情報リテラシーの3側面と小中高での教育活動
（文部科学省，2012；広島県教育委員会，2009を筆者が整理）

	ICT機器の使い方	ICT機器を用いた問題解決	情報モラル
小学校	・基本的な操作：キーボードなどによる文字の入力，電子ファイルの保存・整理，インターネットの閲覧，電子メールの送信	・情報手段を適切に活用できるようにするための学習活動：文章の編集・図表の作成，さまざまな方法での情報の収集・調査・比較，情報手段を使った交流，調べたもののまとめ・発表などの学習活動	・情報モラルを身につけるための学習活動：情報発信による他人や社会への影響，ネットワーク上のルールやマナーを守ることの意味，情報には自他の権利があることなどの学習活動
中学校	・情報手段を適切かつ主体的，積極的に活用できるようにするための学習活動：課題を解決するため自ら効果的な情報手段を選んで必要な情報を収集する，自分の考えなどが受け手に伝わりやすいように表現を工夫して発表したり情報を発信したりする学習活動	・文章と図表などとの関連を考えながら，説明や記録の文章を読む（国語） ・コンピュータを用いたりするなどして，母集団の傾向が読み取れることを理解できるようにする（数学） ・美術に関する知的財産権や肖像権などについて配慮し，自己や他者の創造物等を尊重する態度の形成（美術）	・情報モラルを身につけるための学習活動：ネットワークを利用する上での責任，基本的なルールや法律を理解し違法な行為のもたらす問題，トラブルに遭遇したときの主体的な解決方法，基礎的な情報セキュリティ対策，健康を害するような行動などについて考えさせる学習活動
高等学校	・情報のデジタル化の理解 ・情報のデジタル化の仕組みを理解し，さまざまな情報をデジタルで扱う方法 ・受け手にとって価値のある画像を作成する	・ネットワークを利用した双方向性のあるコンテンツのプログラミングで解決する ・プログラミングとプログラミング的思考の知識と技能の習得	・ファイルの共有と個人情報の保護 ・学校裏サイトの現状を知る ・情報社会の中の個人 ・情報とネットワークの活用 ・個人情報の保護，著作権の保護

できない。そこで，インターネットに関するリテラシーにはどのような特徴があるのか，また効果的なインターネットリテラシーの教育とはどのようなものであるかを整理する。

4　インターネットリテラシー

メディアリテラシー　メディアリテラシー（media literacy）とは，情報を評価・識別する能力や情報を批判的に読み取る能力を指す。新聞や書籍，研究論文などと違い，インターネット上の情報は，その根拠となる情報源が明らかにされていないものもある。ウィキペディアは我々が日常的な情報検索をする際には便利である一方で，サイト内の情報は匿名で編集可能であることや，いつでも誰でも編集が可能であることなどから，情報の信頼性が高いとはいえないだろう。また，インターネット上に誰もが個人の感想や見解を自由に発信できるようになることで，多くの情報を得ることができるようになった一方で，我々はインターネット上の情報の真偽や価値についても考えなければならなくなった。

本を読んだりインターネットで検索したりして得た情報はどの程度信頼することができるのかということに関する判断のことを情報の信頼性評価と呼ぶ。特にインターネット上の情報に関する信頼性を評価する際には，①情報源，②情報そのもの（皮相的特徴，意味内容），③情報の評判という３つの信頼性を評価する必要がある（小倉，2015, p.271）。このうち，②については，インターネット上の情報については，「意見」と「事実」の違いに留意しなければならない。小倉（2015, p.274）は，「意見」はあくまでも，ある特定の人物の主観であり客観性が不足していること，「事実」はその内容の真偽や正確性に関わるものであると指摘している。インターネット上の情報の中には，「意見」と「事実」を識別することが難しいものもある。そのため，児童生徒には，情報の信頼性を正しく評価できるようになるための指導や支援を行う必要がある。

また③は，他者の意見をもとに情報の信頼性を評価する過程を指す。何らかの意思決定を行う際，他者の意見を参考にすることによって，自らの意思決定に自信を持つことができるようになることや，消費者教育における他者との意見交流の重要性が指摘されている（神部・小林，2017, p.99）。その一方で，ユーザーの口コミによって外食店の評価点が反映されるとするウェブサイトにおいて，評価点がユーザーの評価を反映していないというニュースも報じられている。

インターネットにおける匿名性とリスク　インターネット上の情報に

は受信者による信頼性評価が求められるが，インターネットには我々自身が自らの意見や撮影した写真や動画を掲載することもできる。従来のメディアでは，我々は受信者としての役割に固定されていたのが，インターネットを利用すると発信者になることもできる。

インターネット利用に当たって，個人に求められるメディアリテラシーには2つの側面があるとされる（三浦, 2015, p.213）。受信者としてのメディアリテラシーと発信者としてのメディアリテラシーである。**インターネットリテラシー**，あるいはネットリテラシーとは，インターネットを適切に利用する能力である。三浦（2015, p.214）は，インターネットの匿名性の構造として，①視覚的匿名性，②アイデンティティの乖離，③識別性の欠如という階層構造を持つこと，また，インターネットの匿名性については，視覚的識別性は緩やかに保持されている一方で，識別性については近年むしろ高まっていると指摘している。例えば，掲示板やSNS（Social Networking Service）に匿名情報として書き込まれたものであっても投稿者を特定されるリスクが高まっている。このような，匿名性に関する理解については，発信した情報による個人情報の漏えいや拡散のリスクと関係している。つまり，発信者としてのインターネットリテラシーの理解を深めるためには，インターネットを利用したり意思決定をしたりする上でどのようなリスクがあるのかに関する教育も合わせて行う必要がある。

リスクリテラシーとは，リスク情報を獲得し理解する能力や基本的知識，リスクに関わる意思決定や行動のことであり，リスクリテラシーは，図10-3のように，科学リテラシーや統計（数学）リテラシーとともにメディアリテラシーが基盤を構成すると考えられている（楠見, 2013）。

児童生徒のインターネット利用に関するリスクとして，SNS利用を通じた個人情報漏えいやネットいじめ，ネット詐欺等のトラブルに巻き込まれることが指摘されている（総務省, 2018）。大学生や高校生において，SNS利用に関するリスク知識だけでは適切な行動に結びつかないことや，SNS利用において自らのリスクを低く見積もるという楽観視があることが明らかにされている（Barth & De Jong, 2017；木村ら, 2018）。児童生徒のSNSをはじめと

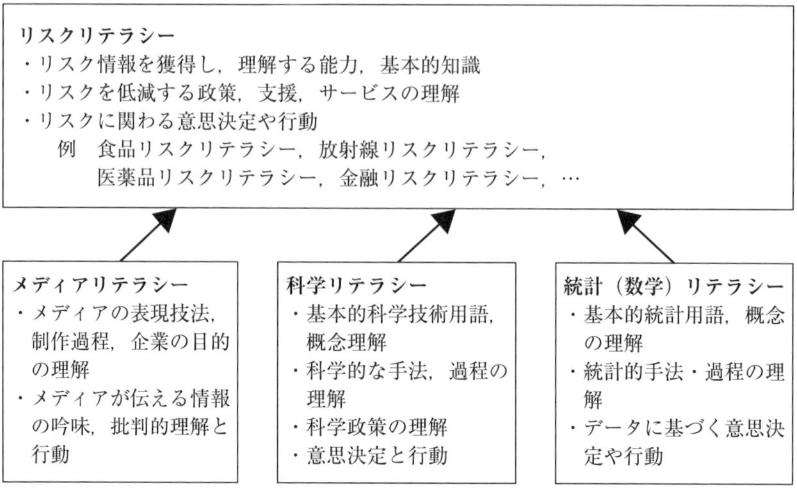

図 10-3　リスクリテラシーを支えるメディア，科学，統計リテラシー（楠見, 2013）

したインターネット利用については，単なるリスクに関する知識の教育だけでなく，適切な行動の定着への支援を考慮する必要があるだろう。

5　情報モラル・情報セキュリティの効果的な指導

情報モラル教育　これまで述べてきたように，児童生徒のインターネット利用には，信頼できない情報に騙されることやSNS利用によって他者とのトラブルになることなどのリスクが伴う。児童生徒な健全にインターネット利用行動を定着させるための教育が必要である。

文部科学省のウェブサイトには，**情報モラル**に関する児童生徒向けの啓発資料や教員向けの指導資料集のページがあり，実際の授業で利用可能な動画資料やリーフレット資料が掲載されている（文部科学省, 2018）。文部科学省ウェブサイトに掲載された資料を表10-2に整理して紹介する。

表10-2の動画教材では，日常生活におけるスマートフォンやタブレット端末，PCを利用した事例が紹介されている。例えば，IDを気軽に交換したり，無料であることにつられて不用意にログインしたりメールアドレスを記入することで個人情報が漏えいする事例や，インターンシップ先に被害を与

える動画を公開した後に投稿者に大きな被害がある事例である。情報モラルの教育や指導においては，リスクの大きさとともに，情報に対するセキュリティ意識を高めることや，被害に遭わないようにするためのセキュリティ行動も指導することが求められるだろう。同時に，この教材では児童生徒を取り巻くインターネット利用のリスク状況を適切に取り上げている。筆者自身

表 10-2　情報モラルに関する指導の充実に資する〈児童生徒向けの動画教材，教員向けの指導手引き〉・〈保護者向けの動画教材・スライド資料〉等

情報化社会の新たな問題を考えるための教材～安全なインターネットの使い方を考える～	
動画教材（YouTube 動画）	1. ネット依存（小5～中1）「ネットゲームに夢中になると…」 2. ネット依存（中2～高3）「身近にひそむネット依存」 3. ネット被害（小5～中1）「そのページ，確認しなくて大丈夫？」 4. ネット被害（中2～高3）「ネット詐欺などに巻き込まれないようにするために」 5. ネット被害（小5～中1）「軽い気持ちの ID 交換から…」 6. ネット被害（中2～高3）「写真や動画が流出する怖さを知ろう」 7. SNS 等のトラブル（小5～中1）「ひとりよがりの使い方にならないように」 8. SNS 等のトラブル(中2～高3)「情報の記録性, 公開性の重大さ」 9. SNS 等のトラブル（小5～中1）「SNS への書き込みの影響」 10. SNS 等のトラブル（中3～高3）「軽はずみな SNS への投稿」 11. 情報セキュリティ（小5～中1）「パスワードについて考えよう」 12. 情報セキュリティ（中2～高3）「大切な情報を守るために」 13. 適切なコミュニケーション(小5～中1)「うまく伝わったかな？」 14. 適切なコミュニケーション（中2～高3）「コミュニケーションの取り方を見直そう」 15. ネット被害（小5～中1）「SNS を通じた出会いの危険性」 16. ネット被害（小1～小4）「スマートフォンやタブレットの使いすぎ」 17. 保護者のための情報モラル教室「話し合ってますか？家庭のルール　動画 A『初めが大事』」 18. 保護者のための情報モラル教室「話し合ってますか？家庭のルール　動画 B『知らなかったではすまされない』」 19. 保護者のための情報モラル教室「話し合ってますか？家庭のルール　動画 C『家庭のルール』」
教師用資料	リーフレット「情報化社会の新たな問題を考えるための教材～安全なインターネットの使い方を考える～」
指導の手引き	リーフレット「情報化社会の新たな問題を考えるための教材～安全なインターネットの使い方を考える～」
ワークシート	動画教材を使って授業等を行う際に利用可能なワークシート。各教材に対してワークシートが作成されている。

大学の授業で表10-2の教材のうちいくつかを紹介して授業を行うが，受講生は動画中の設定や状況を古いと感じることはないようである。また，指導の手引きや授業のワークシートも用意されているので，授業準備にかかる負担感は大きくないだろう。

情報モラル指導力の育成の支援　近年，研究者による情報モラルに関する教材開発や授業手法の開発も進められるようになった（塩田ら，2017；沖林，2017, 2018）。例えば，沖林（2017, 2018）では，一回の授業中に情報モラル教育に関する動画資料を視聴し，自分であればどのように情報モラルの授業を構想するかに関するワークシートを作成した。その後，小グループによる動画内容に関する意見交流を行った後，情報モラル教育の目的や教育的意義に関する講義を行った。授業の最後に，自分であれば動画教材を用いてどのような授業を構想するかに関するワークシートを作成した。授業における一つの活動を1ステップとしてステップ数を分析した。その結果，2回のワークシートにおけるステップの変化量と事後のステップ数に有意な相関が見られた。すなわち，受動的に動画教材を視聴するだけでなく，その教材を踏まえて意見交流をしたり，講師が教材の理解を支援する講義を行うことが事後のレポート内容を充実したものとすることが示唆されたといえる。

6　情報教育の3つの目標

本章ではこれまで情報に関わるコンピテンスやリテラシーの機能について概観し，それらを踏まえて情報モラルやリスクリテラシー，情報セキュリティに関する効果的な指導について検討した。最後に情報教育の3つの目標を紹介する。

文部科学省（2009）は，「教育の情報化」を図る上で，次のような情報教育の目標を設定している。それは，①**情報活用の実践力**，②**情報の科学的な理解**，③**情報社会に参画する態度**である。情報教育は，児童生徒の情報活用能力の育成を図るものである。児童生徒が社会の情報を適切に処理し，児童生徒自身の問題を解決するためには，①課題や目的に応じて必要な情報を処理し，受け手の情報を踏まえて発信できる力だけでなく，②Eメール，SNS,

スマートフォンなどの情報手段の特性の理解と自ら利用した情報を適切に評価するための理論や方法とともに，③社会生活の中で情報技術の役割を考え，情報モラルの必要性や情報に対する責任について考えることができる態度を持つことが必要である。

引用・参考文献

Barth, S. & De Jong, M. D. T. 2017　The Privacy Paradox: Investigating Discrepancies Between Expressed Privacy Concerns and Actual Online Behavior: A Systematic Literature Review. *Telematics and Informatics*, **34**, 1038-1058.

広島県教育委員会　2009　情報化への対応～情報モラル教育～実践事例. https://www.pref.hiroshima.lg.jp/site/kyouiku/j-moral-action.html（2019年10月31日閲覧）

堀田龍也・佐藤和紀　2019　日本の初等中等教育における情報リテラシーに関する教育の動向と課題　電子情報通信学会通信ソサイエティマガジン，**13(2)**, 117-125.

犬塚美輪　2015　国語教育　楠見孝・道田泰司編　批判的思考―21世紀を生きぬくリテラシーの基盤　新曜社，118-121.

神部京香・小林陽子　2017　消費者教育における批判的思考力を育む家庭科授業開発　群馬大学教育実践研究，**34**, 93-100.

木村敦・河合萌華・中嶋凌・山本真菜・岡隆　2018　高校生における認知熟慮性とSNS利用リスクの楽観性との関連　日本教育工学会論文誌，**42(suppl.)**, 25-28.

楠見孝　2013　科学リテラシーとリスクリテラシー　日本リスク研究会会誌，**23(1)**, 29-36.

楠見孝　2015　批判的思考とリテラシー　楠見孝・道田泰司編　批判的思考―21世紀を生きぬくリテラシーの基盤　新曜社，182-187.

松下佳代　2006　大学生と学力・リテラシー　大学と教育，**43**, 24-38.

三浦麻子　2015　メディアリテラシー　楠見孝・道田泰司編　批判的思考―21世紀を生きぬくリテラシーの基盤　新曜社，212-215.

文部科学省　2009「教育の情報化に関する手引」作成検討会（第5回）配付資料第4章　情報教育. http://www.mext.go.jp/b_menu/shingi/chousa/shotou/056/gijigaiyou/attach/1259396.htm（2019年10月31日閲覧）

文部科学省　2011　言語活動の充実に関する指導事例集：思考力，判断力，表現力等の育成に向けて【小学生版】.

https://www.mext.go.jp/a_menu/shotou/new-cs/gengo/1301088.htm（2019 年 10 月 31 日閲覧）

文部科学省　2012　情報活用能力について　参考資料 1.
http://www.mext.go.jp/component/a_menu/education/detail/__icsFiles/afieldfile/2012/06/15/1322132_3_1.pdf（2019 年 10 月 31 日閲覧）

文部科学省　2015a　教育課程企画特別部会　論点整理.
http://www.mext.go.jp/component/b_menu/shingi/toushin/__icsFiles/afieldfile/2015/12/11/1361110.pdf（2019 年 10 月 31 日閲覧）

文部科学省　2015b　参考資料 1　情報教育に関連する資料.
http://www.mext.go.jp/b_menu/shingi/chukyo/chukyo3/059/siryo/__icsFiles/afieldfile/2016/02/10/1364829_03.pdf（2019 年 10 月 31 日閲覧）

文部科学省　2016　今後の学習指導要領改訂スケジュール.
http://www.mext.go.jp/b_menu/shingi/chukyo/chukyo3/004/siryo/__icsFiles/afieldfile/2016/08/29/1376580_3.pdf（2019 年 10 月 31 日閲覧）

文部科学省　2017　【総則編】小学校学習指導要領（平成 29 年告示）解説.
http://www.mext.go.jp/component/a_menu/education/micro_detail/__icsFiles/afieldfile/2019/03/18/1387017_001.pdf（2019 年 10 月 31 日閲覧）

文部科学省　2018　教育の情報化の推進.
http://www.mext.go.jp/a_menu/shotou/zyouhou/detail/1369617.htm（2019 年 10 月 31 日閲覧）

文部科学省　2019　高等学校情報化「情報Ⅰ」教員研修用教材（本編）.
http://www.mext.go.jp/a_menu/shotou/zyouhou/detail/1416756.htm（2019 年 10 月 31 日閲覧）

内閣府　2019　平成 30 年度青少年のインターネット利用環境実態調査　調査結果（速報）.
https://www8.cao.go.jp/youth/youth-harm/chousa/h30/net-jittai/pdf/sokuhou.pdf（2019 年 10 月 31 日閲覧）

OECD　2004　Learning for Tomorrow's World: First Results from PISA2003.
https://www.oecd.org/education/school/programmeforinternationalstudentassessmentpisa/34002216.pdf（2019 年 10 月 31 日閲覧）

小倉加奈代　2015　情報の信頼性評価　楠見孝・道田泰司編　批判的思考―21 世紀を生きぬくリテラシーの基盤　新曜社 , 270-275.

沖林洋平　2017　学生の情報モラル育成のための授業開発に関する研究　教育システム情報学会中国支部研究発表会講演論文集 , 7-10.

沖林洋平　2018　反転授業が情報モラルの理解に及ぼす効果　教育システム情報学会中国支部研究発表会講演論文集 , 1-4.

塩田真吾・酒井郷平・小林渓太・藪内祥司　2017　情報モラル教育の指導に活かすための診断システムの開発と活用　コンピュータ＆エデュケーション, 42, 43-48.

総務省　2018a　ICT機器の保有状況　第2部　基本データと政策動向　第2節　ICTサービスの利用動向.
http://www.soumu.go.jp/johotsusintokei/whitepaper/ja/h30/html/nd252110.html
(2019年10月31日閲覧)

総務省　2018b　インターネットトラブル事例集.
https://www.soumu.go.jp/main_content/000680337.pdf (2019年10月31日閲覧)

模擬試験問題

問1　以下の文章の空欄に当てはまる語句を【語群】から選びなさい。

小学校段階でのICT機器の使い方に関する指導内容は，キーボード入力，インターネットの閲覧などの（　①　）である。高等学校のICT機器利用では（　②　）や（　②　）的思考，（　③　）に基づいた理解に関する知識や技能の指導や教育が行われる。

【語群】

ア　感覚的な操作　　**イ**　基本的な操作　　**ウ**　論理
エ　プログラミング　　**オ**　ネットワーク　　**カ**　シミュレーション
キ　モデリング

問2　以下の文章の空欄に当てはまる語句を【語群】から選びなさい。

児童生徒の情報モラルに関するリスクが高いと考えられる場面として，ネット（　①　），（　②　）への書き込み，（　②　）を通じた出会い，情報の記録性，（　③　）の重大さなどがあげられる。

【語群】

ア　依存　　**イ**　志向　　**ウ**　LMS　　**エ**　SNS　　**オ**　Moodle
カ　秘匿性　　**キ**　公開性　　**ク**　再現性

問3　以下のア～ウは文部科学省が掲げる「情報教育」の目標に関する説明である。ア～ウは①～⑤のどれに該当するか正しい番号を答えなさい。

ア　社会生活の中で情報や情報技術の役割や影響を理解し，情報モラルの必要性や情報に対する責任について考え，望ましい情報社会の創造に参画しようとする態度の形成。

イ　情報手段の適切な活用，必要な情報を主体的に収集・判断・表現・処理・創造し，受け手の状況などを踏まえて発信・伝達できる能力の育成。

ウ　情報手段の特性を理解し，情報を適切に扱ったり，自らの情報活用の実践を評価・改善するために必要な基礎的な理論や方法の理解できること。

①情報活用の実践力　②プログラミング能力　③情報の科学的な理解
④情報社会に参画する態度　⑤パソコン活用能力

11章

教育評価

1　教育評価の目的と機能

教育評価とは　教育評価という言葉を聞くと，多くの人は，教師が試験を行い，採点し，いくつかの試験の結果から，多角的に評価を行い，通知表を作成し，年度の終わりには指導要録が作成される一連の過程を想像するであろう。いうまでもないが，このような一連の評価は教育評価の一部である。特に，指導要録は学校教育法施行規則において，児童生徒の学習および健康の状態を評価，記録した書類として，教師が作成しなくてはならないものとなっている。その内容や形式は各都道府県の教育委員会によって定められることになっているが，指導要録の参考として，文部科学省は学習指導要領の改訂ごとにその趣旨を踏まえた「指導要録の様式の参考案」を提示している。このように，児童生徒の学習の成果や日常の特徴などについて法的に定められているために，教育評価は定期的に「しなければならない」雑務であると教師が負担に感じていることも少なくない。

しかし，このような児童生徒の学習成績を評価することだけが教育評価の目的ではない。教育とは，学習し，発達している人間を教え，育てることであり，望ましい姿に変化させようとする営みである。そのような教育の過程において，教育が適切に成果をあげているかどうかを振り返り，分析し，教育を改善していくものとして教育評価は活用されるものでもある。

以上のように，教育評価の目的を児童生徒の学習状況を把握することと，教育活動の改善として捉えたとき，教育評価は，3つの機能を持つ。その第1は児童生徒の学習活動の改善機能であり，第2は教授活動の改善機能であり，第3は学校の管理・運営の改善と対社会的関係調整機能である。

学習活動の改善機能　教育評価の中でも，子どもたちの学習状況の評価は個々の子どもが何を習得したのかを明示することによって，子どもが自らの学びを振り返り，自らの学習活動を改善させ，次の学びに向かうことができるように配慮すべきものである。そのために，第 1 には，評価が子どもへの成績伝達にとどまることなく，子ども自身に学習の前提条件を確認させ，学習の目標を明確に意識させ，学習の進み具合を知らせることによって，学習方法の改善に寄与するものとして，教育評価を機能させる必要がある。第 2 は，学習成果の評価によって子どもの学習への動機づけを高めることを通して，学習活動を改善させるものである。つまり，学習成果の評価，フィードバックによって，子どもが学習意欲を高めるように機能させる必要がある。

子どもたちの学習状況を評価するために，個々の授業のねらいをどの程度達成したかだけではなく，一人ひとりが，前の学習段階からどのくらい成長しているかなどについて教師は把握している必要がある。さらに，深い学びへと進んでいるかどうかを捉えられるような評価情報を子どもたちに与えることが必要である。

教授活動の改善機能　授業計画の段階において，教師は児童生徒の学力，知識，学習意欲などを評価し，それをもとにその単元での教育目標を習得するための指導方法や授業方法を考える。授業の実施段階では，児童生徒に質問したり，発問したりして，そのときの子どもの反応から，目標到達度を暗黙裏に評価する。その結果から，必要があれば，さまざまな授業の手法を選択する。結果の段階で教師は，自身の指導，教育の方法についての自己評価をしたり，他の教師からの評価を通して，さらに続く授業の方法の改善に必要な工夫を考える。

また，児童生徒の学習結果を評価し，分析することによって，学年や学級といった集団の評価結果はカリキュラムや指導法の適切さを判断する資料となる。それだけでなく，さらに児童生徒一人ひとりの学習成果を検討することによって，個々人の特性に応じた指導がなされたかどうかを明らかにすることができる。

学校の管理・運営の改善と対社会的調整機能　学校では，学習評価の資料を保管し，学校の管理運営の参考とするために教育評価を用いることもある。例えば学級の編成の仕方，学校の設備，備品の充実などに用いることがある。また，進学や進級のためのガイダンスに用いられることもある。さらには，進学，転校先の学校に評価資料を送る必要のある場合もある。これらは学校の運営，管理上欠かすことのできない評価の機能であり，我が国においては，評価に関する資料が指導要録に残され，保管されることになっている。

さらに，学校は社会的に期待され，その評価を問われてもいる。すなわち，学校は親を含めた社会から児童生徒の教育を委任されており，学校の教育成果に関するアカウンタビリティ（説明責任）を果たすために，学校の教育の成果を説明するための資料の提供が求められている。児童生徒がどれだけ学力を身につけたかを親に伝達することによって親からの期待に応えると同時に，家庭との協力によってよりいっそう教育の成果を高める社会的責任を学校は負っている。

2 相対評価・絶対評価・個人内評価

児童生徒の学力や行動・性格などについて評価するとき，その測定結果の基準を何にするのかが問われる。測定結果の基準をその児童生徒の関係する集団に置く評価を相対評価という。教師などがあらかじめ設定した目標を基準にして，どの程度達成したかを見る評価を絶対評価と呼ぶ。そのほか，その比較対象を児童生徒自身に求める評価を個人内評価という。本節では，このような評価の基準となるものが，他者か，目標か，あるいは自分自身かによって評価がどのように機能するかを見ながら，それらの長所短所を見ていく。

相対評価　　**相対評価**では，学級，学年，あるいは全国の同学年の子どもの得点と比較し，それらとの相対的順位が決められるものである。相対評価では基準となるものが集団であるので，**集団準拠評価**ともいわれる。

第2次世界大戦後，我が国の小学校や中学校では相対評価である5段階評価が用いられてきた。自然界や人間の行動・性質などさまざまな現象は，平

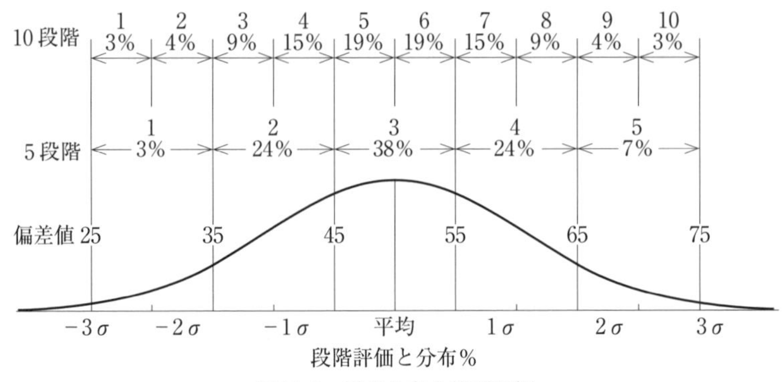

図 11-1　正規分布と相対評価

均あたりの値が一番多く，平均から離れるほどその頻度は少なくなる「正規分布」に従うことが多い。そこで，例えば5段階の相対評価では，図 11-1 に示したような4つの区分点を設け，それぞれのランクの比率を定めて評価する。すなわち，学級内の順位によって評価する方法である。

偏差値も相対評価の一種である。偏差値は，平均点 50，標準偏差が 10 になるように得点を換算したものであり，下の式で計算される。式からわかるように，偏差値とは各自の得点が平均点からどれだけ離れているかを示すものであり，その離れている距離の基準となるものが，標準偏差となっており，生徒の集団内の位置を知る指標となっている。

$$\text{偏差値}\ (SS) = \frac{(X-\bar{X})}{SD} \times 10+50$$
（X：テストの得点，$\bar{X}$：平均点，SD：標準偏差）

相対評価の長所としては，その比較対照したい集団，例えばクラス，学年全体，あるいは同じテストを受験した集団などに対して，個々の児童生徒がどのような位置にいるかを知りたいときには有用なデータとなる。また，教師が極端に偏った評定をつけてしまうことを防止する効果もある。例えば，教師が学級の大部分を5としてしまうような，反対に大部分に1をつけてしまうような評価をしてしまうことを防止するという長所もある。

相対評価が持つ最大の欠点は，誰かの成績が上がるためには，他の誰かの成績が下がることになってしまうことにある。そこで，数学者遠山啓は，「相対評価は，排他的な競争を人為的に煽り，『他人の不幸はおのれの幸福』」と批判している。さらに同じ学級集団でいる限り，成績上位者や成績下位者が固定化されがちで，成績上位者はいつも上位者であり，下位者は何度頑張っても上位の成績にならないといったことも発生し，児童生徒の学習性無気力を作り出してしまう危険性がある。あるいは，クラスや学年の学業レベルに差がある場合，同じ学力を持っていても相対位置が異なるので，評定が異なってしまったりする側面もある。また，基礎的・基本的な内容を確実に習得し，目標を実現しているかどうかの状況や，一人ひとりの児童生徒のよい点や可能性，進歩の状況について直接把握することには適していない。このような相対評価の欠点を補うために，橋本（1992）は後に述べる個人内評価による評価の補完の重要性を指摘している。

相対評価の問題点を巡る議論の中で，絶対評価の導入の主張もあり，2000年12月の教育課程審議会の答申「児童生徒の学習と教育課程の実施状況の評価の在り方について」に基づいて，2002年から子どもたちが学期の終わりに手にする通知表には絶対評価の一つである観点別学習状況評価が導入され，現在に至っている。

絶対評価　以上のような経緯から我が国の教育に絶対評価が導入されたこともあり，相対評価と対立的に捉えられている。この方法では個人の得点を指導目標あるいは到達目標と比較して，個人がその目標をどれだけ達成できたか，その目標にどれだけ近づいたかに視点を置いて評価される。絶対評価では，評価の基準は目標になるので，**目標準拠評価**ともいわれる。通知表の観点別学習状況とは，学習指導要領に示す目標に照らしてその実現状況を見ようとする評価である。観点別学習状況の評価では，教師は各観点で習得されていると判断できる評価基準を定めなくてはならない。

絶対評価の長所としては，他者と比較しないので，周りにいる児童生徒の能力や成績に自分の評価が左右されないこと，事前に決められた基準で評価するため，公平性が担保されること，評価基準が明確であるため，改善すべき点がわかりやすく，個々人の目標も理解されやすいなどがあげられる。

逆に短所としては，評価の基準作りの難しさが指摘される。評価基準が客観性を欠いていたり，曖昧だったりした場合，評価者の主観や価値観によって評価にバイアスが生じる可能性がある。成績評価における労力としては，テストを実施し，各生徒のクラスにおける位置づけを評価すればよい相対評価よりも，絶対評価の方が多くなる。絶対評価では，児童生徒を評価するための資料として，個々の子どもの毎回の授業での発言や授業態度，ノート，宿題，試験などを収集し，多面的に評価しなくてはならず，大きな労力が教師には必要となってくる。

個人内評価　　個人内評価とは，比較対照する基準を当該の個人の中に求める方法である。個人内評価には2つの方法がある。第1は**同時的評価**（横断的評価ともいう）であり，学力や性格など評価の対象となる中で，どの面が優れ，どの面が劣るかを個人内の特徴として捉える方法である。例えば，A君は理科が苦手であるけれども国語は得意であるとか，落ち着いた態度で皆から信頼されているが，自信がなく不安になりやすい側面も持っているといったような評価の仕方である。

第2の個人内評価の方法は**継時的評価**（縦断的評価ともいう）であり，個人が時間とともにどのように変化したかに焦点を当てて，評価する方法である。例えば，1週間前のA君と比較して，今日のA君は上手に歌えるようになったとか，計算が速くなったとかいうように，個人の変化を捉えて評価する方法である。

したがって，個人内評価では，児童生徒個々人の進歩や成長を的確に捉え，伝えることによって，他の児童生徒と比較することなく，それぞれのよさや将来の可能性，進歩の状況などを積極的に評価しようとする。すなわち，個人内評価がうまく機能すれば，児童生徒は自分自身の進歩や成長に気づき，自己効力感や自尊感情を高めることができ，結果的に学習意欲を高める可能性が考えられる。一方，個人内評価には，何を進歩と捉えるか難しい場合がある。あるいは，すべての頑張りを認めすぎてしまい，甘い評価になる危険性もある。

以上のように，本来の個人内評価は，評価される児童生徒に内在する基準からどのような相違があるか，あるいは変化しているかを見るものである。ところが，教育の現場，教育行政の中では，教育評価の在り方が議論されるたびに個人内評価の位置づけが揺れ動いている。例えば，5段階評価のような相対評価が主流であった時代は，「相対評価」であるので努力しても成績が向上しない子どもたちに対して，個々人の努力度を「個人内評価」の所見欄で，「救済」しようという点のみが強調されていた。

その後，観点別評価が取り入れられるようになると，文部科学省は指導要録の在り方として，**観点別評価**の目標に到達していない児童生徒を励ますために個人内評価を用いることを推奨している。さらに，教科「道徳」に含まれる「感性や思いやり」など児童生徒一人ひとりのよい点や可能性，進歩の状況などを積極的に評価し児童生徒に伝える個人内評価の重要性を指摘している（中央教育審議会初等中等教育分科会教育課程部会，2019）。

自己評価　評価の主体としての評価者は，通常，教師であり，児童生徒は被評価者であった。しかしながら，近年，子どもが子ども自身を評価する**自己評価**が注目されるようになってきている。

正当な自己評価能力のためには，6章で述べられたメタ認知能力が正しく機能している必要がある。すなわち，自己評価が正当なものとなるためには，記憶する，考える，読むなどの認知活動に関する正しいメタ認知的知識を持ち，認知活動を正当に評価し，制御するメタ認知的制御が適切に機能しなくてはならない。正当な自己評価能力が育つことによって，自己評価は以下の3つの機能を持つ。①自己強化のメカニズムによって内発的動機づけが高められる。②自己調節のメカニズムによって学習の仕方を獲得することができる。③他者評価と自己評価を相互補完的に使用することで教育効果をより高めることができる。このような過程を通して，子どもが自分で自分を教育する「自己教育力」が育つと考えられている（北尾，1988）。

自己評価の役割の重要性から，近年「自己評価カード」とか，「ふりかえりカード」を児童生徒に書かせることが増えてきている。しかしながら，田中（2008）は，成績をつけるための手段の一つとして「自己評価カード」を使用することに警鐘を鳴らしている。このような自己評価の使い方は，自己評価カードをテストの一種と子どもが見なすようになり，「自己防衛」が始まり，評価が空洞化してしまう（田中，2008, p.127）といった指摘もある。

3　ブルームによる3種類の評価とその機能

診断的評価　ブルームら（1973）は，評価を目的・実施時期の観点から**診断的評価**（diagnostic assessment），**形成的評価**（formative assessment），**総括的評価**（summative assessment）の３つに分類している。診断的評価は，授業や学習の前に行われる。児童生徒個々人，学級集団のさまざまな特徴，例えば，習得している知識や技能を把握し，治療的指導を必要とする個人がいるかどうかなど，授業の前に児童生徒の現状を把握することを目的とした評価である。

形成的評価　形成的評価は，授業や学習の進行中に行われる。児童生徒が目標達成の方向に向かっているかどうか，カリキュラムや授業方法の改善の必要を検討するための資料を得ることを目的とした評価である。総括的評価は一連の授業や学習が終了した段階で行われる。教育や授業の有効性を吟味し，学習の結果を示すことを目的とした評価である。形成的評価ではそれを次の授業や学習に生かすといった，フィードバック機能が重視される。児童生徒が自分自身を理解し，教師が児童生徒をより深く理解するためには，このような機能を持つ形成的評価が丹念になされることが重要であるといわれている。

総括的評価　総括的評価は，単元の最後や，学期末に学習目標がどのぐらい達成されたかを総合的に評価するものであり，従来行われているいわゆる教科の成績もこれに当たる。児童生徒はこの評価によって，自分の学力の全体像を把握するとともに，次への課題を意識することになる。

4　評価の質としての信頼性・妥当性・識別性

信頼性　評価の質を高めるためには，測定による結果の解釈に客観的な指標が求められる。しかし，同じテストを行っても，必ずしも同じ測定値が得られるとは限らない。例えば，生徒の体調とか，ごく基本的な思い違いといったような偶然の要因が入り込む可能性がある。同一個人に同じ条件で同じテストを行い，いつも同様の結果になるという測定結果の安定性，同一個人が同じような質問に同じような答えをするのかという一貫性（あるいは等質性）が重要である。この測定値がどの程度安定し，一貫しているかということを示すものを**信頼性**（reliability）という。

信頼性は，数値の形で表すことができ，これを信頼性係数ρ（ロー）と呼ぶ。ρは0から1までの値をとり，1に近いほど信頼性が高くなる。信頼性係数を算出するにはいくつかの方法が考えられている。テストの安定性を見る方法としては，再テスト法または平行テスト法が用いられる。**再テスト法**では，同一の参加者に期間を空けて同じテストをさせ，1回目と2回目のテスト結果を比較する。1回目と2回目のテスト結果が一致すれば，安定性が高い，ということになる。**平行テスト法**では，質問や課題の難易度・質・量が同等な2つのテストを同一人物に行い，この2つのテストの一致度を見る。再テスト法におけるρも，平行テスト法におけるρも，2つのテストの相関係数で表される。

テストの一貫性を主に見る方法としては，**折半法**と**内部一貫法**がある。折半法は一度のテストで信頼性を決定するために，一つのテストを等質な2つのテストに分けてその相関係数を見る方法で，下に示したスピアマン－ブラウンの公式によって算出される。内部一貫法は，テストを2つに分けるすべてのパターンについてスピアマン－ブラウンの公式でρを出し，それの平均値を算出する。この値をクロンバックのα係数という。

スピアマン－ブラウンの公式 $$\rho = \frac{2 \times 相関係数}{(1+ 相関係数)}$$

クロンバックのα係数 $$\alpha = \frac{項目数}{(項目数-1)} \times (1- \frac{各項目の分散の合計}{合計点の分散})$$

妥当性　テストや質問紙の課題や項目が調べたいことを含んでいるかどうかを**妥当性**（validity）という。妥当性として，測定値の①代表性，

②有用性，③有意味性の３つが使われる。代表性は**内容的妥当性**ともいわれ，テストの課題や項目は測定しようとしている対象を偏りなく，満遍なく含んでいるかどうかを問題とする。

有用性は**基準関連妥当性**ともいわれ，問題にしている特性や行動を直接表していると考えられる基準変数と測定値との関係によって表される。基準関連妥当性の強さは相関係数とか，予測の期待確率表のような経験的な統計量で表すことができるので，経験的妥当性とか，統計的妥当性ともいわれる。

有意味性は**構成概念妥当性**ともいわれる。知能とか，性格とかいった多くの心理学的概念は抽象的なものであり，実際に測りたいものが必ずしも明確でないことが多い。このような心理学的理論を説明するための構成概念は説明概念であり，それをテスト測定値がどの程度説明し得るかが，構成概念妥当性である。構成概念妥当性をチェックするためにはある心理学的仮説からテストで高い得点を得た人の行動はどうなるはずか，また低い得点を得た人の行動はどうなるはずであるかを予想する。次に，その仮説を確かめるためのデータを集める。そしてそのデータが仮定された理論的予想とよく適合しているかどうか調べてみる。よく適合していれば構成概念妥当性は高いということになり，適合していなければ，理論かデータの収集方法の適切性について検討が必要となる。

識　別　性　　信頼性や妥当性だけが重要なのではない。測定対象の特性を明確に区別できることが必要である。このような測定対象の特性を明確にできる場合，測定の**識別性**（discrimination）が高いといわれる。テスト項目の合計点について，横軸にテストの合計得点を，縦軸に各項目の正答者率をとると，直線的に正答率が増大しないで，図 11-2 に示した(1)や(3)よりも，項目(2)の結果は，成績が上がるにつれて徐々に正答率が高くなっており，この項目が，最も識別性が高いことになる。

5　「真正の評価」論

工学的接近と羅生門的接近　　先に述べたように相対評価の問題点への批判から，我が国の初等・中等学校では絶対評価である「目標に準拠した評

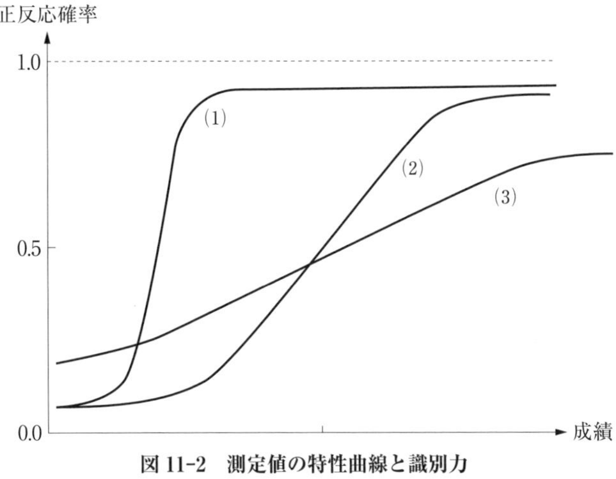

図 11-2　測定値の特性曲線と識別力

価」に移行し，用いられてきた。ところが，この「目標に準拠した評価」が定着してくるとともに，目標に準拠した教育内容へと教育内容の硬直化を招いているとか，目標を超えた学習の多様な価値が評価されず，子どもたちの創造的な思考力を育てていないという批判もなされるようになってきた。

このような「目標に準拠した評価」への問題点の指摘がなされる中，アトキン（Atkin, J. M., 1975）は，カリキュラムへのアプローチとして，教師の意図的な計画化，組織化に基づく**工学的接近**と，目標に囚われない多面的な視点を重視する**羅生門的接近**の2種類を指摘している。この後者のアプローチは，黒澤監督の映画「羅生門」に描かれた，異なる立場・視点から見ると同じものが大きく異なって見えることがあることにちなんでいる（表11-1を参照）。

「工学的接近」では，まず，一般的目標が立てられ，そこからテストなどで測定可能な行動的目標を抽出する。この目標のための教材が作成され，教授学習活動が行われ，一般的目標と行動的目標の達成度が測定される。一方，「羅生門的接近」では，工学的接近と同じように一般的目標を立てるが，続いて行われるのは，「創造的な教授活動」である。そこでは，授業の専門家としての経験や，教育の技術を生かして，教師がこの目標の実現を図る教材

表 11-1　カリキュラムへの工学的接近と羅生門的接近

工学的接近（technological approach）	羅生門的接近（rashomon approach）
一般的目標 ↓ 行動的目標 ↓ 教材 ↓ 教授・学習過程 ↓ 行動的目標に照らした評価	一般的目標 ↓ 創造的教授・学習活動 ↓ 記述 ↓ 一般的目標に照らした判断評価

を作成し，「創造的な教授活動」を行う。この教授活動は一般的目標の内容に限定されることなく学習者の行動や考えが，多様な視点から詳述される。その記述に基づき，一般的目標がどこまで実現されたのかを判断し，カリキュラム開発へのフィードバックを行おうというものである。つまり，「羅生門的接近」では，教師の即興的な判断や活動と，多様な視点からの評価が重視される。その結果，あらかじめ設定された目標の達成だけでなく，事前には意図されていなかった効果が，重大な教育的意義を持つ可能性があるという考え方である。

「真正の評価」論の登場　相対評価への批判から生み出された「目標に準拠した評価」も，前項で述べたように万能な評価ではないことが明らかになってきた。標準化は，教育目標や到達水準を学校に保証するが，一方で多様性を排除することになりかねない。入学試験のような競争原理のもと，あるいは全国共通テストのような学校の成果責任が問われるもとでは，教育がテストのための教育へと矮小化していくとの批判がなされるようになった。そこで，学習者が学んだことが現実の状況に生きて働くものとなっているかを評価することの重要性が指摘され，より実用的な評価として「真正の評価（authentic evaluation）」論が提唱されるようになった。ウィギンズ（Wiggins, 1998）は，「真正の評価」について，評価が行われる文脈を現実世界のものに近づけることに主眼を置き，現実世界で直面するような問題解決場面で評価されるべきであるという考えを主張している。

「真正の評価」を支持する人たちは，従来の評価と質が異なるので，授業にも影響を与えるとして，その長所としては，子どもたちができることを明らかにし，テストに積極的に参加するようになること，生徒にとって，興味深く，価値があり，生活と関連のある課題が提示されるので，問題を提起したり，判断したり，考えたりすることを促す効果があることなどをあげている。また，教師の役割も変化させ，これまでの教師中心の授業から，生徒中心の授業へと変える効果も持つとされている。この「真正の評価」論から，**ポートフォリオ評価**（portfolio assessment），**パフォーマンス評価**（performance assessment），あるいは**ルーブリック評価**（rubric assessment）などの手法が提案されている。

ポートフォリオ評価　「総合的な学習の時間」では数値化された評価ではなく，学習者の学習過程や学習成果の質的な評価が求められ，それに対応する評価としてポートフォリオ評価が注目されるようになった。ポートフォリオとは，書類入れやファイルを意味する。ここでは教育目的に沿って，課題について学習者が達成した学習成果の質的なデータが収集され，蓄積される。具体的には，児童生徒が作成した作文，レポート，作品，テスト，活動の様子がわかる写真やVTRなどである。これらの質的なデータを評価することをポートフォリオ評価という。

ポートフォリオ評価では，学習の記録を蓄積し，振り返ることで，テストの点数という結果だけでは見えない多くの情報から，子ども自身が学習過程を把握できるとともに，子ども自身が成長過程を理解でき，自ら評価し，自己の課題を見つけ，次の学習につなげることができる。

表11-2にポートフォリオ評価と標準テストの違いを示した。ポートフォリオ評価は何ができているか，テストの点数や偏差値だけで評価しきれない能力を評価し，何ができていないかなどに関する豊かな質的情報をもたらしてくれる。

パフォーマンス評価　新学習指導要領では，新しい時代に必要となる資質・能力の育成を目指し，その評価の方向性として以下の3点をあげている。すなわち，子どもたちが，「何ができるようになるか」という視点が重

表 11-2　ポートフォリオ評価と標準テスト（De Fina, 1992 から引用）

ポートフォリオ評価	標準テスト
子どもにとって自然な環境で行われる。	不自然な出来事である。
子どもが自分の弱点だけでなく，長所を表現できる機会を提供する。	特定の課題について，子どもがどこで失敗したかを概観させる。
現実的で有意義な日常的なリテラシーに関する課題を評価する。	子どもにとって無意味かもしれない，人工的な課題について評価する。
子どもが自分の作品や知識について反省する（メタ認知を獲得する）ように導く。	期待された単一の解答を出すよう，子どもに求める。
親が子どもの作品や知識について熟考するように促す。	本質的には無意味な，しばしば恐れを抱かせるような数値を親に提供する。

視され，①「知識・技能」，②「思考力・判断力・表現力等」，③「学びに向かう力・人間性等」があげられている。この3つの目標のうち，「生きて働く知識・技能」は，従来からの観点別評価で評価できるとしても，「思考力・判断力・表現力」「学びに向かう力・人間性」の評価は難しい。そこで，パフォーマンス評価などを取り入れた多面的・多角的な評価の必要性が指摘されている。

パフォーマンス評価とは，現実世界の課題と類似した，本物らしさを持った課題に取り組ませて，リアルな状況の中で知識やスキルを使いこなす力を評価するものである。具体的には，自由記述式のテスト，実技テストや，パフォーマンス課題などをもとに，さまざまな知識やスキルの総合的な活用力を求めるのが「パフォーマンス評価」である。

ルーブリック評価　パフォーマンス課題における評価のためには，それぞれの課題に即した採点基準が必要となる。そこで，採点の指針として用いられるのがルーブリックである。ルーブリックでは，成功の度合いを示すいくつかの段階尺度と，それぞれの段階に対応するパフォーマンスの特徴を記述した記述語からなる評価基準表を用いることが提案されている。ルーブリック評価基準表の例を表 11-3 に示した。

このルーブリックは以下の4つの手順で作成される（西岡, 2015, p.150）。ただし，このルーブリックを作成する方法については，別の主張もあり，今後検討されていくと考えられる。

表 11-3　ルーブリック評価基準表の例
（中央教育審議会　第３回総則・評価特別部会資料より）

観点		和歌に込められた登場人物の心情を理解することができる。（読む能力）	実演を経て，和歌の解釈を深めることができる。（関心・意欲・態度）
A	3	和歌の解釈として，作者の，それまでのいきさつを正しく踏まえた兼家に対する感情を，和歌に用いられた表現に絡めて述べることができる。	実演を見て，和歌の解釈に沿って登場人物の心情理解を深めた解釈の書き直しをすることができる。
B	2	和歌の解釈として，作者の，それまでのいきさつを正しく踏まえた兼家に対する感情を述べることができる。	実演を見て，和歌の解釈の書き直しをすることができる。
C	1	和歌の解釈として，作者の，兼家に対する感情を述べてはいるが，それまでのいきさつを正しく理解できない。又は，感情を述べていない。	和歌の解釈をすることはできるが，実演を見ても解釈を書き直すことができない。又は，解釈ができない。

①　パフォーマンス課題を実施し，子どものパフォーマンスの事例を集める。

②　複数の教師が独立して，ぱっと見た印象で「5 素晴らしい」から「1 改善を要する」までの５段階で評点をつける。

③　それぞれのレベルの作品群の特徴を読み取り，合議によって記述語を作成する。

④　必要に応じて，評価の観点を分け，観点別ルーブリックにする。

このように，ルーブリックは，生徒の実態を踏まえて，ボトムアップに作り出されるものであることから，妥当性があり，合議によって決定されるので，伝達や検証の可能性に支えられた「信頼性」があるとされている（田中，2008）。

評価の方法と適用　ここまで，さまざまな評価の方法を見てきたが，それぞれの評価法は，そのねらいが異なり，それぞれの評価法には長所も短所もある。適切な教育評価の適用のためには，さまざまな評価の方法の長所を生かすようにすべきである。従来の評価方法は，相対評価が主流であったときも，絶対評価が主流になってきたときも，選択回答式を中心とした多肢選択問題，正誤問題，穴埋め問題などの客観式テストが主として用いられてきた。一方，大学では論述やレポート，口頭発表，実演などの評価も採用されてきた。

これらの評価方法について，西岡（2016）は，「真正の評価」としてのパフォーマンス課題を加え，それらの関係を図11-3のようにさまざまな評価を分類している。すなわち，評価について，筆記か実演かと，問われる内容が単純か複雑かの2つの軸で分類できると捉えた。筆記による客観式テストが最も単純な評価方法であり，自由記述問題はやや複雑な評価方法，論説文やレポート，絵画などのような記述と体系的な内容を問う課題が，最も複雑な評価を必要とするものとした。図11-3の実線網かけで括られた評価が，パフォーマンス評価であり，点線で括られたすべての評価の総合体がポート

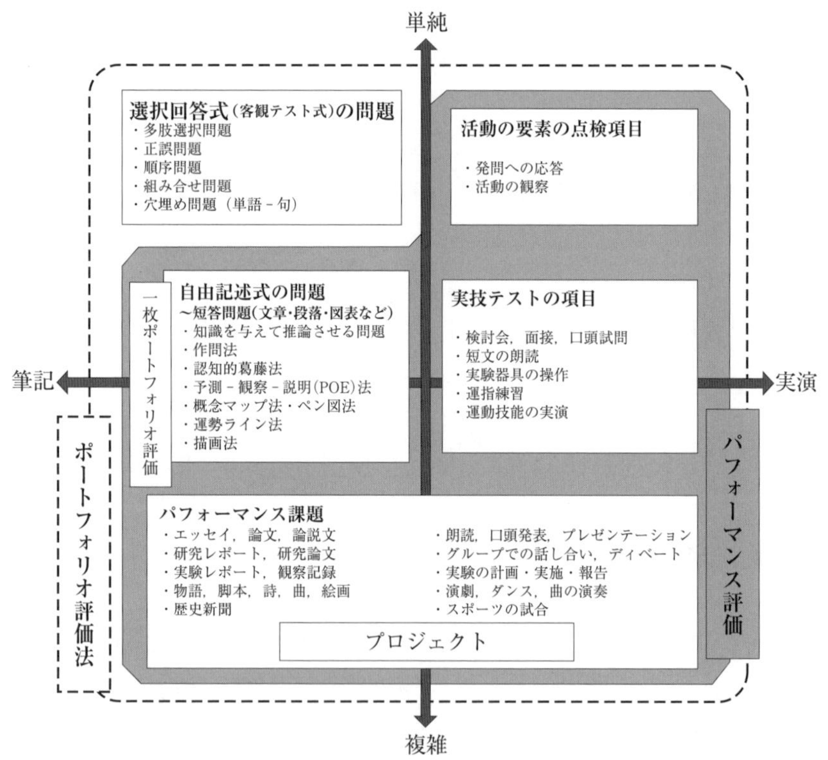

図11-3　さまざまな学力評価の方法（西岡，2016）

フォリオ評価であるとしている。

このような種々の評価方法の中でどのような評価方法を選択するかが重要になる。つまり，「知識・技能」の定着を評価することが目的であるならば，客観式テストが適している。例えば，四則演算の学力を測るならば，客観式テストで，その子どもが計算問題を間違えずにできたかどうかという「絶対評価」だけで十分である。しかし，親も子どもも満足しないことがある。同年齢の子どもの平均と比べて間違いの数は多かったか，少なかったかという「相対評価」を知りたいこともある。さらに，間違えた箇所の分析から，どんなタイプの問題に間違いが多かったのか，間違え方の分析から自分の理解が十分なところと，不十分なところを知るような「個人内評価」も知りたいであろう。さらに子どもの間違いが理解の不足であるのか，ケアレスミスであったのかでは，その後の対応が異なってくる。ケアレスミスであるならば，「今後のテストでは慌てないように丁寧に計算しよう」と注意を促すことが必要である。一方，計算の仕方そのものに誤解があるならば，計算過程を子どもとともに検証し，間違いに気づかせるようなパフォーマンス課題が有効になる。このように評価を正しく行うためにはさまざまな評価を併用するのが望ましい。

あるいは，評価の目的によって，それに適した方法を用いることは当然である。例えば入学試験のような選抜を目的とした試験では相対評価を用い，資格試験のように一定の水準を超えているかどうかを判断し，資格を授与する場合には絶対評価を用いることになる。あるいは，各生徒それぞれが，どの点が優れており，どの点が劣るかを知るためには個人内評価を用いることになる。

また，北尾（1988）は評価の観点と学習目標とが一致している必要性を強調し，指導目標には**求同的目標**（すべての児童生徒に等しく達成させたい目標）と**求異的目標**（一人ひとりに違った形として形成されるべき目標）の２種類があるとし，その評価として全員に画一的な基準を押しつける「求同的評価」と，一人ひとりの異なる形成を評価する「求異的評価」に分けて考えている。

そして，両者の調和を図る必要があるとし，以下のように述べている。①

学力の特質から見直すと，知識理解，技能に属する学力は量的な形で捉える方が適当であり，思考・表現・関心・態度は質的な形で捉える方が適当である。②求同的視点からの評価は到達度を具体的な基準で量的に捉えやすい学力について行うのが実際的である。③求異的視点としては，一人ひとりが固有の特徴を持つことがねらいであるから指導目標を画一的に定めてはならない。複数の尺度を使用し，個人の中での比較によって長所短所を明らかにする個人内評価の立場が採用される。④児童生徒の個性を評価する際，芽生えつつある潜在的な能力・特性に注目し，興味・関心を重視した評価の観点が必要である。⑤求同的視点からの評価はできるだけ小刻みに行い，求異的視点からの評価はある程度の期間を置き，その間の変化を見届けなくてはならない。

外的な評価は学習者の内発的動機づけを低下させる効果を持つ。例えば，鹿毛（1990）は評価主体と評価基準が内発的動機づけに及ぼす効果を，実際の教室場面で検討し，他者評価が自己評価に比べて内発的動機づけを低下させること，相対評価が個人内評価に比べて内発的動機づけを低下させることを示した。また，鹿毛・並木（1990）は同様に教室場面での相対評価・到達度評価・自己評価が児童の内発的動機づけと学習に及ぼす影響について検討し，到達度評価が内発的動機づけを高めるのに有効であることを示している。

6　評価の心理的影響

評価する側の心理　　教育評価は可能な限り客観的に行われるべきであるが，評価者の心理的要因が評価に影響することがある。例えば，ある子どもの目立った特徴に対する認識から，他の特徴への評価が歪められることがある。これは認知バイアスの一種で，**ハーロー効果**（halo effect）と呼ばれる。ハーロー効果には，「素行や日常生活に問題がある」生徒は「成績の悪い生徒」に違いないと先入観に引きずられた評価をしてしまうようなネガティブハーロー効果と，社会的地位の高い親だから，その子どもは賢く，望ましい性格を持っていると見なしてしまうようなポジティブハーロー効果がある。

ほかには，教師が，特定の生徒にその子どもは大きく成長するだろうと期待することによって，学習者の成績が向上することがある。これは**ピグマリオン効果**（pygmalion effect）と呼ばれている。反対に，ある子どもへの教師の期待が小さくなることによって，成績が下がることは**ゴーレム効果**（golem effect）と呼ばれる。

評価される側の心理　教師は，評価される側の児童生徒の気持ちについて配慮しなくてはならない。評価することは子どもたちの学習過程に影響を及ぼしている。例えば，先生から常に評価されていると子どもたちが強く意識してしまったら，自分を見ている先生が，自分を高く評価しているのか，低く見ているのかを意識してしまい，落ち着かない気持ちになるかもしれない。不安な気持ちもわいてくるだろう。あるいは教師の顔色をうかがって行動しがちになるかもしれない。

テストに対して，子どもたちは認知的にも，感情的にも，行動的にも不安を示す。塩谷（1995）は図 11-4 に示したようなテスト不安に関係したモデルを示している。塩谷によると，学習技能に自信がないとテスト不安が高まり，学習の負担感が高いと学習時間が減少し，テストの成績は学習時間の長さが影響しているが，同時にテスト不安が高いと，成績が低くなっている。つまり，学習時間が長くなってもテストへの不安は解消されず，学習方法の習得と，それによる成功経験の蓄積によって，学習技能が高まったという自己評価が高まっていくことが重要なのである。

もちろん，評価の結果も，子どもにさまざまに影響する。デシとライアン

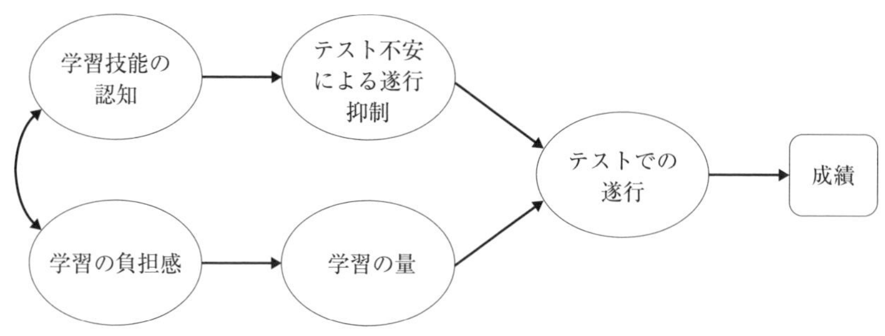

図 11-4　テスト不安に関連する因果的モデル（塩谷 , 1995 を改変）

(Deci & Ryan, 1985) は**認知的評価理論**という考え方を主張し，評価を受けることの心理的影響を説明している。かれらは緊張，不安などの情緒的経験を内部制御的な状態とし，他者に評価されるという事態は内発的動機づけを低下させること，一方，理解できたという感覚や技能が上達したという感覚を持つことによって有能感や満足感が得られ，内発的動機づけを高めることを示している。

到達度評価では，どこまでできるようになったかが把握しやすいので，次の学習への動機づけを高めることもあるだろう。また，自分が目標にどの程度近づいたのか，あるいは達成したのかを知ることができるので，自己評価能力を高め，ひいては自己学習力を高めることもできるだろう。しかし，到達度評価がマイナスの効果を持つ可能性もある。目標を絶対視するあまり，目標に到達することだけが目的になってしまい，目標に向かう努力や過程の大切さを忘れてしまうかもしれない。目標に到達する過程で，目標とは異なるが豊かな創造性を示す成果を得られるかもしれない。しかし，目標に囚われるあまり，その創造的な発想のよさを見過ごしてしまうかもしれない。

このように，教育における評価というのは，それぞれメリットもデメリットもある。どの評価方法がよいとか，悪いとか，どの評価方法が一番よいとか決められるものではない。教育評価を考えるとき，子どもたちをどのように評価し，それがどの程度客観的なものといえるのかを十分に吟味しながら進める必要があるが，それだけでなく，その評価が子どもに対してどのような影響を持つのかについても十分に配慮して，考えなくてはならない。

引用・参考文献

Atkin, J. M. 1975　第2分科会報告　カリキュラム開発における教授・学習過程と評価3　カリキュラム開発　文部省　カリキュラム開発の課題―カリキュラム開発に関する国際セミナー報告書　文部省大臣官房調査統計課.

ブルーム, B. S., ハッチングス, T., マドゥス, G. F.（梶田叡一・渋谷憲一・藤田恵璽訳）1973　教育評価法ハンドブック　教科学習の形成的評価と総合的評価　第一法規出版.

中央教育審議会初等中等教育分科会教育課程部会　2019　児童生徒の学習評価の在り方について（報告）.

Deci, E. L. & Ryan, R. M. 1985　*Intrinsic Motivation and Self-Determination in Human Behavior*. New York: Plenum.

De Fina, A. A. 1992　*Portfolio Assessment*, Scholastic Professional Books.

橋本重治　1992　新・教育評価法概説　金子書房.

鹿毛雅治　1990　内発的動機づけに及ぼす評価主体と評価基準の効果　教育心理学研究, **38**, 428-437.

鹿毛雅治・並木博　1990　児童の内発的動機づけと学習に及ぼす評価構造の効果　教育心理学研究, **38**, 36-45.

北尾倫彦　1988　基礎・基本の教育に生かす評価　森隆夫・高野尚好編　基礎・基本と個性　ぎょうせい.

文部省大臣官房調査統計課　1975　カリキュラム開発の課題―カリキュラム開発に関する国際セミナー報告書.

西岡加名恵　2015　教育実践の改善　西岡加名恵・石井英信・田中耕治編　新しい教育評価入門―人を育てる評価のために　有斐閣.

西岡加名恵　2016「資質・能力」を育てるパフォーマンス評価　アクティブ・ラーニングをどう充実させるか　明治図書出版.

塩谷祥子　1995　高校生のテスト不安及び学習行動と認知的評価との関連　教育心理学研究, **43**, 6-30, 125-133.

田中耕治　2008　教育評価（岩波テキストブックス）　岩波書店.

遠山啓　1961　評価の方法　現代教育科学, 3月号, 1-6.

Wiggins, G. 1998　*Educational Assessment: Designing Assessments to Inform and Improve Student Performance*. San Francisco: John Wiley.

模擬試験問題

問1　次の記述は，ブルームによる3つの教育評価活動の機能を説明したものである。正しい語句の組合せを①～⑤の選択肢から選びなさい。

ア　一つの学期や単元の終わりに，成績づけや学力の評価，あるいはカリキュラムや教育計画の有効性の検討などを目的として用いられる評価。

イ　授業の開始前に生徒の学力を見極め，適切に位置づけることと，授業時に発生する生徒のつまずきの原因となる基礎力を教師が認識することなどを目的として用いられる評価。

ウ　生徒の学習の進捗状況，理解度を測定し，授業内容，教え方，学習の3つの過程の，いずれかの改善のために用いられる評価。

①　ア診断的評価　イ形成的評価　ウ総括的評価
②　ア総括的評価　イ診断的評価　ウ形成的評価
③　ア総合的評価　イ中間的評価　ウ診断的評価
④　ア総括的評価　イ形成的評価　ウ診断的評価
⑤　ア総合的評価　イ診断的評価　ウ形成的評価

問２　次の文章は，評価について述べたものである。正しい項目を○，誤っている項目を×としたとき，最も正しい選択肢はどれか，①〜⑤から選びなさい。

ア　診断的評価とは，授業の中で児童生徒の学習の進行状況を診断することを目的として行う評価である。

イ　児童生徒に発表や技能を表現させ，応用力を高めるような課題を行わせ，それを教師が観察し，学力を評価する方法をパフォーマンス評価という。

ウ　総括的評価とは，学期の終わりや学年末，単元学習の終了時に，学習成果を評価するものである。

エ　個人内評価とは，一定期間の，あるいはある時点における個人の学力や能力などを，その児童生徒が一対一になって，個々人の成績を比較し合う評価である。

オ　目標に準拠した評価とは，個人の成績をその所属集団と比較して，個々人の成績の相対的位置を示す評価である。

①　ア×　イ○　ウ○　エ×　オ○
②　ア×　イ○　ウ○　エ○　オ×
③　ア○　イ○　ウ○　エ×　オ×
④　ア×　イ○　ウ○　エ×　オ×
⑤　ア○　イ○　ウ×　エ×　オ×

12章

学級集団の理解

1　学級集団とは

1）学級集団の特徴

子どもたちは，入学した直後やクラス替えが行われた当初は，ばらばらとしていてまとまりがない。編成直後の学級は，集団というより単なる個人の集合というべき状態にあるが，同じ空間を共有し，活動をともにするうちに，次第に集団としてのまとまりを持つようになる。ただし，学級は一般的な集団の特徴を備えるだけではなく，以下のような特質も持つ集団である。

公式集団に非公式集団を内包する学級集団　学級は，近接する年齢や居住地などの条件により，現在は一学級40人を標準として編成すると法律によって規定されている。つまり，学級集団は子どもたちの意思とは無関係に，ある意味偶然によって決められる。しかも，仮に不満があっても少なくとも1年間は配属された学級ですごさなくてはならない。学級とは，学校における教育活動を機能的に運営するため意図的に構成された**公式集団**である。

しかしながら，このような公式集団も諸活動を続ける中で子ども同士の相互作用が活発になると，仲よしグループのような形で情緒的に結びつく下位集団が出現してくる。このように自然発生的に作られた**非公式集団**は，児童生徒の学習活動や心身の発達に公式集団と同等もしくはそれ以上の影響を及ぼす。学級集団は，制度的に組織化された公式集団に，心理的な結びつきで自然発生した非公式集団が内包される二重構造を持つのである。

内集団となり準拠集団ともなる学級集団　子どもたちは学級になじんでくると，自らの態度や判断の拠りどころを自分の属する学級に置くようになる。つまり，学級集団が**準拠集団**としての意味合いを持つようになる。必ずしもすべての学級集団が準拠集団になるとは限らないが，集団としてのまとまりがよくなるほど準拠集団としての比重が高まる。

また，一日の大半をともにすごすうちに仲間意識が芽生えると，自分たちが所属する**内集団**と他の**外集団**を区別するような言動や行動が見られるようになる。内集団におけるわれわれ意識は，所属する集団のまとまりをよくする。学級対抗の行事が盛り上がるのはこのためである。しかしその反面，外集団に対して偏見や差別を引き起こしたり，行きすぎて「自分たちの学級さえよければ」といった内集団の利益追求に走ったりする危険もあることには注意しなければならない。

2）学級集団の機能

多様な教育上の目標を効果的に達成するため構成された学級集団には，さまざまな機能が期待されている。学校生活において多くの時間が学習に費やされることからも，まずは学級が教科を中心とする学習の場であることがわかる。同時に，学級は児童生徒にとって一日の長い時間をすごす生活の場であり，教科学習以外のさまざまな学びも体験する。級友や教師との交流を通して対人関係の楽しさや難しさなどを経験し，いろいろな役割を分担し，自己を高める成長の場ともなる。このような観点から，次のような学級集団の諸機能がよくあげられる。

教科学習の促進　学級が集団として機能すれば，級友との協同学習により個人学習とは異なる効果が得られる。例えば，自分以外の意見を聞くことで新たな視点を獲得し，知識の幅が広がる。一緒に課題を解決し，議論を通して物事を多角的・多面的に検討する態度や思考力が養われる。一人では続けられない作業も，仲間と行うことで粘り強く取り組める。級友のやり方を真似て効率が上がり，学習に対する動機づけが高まることもあろう。このように，学級集団での学びは社会的促進（他者の存在が課題遂行を促進させる）や観察学習（他者をモデルとして観察して学習する）などが期待できる。

社会的欲求の充足　人間には，生理的欲求など生きるために必要な基本的欲求のほかに，親和欲求（人と親しく関わりたい），所属欲求（ある集団に居場所を見いだしたい），承認欲求（周囲から価値ある存在と認められたい），達成欲求

(他者よりも優れた水準で物事を成し遂げたい）といった社会生活を営む上で重要な社会的欲求がある。児童生徒は，学級に心の拠りどころを求める。級友や教師が自分に何を期待しているかを知ろうとし，その期待に応えることで自分を認めてもらおうとする。競争心が起こり，級友に優越したいと思うこともあるかもしれない。このように，児童生徒は学級の中でさまざまな社会的欲求を充足させる術を身につける。さらに高次な自己実現欲求（自分のよさを最大限発揮し自己成長を遂げたい）が刺激されることもあろう。

社会化の促進　人が社会に適応して生きていくためには，自分の所属する社会の価値基準を取り入れ，その社会で認められる行動を獲得する必要がある。特に少子化や情報化などが進み，家庭や地域社会において子どもの社会性を育むことが難しくなっている現在，学級の果たす役割は大きい。級友との比較を通じて，自分の考えや行動の適切性を確認する。級友との連帯が共感性の発達を促し，利己的欲求を抑え利他的行動をとるよう動機づけることもある。児童生徒は，学級の中で協同や競争，支配や服従，受容や拒否といった経験を重ねていくことで，社会的規範や役割行動など社会生活を送る上で必要となるさまざまなルールやマナーを習得し，集団への適応力や集団運営能力を身につけていくのである。

2　学級集団の発達

学級集団の形成過程　冒頭で述べたように，編成直後の学級は単なる個人の集合でしかないが，次第に集団へと成熟していく。集団には，成員に自分たちがその集団を構成しているとの意識があり，共通の関心や目標を持ち，相互作用過程の中で集団規範，われわれ意識，地位や役割の分化などが生じるといった特徴がある。このような社会心理学の知見をもとに，岡部・沢田（1965）は学級集団が 1 年間をかけてたどる集団形成過程を表 12-1 の 7 段階に区分して捉えている。実際には，これらの段階が必ずこの順序で現れるとは限らず，複数の段階が同時に進行する場合もある。また，以下に述べるような集団力学の働き方や教師の指導態度の違いによって，各段階の様相はかなり異なったものになる。

表 12-1　学級集団の形成過程（岡部・沢田，1965 より作成）

①さぐり	不安と期待を胸に，級友や担任教師の言動や態度をうかがいながら性格や能力を探り合う。
②同一化	少しずつ学級になじみ，自分を仲間集団に同一化していくことで学級への帰属意識が生まれる。
③集団目標の出現	学級全体が協力して取り組むべき課題や達成目標が追求されるようになり，さらに一体感を持つようになる。
④集団規準の形成	学級目標に沿って学級の斉一性を維持するため，成員の行動様式を規制する規範が生まれる。
⑤内集団－外集団的態度の形成	集団の凝集性が高まり，自分の所属する学級（内集団）と他の学級（外集団）を区別する態度をとるようになる。
⑥集団雰囲気の発生	各学級に独自の雰囲気，気風が漂い，成員に共通の反応傾向が見られるようになる。
⑦地位や役割の分化	学級集団をより機能的なものにするため，各成員の地位や役割が分化・定着していき，関係の構造化が進む。

学級集団の規範と同調行動　集団が発達していく過程で発生する**集団規範**とは，その集団の目的や利害のため各成員に要求される考え方や行動様式のことである。集団規範には，校則のように明文化されたものもあるが，一般には成員間で共有された暗黙の了解として存在する。服装や言葉遣い，授業態度，教師や級友の評価に関わる規範などが学級には生じやすい。このような学級規範が成立すると，成員に対してその規範に従った行動をとらせるような心理的圧力がかかる。この斉一性への圧力によって，学級規範に合致するような**同調行動**が見られるようになる。

学級規範への同調は，学級のまとまりを維持し，秩序を保つ働きがある。この規範が児童生徒の判断，態度，行動などの基準（準拠枠）として内面化されていくと，その学級は個人にとっての準拠集団となり，成員間の関係が強化される。ただし，この規範に従った行動が是認される一方で，もし誰かが規範から逸脱すれば，それを遵守するように周囲から直接的，間接的に圧力が加えられることになり，それが上手くいかなかった場合その成員が排除されてしまうこともある。教育的な観点から好ましいと思われる規範が学級に定着するよう，そして同時に個性や個人の自由を重んじる価値観も身につけられるよう，教師は配慮していく必要がある。

学級集団の凝集性　　集団としてのまとまりのよさを，心理学では**集団凝集性**と呼ぶ。学級集団の凝集性が高まりやすい状況として，①級友や担任教師に対して魅力を感じているとき，②他の学級と競争関係にあるとき，③その学級に所属していることに誇りを持てるとき，④学級活動における役割分担が明確なときなどがあげられる。つまり，凝集性の高い学級では，人間関係が親密で，皆が積極的に学級活動へ参加し，機能性を求めて役割の分化が進み，より成熟した集団が構成されていくことになる。

担任教師にとって，児童生徒が互いに好感を持ち，学校行事では一致団結，学級活動ではそれぞれが責任を持って役割を果たす，そのような凝集性の高い学級はかかる負担も少なく理想的に映るかもしれない。しかし，集団凝集性が高まるほど，内集団－外集団的態度への二極化や集団規範への同調圧力も強くなる危険性に留意する必要がある。われわれ意識や集団規範は，ときに望ましくない方向へも一致団結させてしまう。例えば，必ずしも正しいとはいえない意見でも皆がそれに準拠し疑問を持たない，あるいはあっという間に多数派の意見となってしまい反論できない，そのような事態もあり得る。したがって，教師は学級集団の凝集性を高めつつも，負の影響にも心を配ることを忘れてはいけない。

学級の雰囲気　　学級集団に規範が発生し，凝集性が高まると，やがてその学級に特有の雰囲気が醸成される。明るい学級，ピンと張りつめた学級，のんびりとした学級など，それぞれの学級の個性を**学級風土**と呼ぶ。学級風土は，教室内の整理整頓状況，児童生徒同士の関係性，担任教師の学級経営の特徴など，複合的な要因の影響を受ける。そして形成された学級風土は，児童生徒の感情や動機づけに影響し，授業をはじめ学級生活における行動を暗黙のうちに規定するのである。

このような醸成された学級の雰囲気は第三者でも体感できるが，学級生活に多大な影響を及ぼすものであることから，主観的な印象だけでなく客観的に把握するためのアセスメント・ツールが開発されてきた。例えば，伊藤・松井（2001）は，学級風土を多次元的に測定する質問紙を作成している。この尺度は，①学級活動への関与，②生徒間の親しさ，③学級内の不和，④学級への満足感，⑤自然な自己開示，⑥学習への志向性，⑦規律正しさ，⑧学級内の公平さの８下位尺度で捉えるものである。

学級風土のアセスメントと教師に対するコンサルテーションを行っている伊藤（2007）によれば，教師が自らの指導行動を変える努力をすることで学級風土が好転するという。同様に，担任教師を対象に児童生徒の自律的行動を促す研修を行ったド・シャーム（deCharms, 1976=1980）は，研修を受けた教師の学級の雰囲気が変化し，児童生徒が自律性を重んじるようになることを明らかにしている。望ましい学級風土の形成において，教師の指導態度は明らかに重要な要因であるといえよう。

３　学級の人間関係

級友関係の意義　一日の大半を教室でともにすごすこともあり，児童生徒同士の人間関係も，教師と児童生徒との人間関係も重要なものである。特に級友との関係は，身体的・心理的・社会的に類似した者同士の関係であり，親や教師とのタテの関係や，きょうだいや先輩・後輩とのナナメの関係とは異なり，対等性と互恵性を備えたヨコの関係である。似たような興味・関心を持ち，交流や遊びを通して楽しさや情緒的な安定を得る。一緒に活動していく中で思いやりや責任感を育む。また，心理的葛藤やいざこざを経験することで，自分の欲求を適切に表出するための社会的スキルや互いの欲求を調整するための社会的ルールを身につけることもできる。逆に，級友との付き合いがうまくいかなければ，学校生活への適応にも心の発達にも深刻な影響を及ぼしかねない。

級友関係の発達的変化　そもそも友人関係というのは，子どもたちの成長に伴い変化していくものであるため，年齢によって異なる様相を見せる。セルマンとシュルツ（Selman & Schultz, 1990=1996）によれば，小学校入学以前の子どもは，客観的・身体的な要因と主観的・心理的な要因を区別しないため，家が近い，よく一緒に遊ぶといった客観的な出来事が友だちであるかどうかの判断基準となる。小学校入学後は，同じ学級に所属する児童同士が友だちになることが多く，学級という枠組みの中で物理的に近く長く一緒にすごすことが重要な役割を果たす。小学校中学年以降は，所属欲求が高まって級友関係が次第に安定し，また友だちを選択する条件も，座席が近いといった物理的な要因から，学業や人格が優れている，性格や趣味が似ているといった心理的な要因へ変わっていく。内面的なものについての互恵的理解が可能な段階に達するのである。

中学生・高校生になると，友情が独占的なものとして理解され始める。せっかく友だちと親密になったのに，その友だちが内緒でほかに親密な友だちを作ろうとするのは許せないというわけである。当然，この段階の生徒が多い学級では級友関係の固定化が進むため，何らかの理由で仲よしグループから排斥された場合，新たなグループへ参入することも難しく，学級内で孤立する可能性が高くなる。級友関係は，やがて互いに自立性や独立性を認め合う段階へと発展していくが，それまでは自分が排斥されたらどうしようという生徒の不安はときに深刻なものとなる。したがって，教師は場合によってはあまりに親密で独占的な級友関係が悪影響を及ぼす可能性も踏まえ，学級内の人間関係が固定的にならないよう留意する必要がある。

級友関係の測定　教師は，先に述べた学級集団の諸機能を十分に発揮させ，より効果的な指導を行うために，学級内の人間関係を把握することがきわめて重要である。日常的な観察や面接などに客観的な心理検査を組み合わせれば，より多面的な理解が可能になり，有益な情報として学級運営に活用することができる。級友関係を客観的に測定する方法は，ハーツホーンとメイ（Hartshorne & May, 1929）が考案した**ゲス・フー・テスト**やボガーダス（Bogardus, 1926）による**学級社会的距離尺度**なども有名だが，ここでは代表的な**ソシオメトリック・テスト**を紹介する。

モレノ（Moreno, 1934）は，集団の成員間に見られる選択・排斥状況から集団構造を捉える方法としてソシオメトリック・テストを開発した。遊びや学習の場面を想定して，児童生徒に誰と一緒に活動したいか（選択），活動したくないか（排斥），級友の名前をあげさせる。級友相互の選択・排斥関係は，表12-2のような**ソシオマトリックス**に整理し，図12-1のような**ソシオグラ**

表 12-2　ソシオマトリックス

		選択者										被選択数	被排斥数
		1	2	3	4	5	6	7	8	9	10		
被選択者	1											0	0
	2									×		0	1
	3							×	＊			0	2
	4	○				＊	◎				×	2	2
	5			○	＊			○	◎	○		4	1
	6		×		◎						○	2	1
	7	×										0	1
	8			＊		◎						1	1
	9		○									1	0
	10						×					0	1

◎相互選択，○選択，＊相互排斥，×排斥。

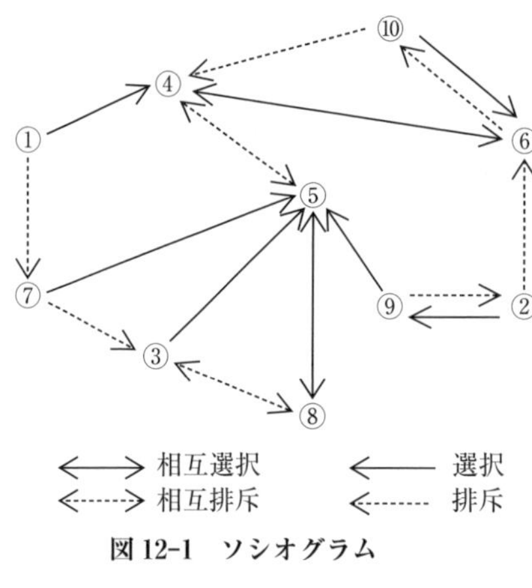

図 12-1　ソシオグラム

ムを作成することによって，多くの子から選択される子や逆に排斥される子，選択も排斥も受けず孤立する子など，各児童生徒の学級内での地位や感情的なつながりを視覚的に捉え，学級構造の特徴を理解することができる。

このように，ソシオメトリック・テストは比較的簡単な手続きで教師に有益な情報を提供する。相互評定という点から，その信頼性や妥当性が高いともいわれる。定期的に繰り返して実施すれば，日常の観察で見落としがちな問題や指導効果の点検に活用することもできる。ただし，実施には十分な配慮と慎重さが求められる。例えば，好きな子・嫌いな子を記名させることで，改めて強く意識するようになったり，皆に知られることを心配し出したりするかもしれない。結果の秘密保持はもちろんであるが，近年では倫理的な配慮から排斥関係を問わないことも増えている。

4　学級集団作り

教師の影響力　学校には，将来すべての児童生徒が適応的な社会の構成員として自立した生活が送れるように，主に各教科の指導を通した知識や技術の伝達（学力形成）と日常生活の指導を通した社会性や人格的発達の促進（人間形成）という教育目標がある。学級の担任を任された教師は，これまで述べてきた学級集団の諸機能を十分に発揮させ，教育目標を効果的に達成できるような学級作りに励むことになる。こうした学級作りにおいて，公的なリーダーである教師の影響力は大きい。子どもたちは，教師にどのような影響力を感じているのであろうか。

ある個人が他者の行動面や心理面に何らかの変化をもたらすような影響を与える能力を，心理学では**社会的勢力**と呼ぶ。狩野・田崎（1990）は，**教師の勢力資源**として，①親近・受容性，②外見性，③正当性，④明朗性，⑤罰，⑥熟練性，⑦準拠性の7つを明らかにしている。いずれの勢力資源においても，男女ともに発達段階が進むにつれ，その程度は低下していくが，小学生では外見性や正当性，中学生では明朗性や親近・受容性，高校生では罰や準拠性を重視する傾向があるという。つまり，教師の子どもへの影響力は，その量も質も発達に伴い変化していく。一方で，子どもたちの発達段階を問わず，専門性（熟練性）と親近・受容性を欠かせない影響力とする立場もある（淵上，2000）。自分が専門とする教科指導のプロであると同時に，教育相談的態度で教育活動に臨む姿勢が求められているといえる。

教師期待効果　教師は，教育者としてすべての子どもたちに対して公平に接することを心がける。とはいえ，先の教育目標に照らせば，学習指導においては授業態度が真面目で成績が良好な子を高く評価し，生徒指導においては規範を順守し問題を起こさない子を高く評価するのは無理からぬことであろう。ただし，こうした教師の評価が無意識のうちに指導態度の違いに現れてしまう可能性には留意すべきである。

教師は，児童生徒理解のために利用できるさまざまな資料（例えば，知能検査や学力テストの成績，学習指導要録，前担任の意見など）から，また直接の接触経験を通して，比較的早い段階で彼らの学力や行動に対して何らかの期待を形成するといわれる。これを**教師期待**と呼ぶが，教師が無意識のうちに自身の期待に沿うような指導行動をとり，子どもたちは教師の期待に合致する方向へ態度や行動を変化させるという，教師期待が自己成就予言として機能することを示した有名な実験がある（Rosenthal & Jacobson, 1968）。この教師期待効果は，ギリシャ神話に登場するキプロス王の名にちなんで**ピグマリオン効果**とも呼ばれる。

なぜこうした教師期待効果が生じるのか。その後行われた追試研究の多くで，期待された子とそうでない子によって相互作用の量や質が異なることが実証された（Brophy & Good, 1974=1985）。また，教師自身は気づいていないにもかかわらず，子どもたちは教師行動の違いに気づいている（Weinstein, 1985）。図12-2に示されるように，教師期待は直接間接に教師行動に反映されて子どもたちに伝わり，自尊心や動機づけに影響を与える。子どもたちが期待される方向へ態度や行動を変容させ，それが学習成果として現れると教師期待は強化されていく。強化された教師期待は，子どもたちにさらなる影響を与えていく。このような螺旋メカニズムが教師と子どもとの関係性を規定していると考えられる。

教師期待効果のメカニズム解明が教育現場に発したメッセージは，「とにかく肯定的な期待で子どもに接しよう」という推奨だけでなく，否定的な期待はネガティブ・スパイラルを生むという警鐘であった。できると信じる子にはますます学びが充実するよう働きかける一方で，できないと信じる子には学びの質を下げるような行動を無意識にとってしまう（Brophy, 1983）。教師は，このような指導が無自覚のうちに行われやすいことを承知しておかなくてはならない。

集団で学ぶ意義　学級集団で学ぶ意義として，一定水準の知識や技能を系統性や序列性を重視しながら効率よく教えられるという点は古くからいわれてきた。また，「教授者中心の教育」から「学習者中心の教育」への教授学習パラダイムの転換が強調され，教科学習の促進機能で述べたような協同学習の成果が重視されるようになった。さらに現在では，2017～18年の

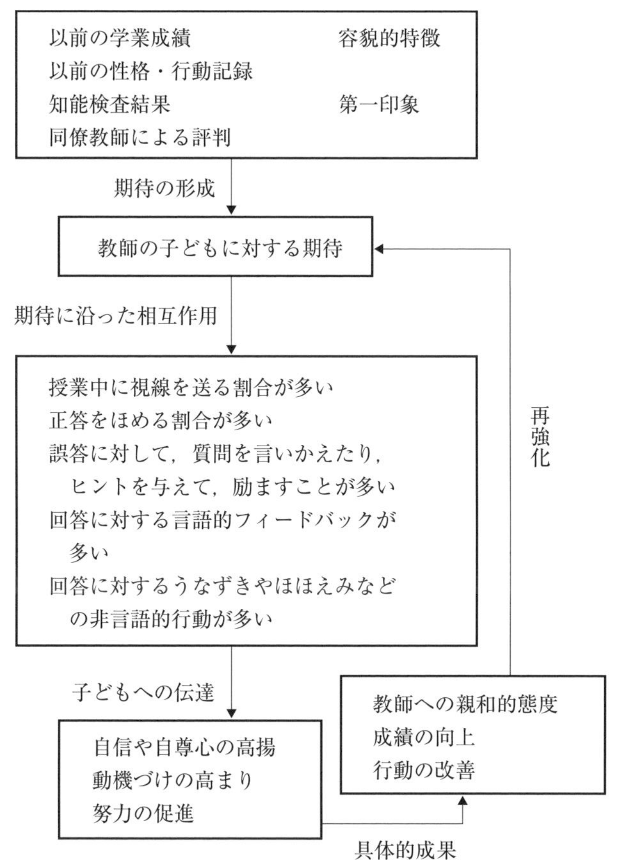

図 12-2　教師の期待効果メカニズム（吉田，2001）

学習指導要領改訂に見られるように，**主体的・対話的で深い学び（アクティブラーニング）**の視点が強調されている。もともと大学教育の実質化から唱えられるようになったアクティブラーニングの視点が，小学校や中学校の義務教育課程だけでなく，高等学校にまで求められている。

アクティブラーニングに焦点を当てた協同学習の方式を用いた教育実践において，主体的・対話的な学びの重要性や利点を認識させ，成績向上につながる深い学びが示唆される成果だけでなく，対人関係スキルの獲得や自己理解の促進も見られたという報告がある（鈴木・森，2017）。さらに，この研究では協同作業で一人を好む個人志向の低い人ほど，授業に興味を抱くことができ，適応感（居心地のよさの感覚，課題・目的の存在，被信頼・受容感，劣等感のなさ）が高いことも明らかにしている。主体的・対話的で深い学び（アクティブラーニング）の場作りが，学力形成だけでなく人間形成にも利することを示唆するものといえる。このような学びを実現できるような学習集団作りが，現在の教育者には求められているのである。

引用・参考文献

Bogardus, E. S. 1926　*The New Social Research*. Los Angeles: Press of Jesse Ray Miller.

Brophy, J. E. 1983　Research on the Self-Filling Prophecy and Teacher Expectations. *Journal of Educational Psychology*, **75**, 631-661.

ブロフィ, J. E., & グッド, T. L.（浜名外喜男・蘭千壽・天根哲治訳）1985　教師と生徒の人間関係—新しい教育指導の原点　北大路書房.（Brophy, J. E., & Good, T. L. 1974　*Teacher-Student Relationships: Causes and Consequences*. New York: Holt, Rinehart and Winston.）

ド・シャーム, R.（佐伯胖訳）1980　やる気を育てる教室—内発的動機づけ理論の実践　金子書房（deCharms, R. 1976　*Enhancing Motivation: Change in the Classroom*. New York: Irvington.）

淵上克義　2000　教師のパワー—児童・生徒理解の科学　ナカニシヤ出版.

Hartshorne, H., & May, M. A. 1929　*Studies in Service and Self-Control*. New York: Macmillan.

伊藤亜矢子編　2007　学校臨床心理学　北樹出版.

伊藤亜矢子・松井仁　2001　学級風土質問紙の作成　教育心理学研究, **49**, 449-457.

狩野素朗・田崎敏昭　1990　学級集団理解の社会心理学　ナカニシヤ出版.

Moreno, J. L. 1934　*Who Shall Survive? A New Approach to the Problem of Human Interrelations*. Beacon, NY: Beacon House.

岡部弥太郎・沢田慶輔　1965　教育心理学　東京大学出版会.

Rosenthal, R., & Jacobson, L. 1968　*Pygmalion in the Classroom: Teacher Expectation and Pupils' Intellectual Development*. New York: Holt, Rinehart & Winston.

セルマン, R. L., & シュルツ, L. H.（大西文行監訳）1996　ペア・セラピィ—どうしたらよい友だち関係がつくれるか　I巻　北大路書房.（Selman, R. L., & Schultz,

L. H. 1990　*Making a Friend in Youth: Developmental Theory and Pair Therapy*. Chicago: University of Chicago Press.）

鈴木有美・森邦昭　2017　LTD 話し合い学習法が教職課程履修者に与える学びの効果―アクティブラーニングに対する認識の変化と授業興味及び授業適応感との関連　国際社会研究 , **6**, 1-14.

Weinstein, R. S. 1985　Student Mediation of Classroom Expectancy Effects. In J. B. Dusek, V. C. Hall & W. J. Meyer (Eds.), *Teacher Expectancies*. Hillsdale, NJ: Lawrence Erlbaum Associates, 329-350.

吉田俊和　2001　教師による生徒理解　速水敏彦・吉田俊和・伊藤康児編　生きる力をつける教育心理学　ナカニシヤ出版 , 169-178.

模擬試験問題

問 1　以下の文章の空欄に当てはまる語句を【語群】から選びなさい。

学級は制度的に組織化された（ ① ）であるが，心理的な結びつきで自然発生した（ ② ）を内包する二重構造になっている。子どもたちが学級になじんでくると，学級集団は自らの態度や判断の（ ③ ）としての意味合いを持つようになる。学級が集団として機能すれば，級友との（ ④ ）により（ ⑤ ）とは異なる効果が得られる。学級集団の（ ⑥ ）が高まると団結力が高まり理想的に映るかもしれないが，内集団 - 外集団的態度への二極化や集団規範への（ ⑦ ）も強くなる危険性に留意する必要がある。それぞれの学級は（ ⑧ ）と呼ばれる個性を持っている。

【語群】

ア　正式集団　**イ**　公式集団　**ウ**　本式集団　**エ**　非正式集団
オ　非公式集団　**カ**　非本式集団　**キ**　準拠集団　**ク**　依拠集団
ケ　根拠集団　**コ**　協調学習　**サ**　協同学習　**シ**　個人学習
ス　個性学習　**セ**　凝固性　**ソ**　凝集性　**タ**　同調圧力
チ　同意圧力　**ツ**　学級風景　**テ**　学級風土　**ト**　学級風習

問 2　以下の文章の空欄に当てはまる語句を【語群】から選びなさい。

小学校入学後の友だち関係での重要な役割は（ ① ）に近く長く一緒にすごすことである。小学校中学年以降は（ ② ）な要因が友だちを選択する条件となり，中学生・高校生になると友情が（ ③ ）なものとして理解され始める。級友関係を客観的に測定する方法は，ハーツホーンとメイが考案したゲス・フー・テスト，（　④　）による学級社会的距離尺度，（　⑤　）が開発したソシオメトリック・テストなどがある。教師には，自分が専門とする教科指導のプロであると同時に，（　⑥　）態度で教育活動に臨む姿勢が求められる。教師期待効果は正負の両方向へ作用するので，教師は自分が（　⑦　）のうちに自身の期待に沿うような指導行動をとりやすいことを承知しておかなくてはならない。主体的・対話的で深い学びの場作りとしての学級集団作りが児童生徒の学力形成だけでなく（　⑧　）にも役立つ。

【語群】

ア　物理的　**イ**　化学的　**ウ**　生物的　**エ**　精神的　**オ**　物質的
カ　心理的　**キ**　専有的　**ク**　独占的　**ケ**　一方的
コ　ボガーダス　**サ**　スモール　**シ**　モレノ　**ス**　ザーカ
セ　生徒指導的　**ソ**　教科指導的　**タ**　教育相談的　**チ**　有意識
ツ　無意識　**テ**　能力形成　**ト**　人間形成

第 4 部

困難を抱える子どもたち

13章

発達障害の理解

1　特別支援教育とは

2016年4月1日から「障害を理由とする差別の解消の推進に関する法律(障害者差別解消法)」が施行され，学校教育において障害のある子どもに対する「合理的配慮の提供」が義務づけられた。困難を抱える子どもに適切な合理的配慮を提供するためには，教育現場での障害に対する正しい理解が不可欠である。本章では，特別支援教育と発達障害を取り上げ，教育現場でできる具体的な支援や合理的配慮について考える。

特別支援教育　特別支援教育とは，「障害のある幼児児童生徒の自立や社会参加に向けた主体的な取組を支援するという視点に立ち，幼児児童生徒一人一人の教育的ニーズを把握し，その持てる力を高め，生活や学習上の困難を改善又は克服するため，適切な指導及び必要な支援を行うもの」と定義される（文部科学省, 2007)。特別支援教育は，すべての学校に在籍する配慮を必要とする幼児児童生徒を対象としており，特別支援学校や小中学校に設置される特別支援学級，通級指導教室だけでなく，通常学級での子どものニーズに応じた教育的支援も含んでいる。

特別支援学級　小中学校に設置されている特別支援学級は，知的障害，肢体不自由，身体虚弱，弱視，難聴，その他障害のある者で，特別支援学級において教育を行うことが適当な児童生徒を対象に，障害の状態に応じて，個別，あるいは少人数のグループで学習を行う場である。特別支援学級では，児童生徒の実態に合わせて特別の教育課程を編成することができ，当該学年の学習内容のフォローを行う場合もあれば，下学年の学習内容を適用するなど，柔軟な指導が行われる。また，障害による学習上または生活上の困難を改善・克服するための「自立活動」の時間が設けられ，①健康の保持，②心理的な安定，③人間関係の形成，④環境の把握，⑤身体の動き，⑥コミュニケーションの6つの要素の中から児童生徒に必要な項目を選定し，指導が行われる（文部科学省, 2015）。また，特別支援学級に在籍しながらも，障害の程度や学習内容の理解度などに応じて，特定の教科のみ通常学級での授業に参加する児童生徒も多くいる。

通級による指導　通級による指導とは，通常学級に在籍する児童生徒が週の一部の時間で障害の特性に応じた特別な指導を受けるものである。対象は，特別支援学級の対象に加えて，学習障害（LD）と注意欠如・多動性障害（ADHD）が明記されている（文部科学省, 2009）。特別支援学級との大きな違いは，学校生活の大部分は通常の学級ですごしているものの，一部ニーズに応じた支援が必要な児童生徒を対象としている点にある。指導内容は障害による学習上，生活上の困難を改善するための自立活動と教科の補充で編成され，自立活動のどのような領域を指導するか，何の教科の補充を行うのかは児童生徒が抱える問題に応じて個別に決定される。

通常学級での特別支援教育と合理的配慮　2012年に文部科学省が行った全国調査では，通常学級に在籍する児童生徒のうち6.5％は知的発達に遅れはないものの学習面または行動面で著しい困難を示していることが明らかになった（小学生：7.7％，中学生：4.0％）。この結果は，通常学級においても学習面や社会生活に困難を示す児童生徒に対する個々のニーズに応じた教育的支援が必要であることを示している。ここでキーワードになるのが**合理的配慮**である。学校教育における合理的配慮とは，障害のある子どもが，他の子どもと平等に「教育を受ける権利」を享有・行使することを確保するために，学校の設置者および学校が必要かつ適当な変更・調整を行うことであり，障害のある子どもに対し，その状況に応じて，学校教育を受ける場合に個別に必要とされるものと定義されている（文部科学省, 2012）。障害のある子どもが学習上，生活上の困難を感じており，本人や保護者からその困難の要因となる障壁を取り除くように申し出があった場合には，学校は過度な負担がない限り，その申し出に応え，子どもの状態に応じて個別の配慮を行う義務がある。合理的配慮の提供において重要とされるのは，本人，保護者，教師，学校の間で十分な話し合いのもとに合意し，決定することである。表13-1は合理的配慮の一例である。

通常学級に在籍する児童生徒に対して的確な合理的配慮を提供するためには，周囲の子どもの理解を得ることもまた非常に重要である。例えば，学習障害のある児童にタブレットPCでの学習を認めることを決定した際，その理由が説明されないと，他の児童生徒が不公平に感じる場合がある。合理的配慮の提供に当たり，周囲の児童生徒に対して「個人にはそれぞれに合った学び方があり，自分に合った方法で学ぶ権利がある」ことについて理解を促す障害理解教育や人権教育の必要性も指摘されている（平林，2017）。

表13-1　合理的配慮の例（文部科学省，2010より抜粋）

共通	・バリアフリー・ユニバーサルデザインの観点を踏まえた障害の状態に応じた適切な施設整備 ・障害の状態に応じた専門性を有する教員等の配置 ・障害の状態を踏まえた指導の方法等について指導・助言する理学療法士，作業療法士，言語聴覚士及び心理学の専門家等の確保 ・点字，手話，デジタル教材等のコミュニケーション手段を確保 ・障害の状態に応じた教科における配慮（例えば，視覚障害の図工・美術，聴覚障害の音楽，肢体不自由の体育等）
視覚障害	・教室での拡大読書器や書見台の利用，十分な光源の確保と調整（弱視） ・教科書，教材，図書等の拡大版及び点字版の確保
聴覚障害	・FM式補聴器などの補聴環境の整備 ・教材用ビデオ等への字幕挿入
知的障害	・生活能力や職業能力を育むための生活訓練室や日常生活用具，作業室等の確保 ・漢字の読みなどに対する補完的な対応
病弱・身体虚弱	・医療的ケアが必要な児童生徒がいる場合の部屋や設備の確保 ・障害の状態に応じた給食の提供
言語障害	・スピーチについての配慮（構音障害等により発音が不明瞭な場合）
情緒障害	・個別学習や情緒安定のための小部屋等の確保 ・対人関係の状態に対する配慮（選択性かん黙や自信喪失などにより人前では話せない場合など）
LD, ADHD, 自閉症等の発達障害	・個別指導のためのコンピュータ，デジタル教材，小部屋等の確保 ・クールダウンするための小部屋等の確保 ・口頭による指導だけでなく，板書，メモ等による情報掲示

2　発達障害の理解と教育的支援

発達障害には，学習障害（LD），注意欠如・多動性障害（ADHD），自閉症スペクトラム障害（ASD）が包含される。これらはすべて中枢神経系の機能障害であると推定され，親の育て方や教育によって生じる問題ではないということは，発達障害の正しい理解を進めていく上で強調しておきたい。

学習障害（LD）　特別支援教育において，**学習障害**（Learning Disabilities：LD）とは，基本的に全般的な知的発達に遅れはないが，聴く，話す，読む，書く，計算するまたは推論する能力のうち，特定のものの習得と使用に著しい困難を示すさまざまな状態を指すものと定義され，視覚障害，聴覚障害，知的障害，情緒障害などの障害や，環境的な要因が直接の原因となるものではないと考えられている（文部省，1999）。このように，LDとは認知機能のアンバランスさにより，特定の領域での学習に困難がある状態のことを指す。そのため，LD児が抱える困難は，周囲には気づかれにくいことが多く，学習面でのつまずきは，本人の「努力不足」や「やる気のなさ」によるものと誤解されてしまう場合がある。実際には，学習における困難が不登校などの2次的な問題に発展したときに初めて，その問題の背景にLDがあることが疑われる場合もまれではない。小学校低学年においては，何度練習してもひらがなが書けない，計算ができないといった学習上のつまずきが見られ始め，そのために学習そのものを嫌がるようになる場合がある。高学年になると，読み書き，計算の困難が限界に達し，登校しぶりや不登校，いらいらや無気力といった2次的な問題が急増するといわれる（窪島，2019）。

LD児への教育的支援　LD児に対する支援においては，その子が抱える困難とニーズに応じた個別の対応や指導が最も重要かつ有効であると考えられる（山下，2015，pp.293-311）。そのためには，子どもが示す困難の背景にある要因を理解しておくことが重要であろう。LDの中でも最も頻度が高く，中核的な問題と考えられているのが，**発達性ディスレクシア**（developmental dyslexia）と呼ばれる読み書きの障害である（若宮，2016，pp.53-54）。ディスレクシアは，本来は読みの障害のみを指す言葉であり，書字の困難は**ディスグラ**

フィア（dysgraphia）と呼ばれる。しかし，読みの困難が単体で出現することはなく，読みが困難な場合には書字も困難になるため，近年では読みと書字の困難を併せ持つ障害として，発達性ディスレクシアと呼ぶことが多い（宇野ら, 2007）。発達性ディスレクシアの子どもが示す特徴として，文章を読むときにたどたどしくなる，一文字ずつ読む，飛ばし読みをする，勝手に推測して読むなどがある。書字では，鏡文字（左右が反転した文字）を書く，文字のバランスが悪い，線や点が足りない，あるいは多い，黒板の書き写しに時間がかかるなどの問題を示す。日本語話者の読み書き困難の背景には，音韻認識（単語を音の単位に分けること，例えば「うさぎ」は「う・さ・ぎ」の3つの音に分解できることの理解，分解した音の操作など）や視覚認知能力（文字の形の認識，視覚的な記憶），聴覚認知能力（音の聞き分け，聴き取った音の聴覚的な記憶）の障害があることが研究から明らかにされてきた（宇野ら, 2007；後藤ら, 2010；宇野ら, 2018）。

これらの要因を背景に持つ発達性ディスレクシアの子どもは，通常学級での一般的な指導方法では効果的な学習ができず，遅れをとってしまいやすい。そのため，通常学級での学習時には，特に困難な部分を補うような配慮が求められる。例えば，読みの困難に対して，文字を拡大したプリントを渡すこと，文章題は教師が音読することなどは容易に実施できる配慮である。書字の困難に対しては，板書内容のプリントを事前に渡しておき，授業時間内に書く量を減らすなどの配慮が可能であろう。また，漢字の書き取り課題のような発達性ディスレクシアの子どもにとって大きな苦痛を伴う課題については，量を調整したり，別の課題に置き換えたりする対応が求められる。試験の際には時間を延長することも発達性ディスレクシアの子どもへの合理的配慮といえるだろう。通級による指導など個別の支援が可能な場合には，通常の学級での学習理解が促進されるような基礎的な学習スキルを獲得させる指導が求められる（後藤, 2019, pp.126-134）。例えば，発達性ディスレクシアの子どもの漢字書字の獲得には，従来の何度も書き写して覚える方法よりも，漢字の成り立ちを音声言語化して聴覚を使いながら憶える方法（例えば「給」という漢字は，「給食の時間に糸を合わせる」というように漢字の形態が想起できる部分に分解して，音声言語化して憶える方法）がより有効であることが研究から示されている（粟屋ら，2012）。個別の指導場面では，従来の学習方法に囚われず，その子どもが学習内容を習得しやすい方法を提案したり，一緒に考えたりしながら，学習の土台を築いていくことを目標に置いた指導が求められる。

またLDの中には，頻度は発達性ディスレクシアに比べると少ないが，**算数障害**（ディスカリキュリア：dyscalculia）と呼ばれる計算や数的推論などにつまずきが見られる状態がある。算数障害においては，数の概念（順序や大きさ）がわからない，四則演算などの基本的な計算ができない，簡単な暗算ができない，筆算が正しくできないといった特徴が見られる（稲垣・米田，2017）。算数障害の教育的対応として重要なことは，まずは算数嫌いにならないように，無理に何度も計算をさせたりせず，どこまで理解できているかを丁寧にアセスメントしながら，少しずつ自信をつけさせていくことである。

注意欠如・多動性障害（ADHD）　**注意欠如・多動性障害**（Attention-Deficit / Hyperactivity Disorder：**ADHD**）とは，年齢あるいは発達に不釣り合いな注意力，および／または衝動性，多動性を特徴とする行動の障害で社会的な活動や学業の機能に支障をきたすものである（文部科学省，2003）。不注意の特徴として，忘れ物が多い，物をすぐに失くす，集中力が持続しにくい，注意の対象がすぐに移り変わるなどがある。多動性，衝動性に関しては，じっと座っていることができず立ち歩く，座っていても身体のどこかが動いている，走り回ったり，高いところに登ったりする，順番を待つことができない，人の話を最後まで聞かずに話したり，行動したりするなどの特徴が見られる。これらのADHDの特徴は小学校入学以降に学校生活上の問題として顕在化しやすくなる。また，2次的な問題として学力低下，対人関係の悪化，また失敗経験，叱責を受ける経験が多くなるため，思春期以降には自尊心の低下が生じやすい（岡崎，2017, pp.230-233）。さらに，不安や気分の落ち込みが生じやすく，不登校や引きこもり，ネットやゲームへの依存のリスクも高くなる。また，反抗的で，非行集団への接近や反社会的な行動などの問題が見られる場合もある（村上，2017）。

ADHD 児への教育的支援　ADHDの基本特性に対しては，発達障害の中でも唯一薬物療法の有効性が確認されているため，生活上の困難を軽減する目的で薬物療法が適用される場合がある（宮本, 2017）。ただし，ADHD児への薬物療法は，本人や親への心理社会的な支援を行ってもなお，生活上の問題が改善しない場合に適用するのが基本的な流れである（村上, 2017）。したがって，まずは下記のような教育的支援を実践し，ADHDの子どもがよりよい学校生活を送れるようにすることが重要である。

ADHDの不注意の特性は，学力低下や学業不振に大きく関係している。集中力が持続しにくいため，注意が逸れてしまうと指示された内容を聞き逃して課題への取り組みが遅れることがある。また，細かい注意が払えないため，学習内容は理解しているにもかかわらず，ケアレスミスによってテストの点数が伸びない，提出物を出し忘れる，任された係の仕事などをやるのを忘れてしまうといった問題が生じやすい。このような不注意によって生じている問題に対しては，その特性を十分に理解し，子どもが学習課題に取り組みやすい環境を確保すること（**環境調整**）がまずは重要になる。情報を聞き逃しやすい子どもには，本人の注意が向いていることを確認してから指示を出す，あるいは個別に声をかける，口頭で指示した内容を板書するなど指示内容が入りやすくなる工夫が必要である。また，注意が向いてしまいやすい刺激をなるべく取り除くこと，例えば，授業に関係のない掲示物を取り除く，机の中に授業に必要のないものは入れない，座席を教室の前方に配置し，視覚的な刺激を減らすなどの配慮も可能である。また，やるべきことを忘れていても思い出しやすくなるような工夫をすること，例えばチェックリストを作り，目につきやすい場所に貼ったり，一緒に確認したりすることで，与えられた役割や課題を遂行しやすくなる。

さらに，授業中に立ち歩く，順番を待つことができない，思いついたことをすぐに口に出してしまうといった衝動性や多動性の問題に対しては，これから行う活動について見通しを持たせること，事前にルールを確認し，活動中にしてはいけないこと，すべきことなどを明確にしておくことで減らすことができる。このようにADHD児に対しては，問題となる行動をできるだけ起こさせないような環境を整えることが大切である。加えて，目標となる行動の後に続く結果を操作することで，適切な行動を増やし，不適切な行動を減らす**随伴性マネジメント**もADHDの子どもの問題に対して有効である。例えば，子どもがあらかじめ確認したルールに従って行動できたときには賞賛する（褒める）など，子どもがよい行動をした後にその子にとってよい結果を与えることで，適切な行動を増やしていくことができる。特別支援学級や通級による指導など個別の対応が可能な場合には，適切な行動に対して賞賛する方法以外にも，例えば，目標行動が遂行できたら，「～分間は好きな活動ができる」などの特権を与える方法や具体的なご褒美（教育場面で許容されるもの）を与える方法も活用できるだろう。また，目標行動の遂行に対してシールやスタンプを与え，一定数集めることができたらより価値の高いご褒美と交換できる方法（**トークンエコノミー法**）も，子どもがご褒美に対する動機づけを長期的に維持させながら取り組むことができるため有効である。このように環境調整や随伴性マネジメントを組み合わせながら，子どもが周囲から認められる経験や成功体験を積み重ねていけるように支援し，2次的な問題の予防につなげていくことが重要である。

自閉症スペクトラム障害（ASD）　**自閉症スペクトラム障害**（Autism Spectrum Disorder：**ASD**）は，医学的診断基準であるDSM-5において，①社会的コミュニケーションおよび対人的相互反応の障害，②行動，興味または活動の限定された反復的な様式を特徴とする障害と定義されている（American Psychiatric Association, 2013）。

一つ目の社会的コミュニケーションと対人的相互反応の困難においては，その場の状況を理解したり，相手の感情を推測したりすることが難しいために，会話場面では，要点のずれた発言をしたり，話したいことを一方的に話したりすることがある。また，暗黙のルールを理解することが難しいために悪意なく失礼な発言をしてしまうこともある。ASDの子どもは，いわゆる「空気を読んで行動する」ことの困難による場違いな言動が繰り返されることによって，友だちとトラブルになったり，思春期になるとからかいやいじめの標的にされたりすることが多くなる。

二つ目の行動，興味または活動の限定された反復的な様式は，「こだわり」

と表現される場合が多い。その場でくるくる回ったり，飛び跳ねたり，CMで流れるフレーズやアニメのセリフを何度もいうなどの反復的な行動は，特に知的発達の遅れを伴うASDの子どもに特徴的である。このような行動は，自己刺激行動といわれ，感覚的に快な状態や安心感を得ようとして行われるものと考えられ，やめさせようとしても難しい場合がある。また，毎日決まった時間，決まった手順で行動するなど同一性を好み，何らかの理由でその順序が崩れると，強い抵抗を示し，混乱して取り乱してしまう子どももいる。このような変化に対する弱さや経験のない事態に強い不安を感じるのもASDの特徴である。そのほか，あまり人が関心を持たないようなものに強い関心を示し，マニアと呼ばれるほどに特定の分野に精通している子どももいる（例えば，鉄道好きで時刻表や複雑な路線図を正確に暗記しているなど）。加えて，感覚過敏や感覚鈍麻の特徴が見られる。同じものしか食べようとしない偏食，同じ服を着続けるなどの衣服へのこだわりを示す子どもがいるが，その背景には食べ物の舌触りや衣服の肌触りに対する過敏さがある。一方で，転んでけがをし，足から血がダラダラと出ていてもまったく気づかないような感覚鈍麻を示す子どももいる。ASDの子どもの中には，こだわりや感覚の特異性があるために，規律的な集団行動が求められる学校生活においては強いストレスを感じ，うまく適応できない子どももいる。

ASDの子どもは，これらの2つの特性から社会生活上の困難を抱えやすく，困難に対する周囲の理解が不足する環境では，自信を喪失したり，無力感を感じやすくなったり，過剰に適応しようと頑張ることで疲れやすくなったりすることがある。その結果として不登校や引きこもりなどの社会的不適応やうつなどの精神的健康上の問題を生じるケースも多い。

ASD児への教育的支援　ASD児に対する教育的支援においても，子どもが学習に取り組みやすい環境を作ることが重要である。上で述べたように，変化や新しいことに対する不安が強いということは，言い換えれば固定された手順やスケジュールの中では安心して活動できるということである。特別支援学級などでは，一日の流れや授業の流れを固定化したり，新しい課題に取り組む際には，事前に手順を示し，見通しを持たせるようにすることで安心して学習に取り組めるようになり，学校への適応が促進される。通常学級では，ASDのこだわりに対する個別の対応が難しい場合があるが，子どもが急な変更に対応できずにパニックになったときには，クールダウン（気持ちを落ち着かせること）に使用できる部屋を用意するなどの対応も特性に応じた合理的配慮である。

一方，社会的コミュニケーションに問題がある子どもに対する配慮として，日頃から教室内でのルールなどを明確にしておくことや，困ったとき，わからないことがあったときはいつでも聞いてよいという雰囲気作りをしておくことが求められる。また，通級指導教室などで個別に実施可能な社会性の支援として，ソーシャルスキルトレーニング（SST）も有効である（SSTについては5章3節に詳しいので参照されたい）。SSTとは，社会生活に必要なマナーやコミュニケーションの方法，困ったときの対処方法を具体的にスキル（行動）として教え，練習することで子どもの社会的適応を促進しようとする支援法である。近年はASDの児童を対象にした通級指導教室でのSSTの実践報告も増えている（高畠・武藏，2013；岡田ら，2014など）。ASD児に対しては，学習面だけでなく，社会生活上の困難に対する支援も重要な課題である。

引用・参考文献

アメリカ精神医学会（高橋三郎・大野裕監訳）2014　DSM-5精神疾患の診断・統計マニュアル　医学書院.（American Psychiatric Association, 2013 *Diagnostic and Statistical Manual of Mental Disorders (5th edition) (DSM-5)*, Washington, DC.）

粟屋徳子・春原則子・宇野彰・金子真人・後藤多可志・狐塚順子・孫入里英　2012　発達性読み書き障害児における聴覚法を用いた漢字書字訓練方法の適用について　高次脳機能研究（旧失語症研究）, **32**, 294-301.

後藤隆章　2019　LD（学習障害）　柳本雄次・河合康編著　特別支援教育――人ひとりの教育的ニーズに応じて　福村出版.

後藤多可志・宇野彰・春原則子・金子真人・粟屋徳子・狐塚順子・片野晶子　2010　発達性読み書き障害児における視機能，視知覚および視覚認知機能について　音声言語医学, **51**, 38-53.

平林ルミ　2017　特別支援教育における合理的配慮の動向と課題―学習障害のある子どもにおけるICT活用の現状に焦点をあてて　教育心理学年報, **56**, 113-121.

稲垣真澄・米田れい子　2017　特集　限局性学習症（学習障害）　総論：医療の立場から　児童青年精神医学とのその近接領域, **58**, 205-216.

窪島務　2019　発達障害の教育学 「安心と自尊心」にもとづく学習障害理解と教育指導　図書出版文理閣.

宮本信也　2017　注意欠如／多動症（AD / HD）①医療　宮本信也・石塚謙二・石川准・飛松好子・野沢和弘・大西延英監修　改訂版　特別支援教育の基礎―確かな支援のできる教師・保育士になるために　東京書籍.

文部科学省　2003　今後の特別支援教育の在り方について（最終報告）参考資料3　定義と判断基準（試案）等.
http://www.mext.go.jp/b_menu/shingi/chousa/shotou/054/shiryo/attach/1361233.htm（2019年10月31日閲覧）

文部科学省　2007　特別支援教育の推進について（通知).
https://www.mext.go.jp/b_menu/hakusho/nc/07050101/001.pdf（2019年10月31日閲覧）

文部科学省　2009　特別支援教育の推進に関する調査研究協力者会議（第18回）配布資料6「特別支援学級及び通級指導に関する規定」.
http://www.mext.go.jp/b_menu/shingi/chousa/shotou/054/shiryo/attach/1285860.htm（2019年10月31日閲覧）

文部科学省　2010　特別支援教育の在り方に関する特別委員会（第3回）配布資料3「合理的配慮について」).
http://www.mext.go.jp/b_menu/shingi/chukyo/chukyo3/044/attach/1297380.htm（2019年10月31日閲覧）

文部科学省　2012　共生社会の形成に向けたインクルーシブ教育システム構築のための特別支援教育の推進（報告).
http://www.mext.go.jp/b_menu/shingi/chukyo/chukyo3/044/attach/1321669.htm（2019年10月31日閲覧）

文部科学省　2015　特別支援教育部会（第1回）配布資料5「特別支援教育に係る教育課程について」.
http://www.mext.go.jp/b_menu/shingi/chukyo/chukyo3/063/siryo/1364472.htm（2019年10月31日閲覧）

文部省　1999　学習障害児に対する指導について（報告).
http://www.mext.go.jp/a_menu/shotou/tokubetu/material/002.htm（2019年10月31日閲覧）

村上佳津美　2017　注意欠如・多動症（ADHD）特性の理解　心身医学, **57**, 27-38.

岡田智・三好身知子・桜田晴美・横山佳世　2014　通級指導教室における自閉症スペクトラム障害のある子どもへの小集団でのソーシャルスキルの指導—仲間交流及び話し合いスキルプログラムの効果について　LD研究, **23**, 82-92.

岡崎慎治　2017　注意欠如／多動症（AD / HD）②指導法と支援　宮本信也・石塚謙二・石川准・飛松好子・野沢和弘・大西延英監修　改訂版　特別支援教育の基礎—確かな支援のできる教師・保育士になるために　東京書籍.

高畠佳江・武藏博文　2013　広汎性発達障害児の積極的コミュニケーションを図る支援—通級指導教室でのソーシャルスキルトレーニングとチャレンジ日記・発表を通して　LD研究, **22**, 254-266.

宇野彰・春原則子・金子真人・粟屋徳子　2007　発達性dyslexiaの認知障害構造—音韻障害単独接で日本語話者の発達性dyslexiaを説明可能なのか？　音声言語医学, **48**, 105-111.

宇野彰・春原則子・金子真人・粟屋徳子・狐塚純子・後藤多可志　2018　発達性ディスレクシア（発達性読み書き障害）の波形となる認知障害—年齢対応対照群との比較　高次脳機能研究（旧失語症研究）, **38**, 267-271.

若宮英司　2016　学習障害（LD）—疫学と家族歴　平岩幹男・岡明・神尾陽子・小枝達也・金生由紀子編集　データで読み解く発達障害　中山書店.

山下光　2015　発達障害者の心理・生理・病理　守屋國光編　特別支援教育総論—歴史，心理・生理・病理，教育課程・指導法，検査法　風間書房.

模擬試験問題

問1　以下の文章の空欄に当てはまる語句を【語群】から選びなさい。

特別支援教育とは，「障害のある幼児児童生徒の（　①　）や（　②　）に向けた主体的な取組を支援するという視点に立ち，幼児児童生徒一人一人の教育的（　③　）を把握し，その持てる力を高め，（　④　）や（　⑤　）上の困難を改善又は克服するため，適切な指導及び必要な支援を行うもの」である。特別支援教育の対象は，（　⑥　）に在籍する配慮を必要とする幼児児童生徒である。また，通級による指導は，特別支援教育の一つの形であり，（　⑦　）に在籍する児童生徒が一部の時間で障害に応じた特別な指導を受けるものである。さらに，2016年の「障害者差別解消法」の施行により，学校は障害のある子どもや保護者から，（　④　）や（　⑤　）上の困難の原因となる障壁を取り除くように申し出があった場合には，過度な負担がない限り，その申し出に応じ，

（　⑧　）を提供する義務が課せられた。

【語群】

ア　ニーズ　**イ**　通常学級　**ウ**　特別支援学校　**エ**　社会参加
オ　教育　**カ**　合理的配慮　**キ**　就労　**ク**　支援　**ケ**　学習
コ　すべての学校　**サ**　特別支援学級　**シ**　教育的支援　**ス**　自立
セ　生活　**ソ**　運動

問2　以下の文章の空欄に当てはまる語句を【語群】から選びなさい。

発達障害には，（　①　），（　②　），（　③　）が含まれる。（　①　）は，基本的に全般的な知的発達に遅れはないが，聴く，話す，（　④　），（　⑤　），（　⑥　），または推論する能力のうち，特定のものの習得と使用に著しい困難を示す状態を指す。（　①　）の中心は，（　④　）ことと（　⑤　）ことに困難を示す発達性（　⑦　）である。（　②　）は，年齢や発達に不釣り合いな（　⑧　），および衝動性・多動性を特徴とする行動の障害である。（　③　）は，社会的（　⑨　）の障害と（　⑩　）を特徴とする障害である。

【語群】

ア　言語障害　**イ**　ディスレクシア　**ウ**　発達　**エ**　書く
オ　計算する　**カ**　コミュニケーション　**キ**　ADHD　**ク**　こだわり
ケ　LD　**コ**　情緒障害　**サ**　注意力　**シ**　選択性緘黙　**ス**　ASD
セ　読む　**ソ**　難聴

14章

情緒・適応の理解と心理的支援

1　適応・不適応

適応とは　心理学において**適応**（adjustment）とは，個人と環境が調和した関係を保つことをいう。つまり，家庭や学校などの社会的環境の要請に応えると同時に，個人の諸欲求が充足される関係をいう。こうした調和的関係が努力なしに自然と保たれることは少ないため，環境に適合する行動をとったり自己や環境を変容させたりといった努力が必要とされる。ちなみに，**順応**（adaptation）という用語は生物学的な意味合いが強く，個体が環境の変化に無意識的・無意図的に適合する場合に使われることが多い。なお，個人の欲求と社会の要請の均衡が崩れた状態を**不適応**という。

ある個人が適応しているかどうかについては，**外的適応**と**内的適応**の２つの視点から判断する必要がある。外的適応とは，他者や社会と協調し承認や支持を受けているかという社会文化的基準から見た適合状態を指す。内的適応とは，個人の価値基準や要求水準から自己を受容し精神的に満足できているかという適合状態をいう。外的にも内的にも不適応を起こしている場合だけでなく，外的には適応していても内的に不適応，あるいは外的に不適応を起こしているのに内的に適応している場合も適応しているとはいえない。

つまり，子どもたちの不適応を捉える際，反社会的問題行動や非社会的問題行動として語られたりするが，周囲とうまく関われているかという外的適応と，自分に満足できているかという内的適応の２つの在り方から見ることも大切な視点ということである。例えば，自己への満足感や自信は強いが，人を攻撃したり社会規範から逸脱してしまったりという暴力行為や非行（反社会的不適応）の問題は，外的不適応だが内的適応といえる。逆に，他者とは調和できているように見えても，無意識的な自己否定や不安から過剰適応や神経症的不登校（非社会的不適応）を起こしている場合は，外的適応だが内的不適応の問題だといえる。

適応機制（防衛機制）　人にはさまざまな欲求があるため，常に欲求が満たされるとは限らず，欲求不満（フラストレーション）から緊張が高まることもあるし，相反する2つの欲求が葛藤（コンフリクト）し不安が生じることもある。この緊張や不安解消のため，あるいは自尊感情を維持するために半ば無意識的にとる行動や心理のメカニズムを適応の機制という。適応の機制は，3つに大別される。欲求不満の対象へ攻撃的な働きかけをするのを**攻撃機制**という。また，欲求不満の対象から逃れることで心の安定を図ろうとするのを**逃避機制**という。しかし多くの場合，人は攻撃や逃避とは異なる方法で緊張や不安を解消しようとする。この自我防衛のメカニズムを**防衛機制**という。

防衛機制は，精神分析の創始者であるジークムント・フロイトが提唱した中心概念の一つであり，その後，娘のアンナ・フロイトをはじめさまざまな研究者によって発展してきた。現在では，自我発達や病理的な視点からいくつかの水準に分けられている（アメリカ精神医学会，2004；中西，1999）。表14-1に示すように，防衛機制は不適応的な**未熟防衛**や**神経症的防衛**だけでなく，適応的な**成熟防衛**までさまざまである。これらの機制が適度に働くことにより，人は欲望や不安を抑え精神的安定を保つことができる。大切なのは，特定の未熟な防衛機制や精神疾患につながるような防衛機制を機械的に繰り返し働かせないこと，なるべく成熟した防衛機制を働かせることである。

例えば，自尊感情が高い人は低い人に比べ成熟した防衛機制を多く働かせるという研究報告がある（鈴木・速水，2015）。さらに，この研究では自尊感情が高い人のうち，他者を見下す傾向の強い人は自尊感情の低い人と同様に未熟な防衛機制を働かせることが明らかにされている。したがって，教師が日常の教育活動において子どもたちの自尊感情を高めるだけでなく，他者も尊重し協調関係を持とうと努力させるような働きかけが有効だといえる。その上で，苦境を予測し対策を立て（予期），辛さを笑いに変え（ユーモア），怒り

表 14-1　主な防衛機制

水準	種類	内容
未熟防衛	合理化	失敗や満たされなかった欲求を正当化・責任転嫁する説明を作り上げる 例：手の届かないブドウは酸っぱいブドウだと自分に言い聞かせる
	投影	受け入れたくない不都合な感情や衝動を，他人が自分へ向けていると思う 例：自分が敵意を持っているのに，相手が敵意を持っていると思う
	解離	意識，記憶，感覚など，通常は統合されている機能が分離する 例：気づいたら授業が終わっていた
神経症的防衛	反動形成	抑圧された感情や衝動が行動化されないように，反対の行動や態度をとる 例：好きな人に意地悪をする
	退行	欲求や感情が満たされないときに，より早期の発達段階に戻る 例：おねしょや指しゃぶりなどの赤ちゃん返り
	置き換え	満たされない欲求を他の対象に向けて表出し，妥協して満足する 例：担任教師に対する不満を，家で親にぶつけて八つ当たりする
成熟防衛	昇華	抑圧された欲求や衝動を，社会的に価値の高い行動に転換する 例：失恋して満たされない気持ちを，小説にして受賞した
	ユーモア	葛藤やストレスの面白い面や皮肉な面を強調して笑い飛ばして乗り越える 例：玄関を爆撃されたデパートが「出入口を拡張しました」と張り紙して営業
	予期	結果を感情的に先取りしたり，別の解決策を現実的に考えたりして備える 例：第1志望校だけでなく，第2，第3志望校も選んで受けておく

や敵意を抑える（抑制）などの成熟した防衛機制を身につけてもらう方策を探っていくことが課題となろう。

2　学校不適応の理解

学校という環境の中ですべての児童生徒の欲求が満たされ，心身的機能が適応的に良好なら理想だが，現実には学校生活に適応できないさまざまな現象が生じ，**学校不適応**と呼ばれる。本節では，非社会的不適応の例として不登校を，反社会的不適応の例として非行を取り上げる。

不登校の捉え方　一般に，さまざまな理由により学校に行っていない状態を**不登校**と呼ぶ。日本では1960年代から学校臨床上の大きな課題として注目され始めた。学校制度ができた昔から**怠学**という用語があったが，単なるずる休みとは異なり，学校に行くことや学校そのものを怖がっているために起こる恐怖症の一種と考えられ**学校恐怖症**と呼ばれた。その後，1970～80年代には**登校拒否**や**学校ぎらい**と呼ばれるようになり，教育現場でのさまざまな対処法や指導法が提案されるようになった。しかし，1990年代に入っても問題は一向に改善せず，事態を重く見た文部省（現在の文部科学省）は，より包括的な意味合いで不登校という用語に変更し現在に至っている。

不登校は，1992年の学校不適応対策調査研究協力者会議において，「何らかの心理的，情緒的，身体的，あるいは社会的要因・背景により，児童生徒が登校しないあるいはしたくともできない状況にあること（ただし，病気や経済的な理由によるものを除く）」と定義された。様相の把握については，文部科学省は現在，「児童生徒の問題行動・不登校等生徒指導上の諸課題に関する調査」という名称で年間30日以上の欠席者を調査している（なお，1966～97年度は「学校ぎらい」で50日以上の欠席者を調査対象としていた）。

不登校児童生徒数の推移　図14-1は，小中学校の不登校児童生徒数の推移を示したものである。1991年度から2001年度の10年間で総数が6万6817人（全体の0.47%）から13万8722人（1.23%）と倍増し，その後はやや減少傾向が見られたが2013年度からまた増加に転じ，直近の2017年度には14万4031人（1.47%）と過去最高となっており，現在も不登校は重大な教育課題であり続けている。全児童生徒数に占める割合が1.47%といえば68人に1人だが，小学生に比べ中学生の不登校は実数で約3倍，割合なら約6

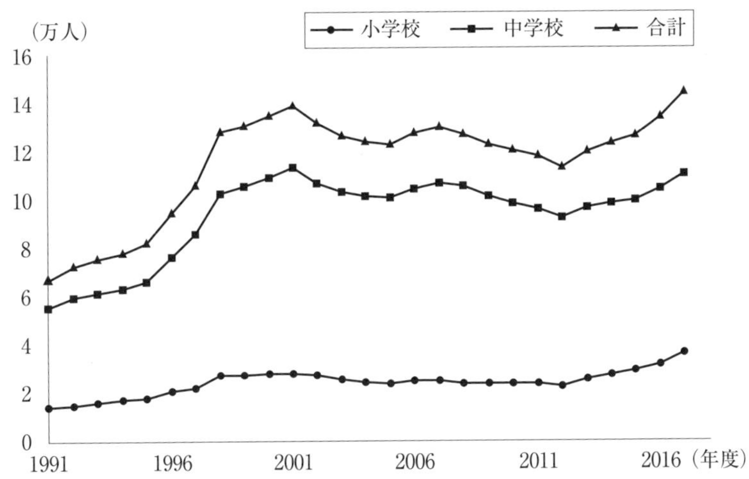

図 14-1　不登校児童生徒数の推移（文部科学省, 2018 より作成）
1997 年度までの欠席理由は「不登校」ではなく「学校ぎらい」であった。

倍となっており，中学校では 31 人に 1 人と各学級に 1 人はいる計算になる。

また，学年が上がるごとに人数が増えていく傾向があり，特に小学 6 年から中学 1 年時に例年約 3 倍に増加することから，「中 1 ギャップ」という表現で学校移行における適応の問題が指摘されることもある。ただし，中学校では 2 年時でも 3 年時でも新規に不登校になる生徒数は 1 年時と変わらず，この新規数が不登校を雪だるま式に増加させているとの指摘もある（国立教育政策研究所, 2018）。指導の結果，不登校状態が解消される数は学年が上がるごとに増えているが（継続数の減少），それを上回る数の生徒が不登校になっているため（新規数の増加），結果的に高止まりしてしまっている状態である。2017 年度の報告では，指導の結果登校できるようになった児童生徒は約 25%，不登校の継続率は中 1 時を除いて学年が上がるごとに高くなり，中 3 時には 73.3% に至る。不登校に陥った児童生徒の学校復帰の難しさが表れており，不登校を生じさせない学校作り，予防の対策も重要である。

不登校への対応　不登校には，多様な要因が関与している。以前は，行きたくても行けない「不安など情緒的混乱型」や，行きたくないから行かない「意図的な拒否型」など個人の要因から類型化されることが多かったが，

2015年度からの調査では本人に係る要因（学校における人間関係に課題，遊び・非行，無気力，不安，その他）と学校，家庭に係る要因（いじめ，いじめを除く友人関係，教職員との関係，学業不振，進路不安，クラブ活動・部活動，学校の決まり等，入学・転編入学・進級時，家庭状況）がクロス集計されるようになっている。このように不登校は，本人の抱える要因だけでなく家庭，学校，地域社会の状況など複数の要因が重なっている事態が実際には多い。まずは，個々の状態を丁寧に把握しようとするところから，解決への取り組みは始まる。何が不登校状態を維持させているのか，不登校によって何を訴えようとしているのか，一人ひとりに対して適切な見立てに基づいて，適切なタイミングでできることから行っていくことが大切である。

また，すべての不登校児童生徒に対して再登校だけを目標とすることは必ずしも適切とはいえなくなっている。これまでの公立学校における不登校の対応の原則は学校復帰であった。しかし，2017年の学習指導要領改訂では登校だけを目標としないことが明記され，本人が主体的に進路を考え社会的に自立できるよう支援することが現在の原則となった。1992年の学校不適応対策調査研究協力者会議において，不登校は「どの子にも起こりうるものである」と従来の視点を180度転換させる基本認識が示されて以降，文部省（現在の文部科学省）はさまざまな施策を打ち出してきた。**適応指導教室**（現在は**教育支援センター**）の設置を全国の教育委員会に求め，公的施設だけでなくフリースクールなど民間施設でも一定要件を満たせば出席扱いにできるようにし，2005年には**不登校特例校**（学習指導要領に囚われず，不登校児童生徒の実態に配慮した特別な教育課程を編成する学校）が制度化されている。

これらのことは，学校復帰の大前提が社会的自立を重視する方向へ転換されたことを示すものといえる。当然，これは学校復帰を促さない方がいいという意味ではない。2003年の学校不適応対策調査研究協力者会議では，不登校に対する基本的な考え方として「働きかけることや関わりを持つことの重要性」も強調されている。「登校刺激はダメ」という意見が一般化した時代もあったが，ただ待つだけでは状況の改善にならないと認識し，不登校児童生徒との接点を何らかの形で保つことが重視されているのである。大切なのは，教師が忙しさなどから息切れして，児童生徒に「学校に見捨てられた」という思いを抱かせないように，関係を継続することである。なお，教師が孤軍奮闘するのではなく，学校内外の関係者・機関と連携して対応することが求められる。

非行とは　日本の法制度では，犯罪の責任年齢を 14 歳以上と定めている。20 歳未満の少年の犯罪行為には少年法が適用され，原則として処罰ではなく処分の対象となる。この場合の「少年」とは，男女の別を問わない。非行少年とは，少年保護手続における用語の一つであり，①**犯罪少年**（14 歳以上 20 歳未満の犯罪行為をした少年），②**触法少年**（刑罰法令に触れる行為をした 14 歳未満の少年），③**ぐ犯少年**（刑罰法令に該当しないぐ犯事由があり，将来犯罪・触法行為をするおそれのある少年）の 3 つに分類されている。また，警察では，非行には該当しないが自己または他人の徳性を害する行為を不良行為（飲酒，喫煙，深夜はいかい等 17 種別）として，**不良行為少年**の補導状況も少年非行のデータとして統計をとっている。

少年非行の動向　図 14-2 は，少年非行の全体的な動向を把握するためによく利用される刑法犯少年の検挙人員と人口比である。検挙人員の推移を見ると，1951 年を頂点とする第 1 の波，1964 年を頂点とする第 2 の波，戦後最多を記録した 1983 年を頂点とする第 3 の波，そして検挙人員では 1998 年，人口比では 2003 年を頂点とする第 4 の波を形成した後は，現在まで急激に減少し続けている。しかし，10 万人当たりの検挙人員を見ると，少年の場合は成人の場合の約 1.7 倍と依然高く，少年非行は大きな社会的問題であることに変わりはない。

少年非行の動向は，時代の価値観や社会情勢に左右されるとよくいわれる。これは，青少年は自我の発達途上において，社会経済的状況や時代の流行により新奇欲求が次々と生じやすく，その一部が逸脱的行動として現れてくるためである。つまり，社会変動の影響を受けやすい青少年の反社会的行動の変化に伴い少年刑事司法機関の対応が変化し，非行の増大期と鎮静期を繰り返す結果となる。ちなみに，第 1 の波は戦後混乱期における窃盗や強盗，第 2 の波は安保闘争が激化した高度経済成長期における相対的欠乏感からの傷

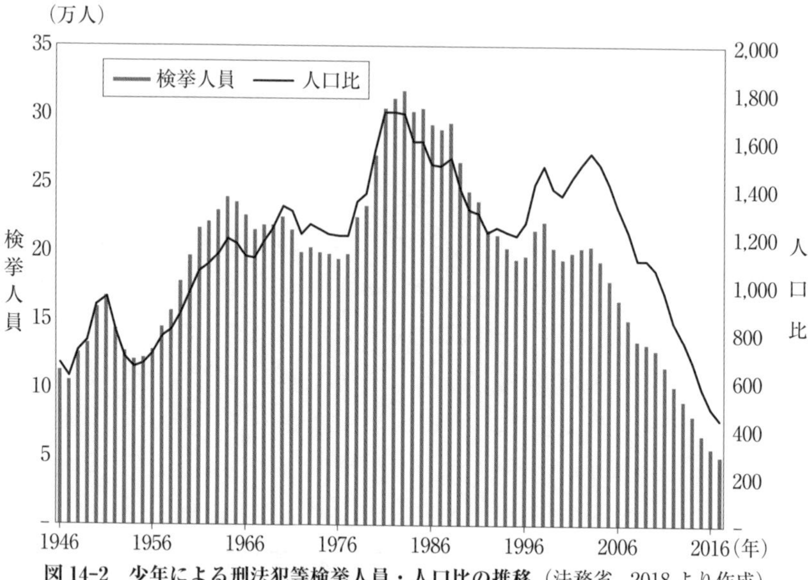

図 14-2　少年による刑法犯等検挙人員・人口比の推移（法務省，2018 より作成）
「人口比」は，10 歳以上の少年 10 万人当たりの検挙人員を示す。

害，暴行，恐喝，強姦等，第3の波は経済的豊かさの中で価値観の多様化や利那的・快楽主義的な風潮が広まり，初発型非行（万引きや乗り物盗のように犯行手段が容易で動機が単純だが本格的な非行へ深化する危険性が高い非行）やシンナー吸引等の薬物犯罪，第4の波はバブル崩壊後の経済低迷期に増加した比較的軽微な初発型非行と特異・凶悪な少年事件の続発が特徴としてあげられる。1997年に発生した神戸児童連続殺傷事件等の少年の凶悪事件を契機として少年刑事司法機関が変化を余儀なくされ，その体制変化が検挙・補導人員の増加とその後の減少につながったとの指摘もある（近藤，2016）。

戦後の少年非行において繰り返し波が生じてきたことを踏まえれば，今後もこのまま減少し続けると楽観はできない。警察庁が発表した2018年の統計「平成30年中における少年の補導及び保護の概況」では，刑法犯の約6割が窃盗で万引きが約半数を占めるという傾向は変わらないが，凶悪犯の中でも全体の約3割を占める強制性交等（強姦から罪名変更）は約45%増加した。また，知能犯はここ20年の間に倍増しており，振り込め詐欺の検挙率は前年比約57％増加した。このような変化を捉え続け，社会病理が青少年の価値観や欲求を歪めていないか見守る必要がある。なお，再犯率は約35％と成人（約50％）に比べてやや低いが，共犯率は約22％と成人（10％）の2倍以上である。一般に，少年は年の近い近所の仲間と近所で犯行を行うといわれており，悪い仲間作りをしない教育的な働きかけが重要である。

少年非行の理解　非行を理解するために，その原因を探ることは重要となるが，非行はその行為を行った個人の要因だけでなく，その個人を取り巻く多くの要因が複合的に関与している。そのため，非行少年の数と同じだけ非行行為のメカニズムが存在し，すべての非行を説明する理論など存在し得ないともいわれる。しかし，説明を試みるべく，ミクロからマクロなレベルまでさまざまな視点で膨大な理論が提唱されている。たとえ不完全であっても，器質的疾患や発達障害等の生理・生物学的観点，認知や態度，価値観等の心理学的観点，家庭や学校，地域状況等の社会学的観点といった異なる次元から統合的に理解しようとする，その姿勢こそが重要である。

学校現場では，明らかに悪いことをした児童生徒に対して向き合い，理解しようと努めるのは困難だとよくいわれる。文部科学省（2010）は，教師が非行に対応する際の配慮として生徒指導提要に，①正確な事実の特定，②本人や関係者の言い分の聞き取りと記録，③非行の背景を考えた指導，④被害者を念頭に置いた指導の4点を明記している。これは，悪いことは悪いと思い込みで指導をしたり，必要以上に厳しく罰したりする教師もいるが，それらを控え，逸脱行為の背景にある本人の思いや境遇を理解し，立ち直りや成長のために必要な支援が何かを考える教育相談的な支援の方が，単なる処罰強化より効果的であることを示したものである。非行の結果から少年を見るのではなく，少年を理解する過程で非行の意味を理解することが大切である。

3　学校不適応への心理的支援

心理教育的援助サービス　子どもたちが抱える課題は，社会変化とともに多様化・複雑化しており，学校における支援の形も社会的要請に応える形で変遷している。かつては不適応症状を示す子どもがいると「子どもに問題がある」と考えてきたが，今では「子どもを取り巻く環境に問題がある」と，個人と環境の相互作用の視点が重視されている。そのため，従来のように問題児を見つけてその問題行動を変容させるというやり方ではなく，不適応児の周囲の人々や学校，家庭，地域といった問題状況に働きかけるという支援の形が広がっている。学校心理学の分野では，一人ひとりの児童生徒が学習面，心理・社会面，進路面，健康面などにおける課題への取り組みの過程で出会う問題状況や危機状況の解決を支援して生きる力を育てる教育活動として，**心理教育的援助サービス**（石隈，1999）が提言されている。

心理教育的援助サービスは，子どもの心理的ニーズに加えて教育ニーズを考慮した援助ニーズによって3層の積み重ねになっている（図14-3）。1次的援助は，すべての子どもを対象とし，発達上・教育上の課題を遂行する上で生じる援助ニーズに対応する。子どもの一般的な適応能力（例：学習スキル，対人関係スキル）の開発を支援する発達促進的な援助と，多くの子どもが出会うであろう課題遂行上の困難を予測して準備する（例：新入生オリエンテーション，学校見学会の実施）予防的な援助がある。主に教師が中心となって支援が行われるが，学校行事やカリキュラムの中に位置づけられる事柄も多く，学

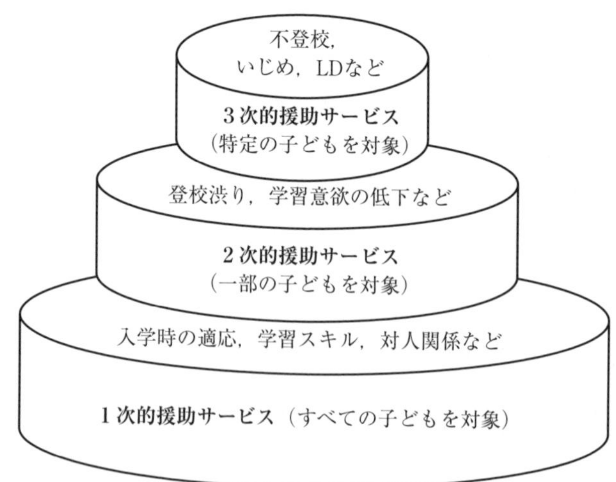

図14-3　3段階の心理教育的援助サービス，その対象と問題の例（石隈，2019）

校全体で取り組む姿勢が大切である。

2次的援助は，発達上・教育上の課題遂行に困難を持ち始めた子ども（例：登校渋り，学習意欲の低下）や，これから問題を持つことが心配される子ども（例：転校生，家庭環境の変化）を対象とする予防的な援助である。教師や保護者は，こうした子どもを早期発見・対応するために，子どもが示す徴候（サイン）にいち早く気づくことが重要である。

3次的援助は，不登校，いじめ，非行，発達障害など特別な支援が個別に必要な子どもを対象とする治療的・問題解決的な援助である。子どもが自分の持つ強さ（自助資源）や周囲の援助資源を活用しながら，自分の発達上・教育上の課題に取り組み，問題に対処し学校生活を送れるように援助するという視点が支援者には求められる。悪いところ，できないことに目を向けるのではなく，子どもの強みを生かす介入や，置かれた環境をよりよいものにしていく介入により，本人の適応を効果的に高めることができる。3次的援助は，援助ニーズがさまざまな場面に及び，支援者も多岐にわたるため，チームによる支援の考え方が必要となる。

連携の視点　近年の学校を取り巻く環境や学校が抱える課題は，以前にも増して複雑化・困難化しており，これまでのように学校や教員だけが課題を抱えて対応するのでは十分に解決できない課題も増えている。さらに，多くの役割や業務を担って総合的に指導・援助を行うことが求められてきた教師の多忙化が指摘されるようにもなり，チームによる支援の必要性が議論されるようになった。チームによる支援とは，例えば学級担任が一人で問題を抱え込むのではなく，学校組織内外の多様な人材（校長，教頭，生徒指導主事，教育相談担当，養護教諭，特別支援教育コーディネーター，スクールカウンセラー，スクールソーシャルワーカー，外部の専門家，保護者等）を効果的に活用しながらチームを構成して，学校内における多様な問題に組織的に対応するものである。

2015年に中央教育審議会の「チームとしての学校の在り方と今後の改善方策について（答申）」が出された。これは**チームとしての学校（チーム学校）**による学校マネジメント改革であり，専門性に基づくチーム体制の構築，学校のマネジメント機能の強化，教員一人ひとりが力を発揮できる環境の整備といった3つの視点からの検討が求められている。ここで注目されるのが学校内外の異なる専門職との連携（**多職種連携**）である。スクールカウンセラーやスクールソーシャルワーカーといった心理や福祉の専門スタッフや部活動指導員を学校の職員として法令に位置づけ，また，学校司書やICT支援員等の配置も行うことにより，チームとして教育活動に取り組む体制作りが具体化され，保護者や地域団体，関係機関の専門家と組織的に連携・協働するというチーム学校による支援体制の構築が進められている。

予防の視点　多忙な学校現場において，予防教育は軽視されがちともいわれるが，不登校のところでも触れたように，不適応症状を抱える子どもたちを減らしていくためには，治療や問題解決だけでなく，予防さらには発達促進・開発の考え方も重要である。すべての児童生徒を対象として，心理的，社会的な適応能力を現在よりも高めて教育成果をより高く獲得できるように心理学で培われた知見を応用した教育実践活動を**心理教育**と呼ぶ。さまざまな手法が提案されており，文部科学省（2010）は生徒指導提要でグループエンカウンター，ソーシャルスキルトレーニング，アンガーマネジメント，ストレスマネジメント教育などの心理教育的アプローチを紹介している。これらは，道徳や特別活動などの時間を使って行われることも多いが，教科指導や生徒指導でも，つまり，あらゆる教育活動を通して心の健康に関する知識やスキルを育成していくような心理教育的な姿勢が求められている。

予防的，開発的な視点から心理教育を行う場合でも，1節で述べたように適応を促進する方向性については，外的適応と内的適応の2つの視点から判断することを忘れてはいけない。例えば，ソーシャルスキルは，円滑な対人関係を構築・維持するために必要とされ，その欠如は社会的不適応や精神疾患を引き起こすリスク要因となることがよく知られており，ソーシャルスキルトレーニングはすでに学校現場で多く取り入れられている。すべての人にとってスキルを備えることは自身の精神的健康によい影響を及ぼす，すなわち内的適応がかなっていると考えられる。ただし，スキルを高めるだけでは攻撃につながるなど，外的適応の側面から見れば問題があり，スキルを適切に発揮するためには共感性が必要との見方も少なくない（松尾，2002）。実際，スキルが高いというだけでなく，他者指向的に共感できる者の方が心理的，社会的な適応感が高いことを示した研究報告もある（鈴木・木野，2015)。したがって，教師は日々の教育実践において，児童生徒個人内の欲求が充足されているかどうかに着目するだけでなく，他者と協調し承認や支持を受けるような場面を多く設けるといった工夫が求められる。

引用・参考文献

アメリカ精神医学会（高橋三郎・大野裕・染谷俊幸訳）2004　DSM-IV-TR　精神疾患の診断・統計マニュアル（新訂版）　医学書院.（American Psychiatric Association. 2000　*Diagnostic and Statistical Manual of Mental Disorders (4th edition), Text Revision (DSM-IV-TR).* Washington, DC: American Psychiatric Association.）

法務省　2018　平成30年版犯罪白書.

石隈利紀　1999　学校心理学─教師・スクールカウンセラー・保護者のチームによる心理教育的援助サービス　誠信書房.

石隈利紀編　2019　教育・学校心理学　遠見書房.

国立教育政策研究所　2018　生徒指導リーフ22　不登校の数を「継続数」と「新規数」とで考える.

近藤日出夫　2016　統計にみる非行の動向　犯罪心理学事典　丸善出版，750-753.

松尾直博　2002　学校における暴力・いじめ防止プログラムの動向─学校・学級単位での取り組み　教育心理学研究，**50**，487-499.

文部科学省　2010　生徒指導提要　教育図書.

文部科学省　2018　平成29年度児童生徒の問題行動・不登校等生徒指導上の諸課題に関する調査結果.

中西公一郎　1999　防衛機制の概念と測定　心理学評論，**42**，261-271.

鈴木有美・速水敏彦　2015　精神的健康との関連からみた防衛機制としての仮想的有能感　感情心理学研究，**23**，23-31.

鈴木有美・木野和代　2015　社会的スキルおよび共感反応の指向性からみた大学生のウェルビーイング　実験社会心理学研究，**54**，125-133.

模擬試験問題

問1　以下の文章の空欄に当てはまる語句を【語群】から選びなさい。

個人と環境が調和した関係を保つことを心理学では（　①　）といい，これを判断するためには外的と内的の２つの視点が必要である。これに対し，個人の欲求と社会の要請の均衡が崩れた状態を（　②　）という。個体が環境の変化に無意識的・無意図的に合わせることは（　③　）という。（　①　）の機制は３つに大別される。それは，欲求不満の対象へ敵対する（　④　）機制，欲求不満の対象から目を背ける（　⑤　）機制，この２つとは異なる方法で緊張や不安を解消しようとする（　⑥　）機制の３つである。さまざまな理由により学校に行っていない状態を一般に（　⑦　）と呼ぶが，このとき大切なのは，教師の多忙さなどから児童生徒に「学校に見捨てられた」という思いを抱かせないように，関係を（　⑧　）することである。

【語群】

ア　適応　**イ**　適合　**ウ**　不適応　**エ**　不適合　**オ**　反応
カ　順応　**キ**　進撃　**ク**　反撃　**ケ**　攻撃　**コ**　逃亡
サ　逃避　**シ**　逃走　**ス**　防護　**セ**　防除　**ソ**　防衛　**タ**　不登校
チ　非登校　**ツ**　無登校　**テ**　継続　**ト**　断絶

問２　以下の文章の空欄に当てはまる語句を【語群】から選びなさい。

（　①　）少年とは少年保護手続における用語の一つであり，犯罪少年，触法少年，ぐ犯少年の３つに分類される。警察では，自己または他人の特性を害する（　②　）行為少年の補導状況もデータをとっている。一般に，少年の犯罪について，（　③　）率は成人に比べてやや低いが，（　④　）率は成人の２倍以上である。かつては「子どもに問題がある」と考えてきたが，今では「子どもを取り巻く環境に問題がある」と個人と環境の（　⑤　）作用の視点が重視されている。2015年の中央教育審議会答申では（　⑥　）としての学校によるマネジメント改革が提唱され，学校内外の異なる専門職と連携する（　⑦　）連携が求められている。心理学で培われた知見を応用した教育実践を（　⑧　）と呼び，あらゆる教育活動でこの姿勢が求められる。

【語群】

ア　犯行　**イ**　非行　**ウ**　凶行　**エ**　不良　**オ**　愚連　**カ**　粗悪
キ　発生　**ク**　再生　**ケ**　再犯　**コ**　共犯　**サ**　相関　**シ**　相互
ス　相対　**セ**　スタッフ　**ソ**　チーム　**タ**　グループ　**チ**　多職種
ツ　異職種　**テ**　心理療法　**ト**　心理教育

模擬試験問題解答

【1章】

問1　④

解説　アは中高生くらいでできるようになる課題であり，青年期，イは中年期の課題，ウは小学生のうちにできる課題で児童期，エ善悪の区別は小学生よりの乳幼児期の課題，オ精神的な自立は青年期，カ自分の年頃の人々と明るい親密な関係を結ぶのは円熟期。

問2　②

解説　アは成熟説の説明として正しいので○。イは環境説では，出生前の経験について述べていないので×。ウは遺伝的要因と環境的要因のかけ算ではなく，足し算なので×。エは正しいので○。オは人の一生を左右するとまではいっていないので×。

【2章】

問1　①**イ**　②**カ**　③**オ**　④**ク**　⑤**ア**　⑥**サ**　⑦**シ**　⑧**ツ**　⑨**タ**

解説　原始反射（②）は不随意運動であり，大脳皮質の発達が進み，随意運動（①）ができるようになると，消失する。把握反射（③）は，手のひらに指が触れたりすると握りしめるような動作をし，後に発達する目と手の協応（⑤）の基礎となる。口唇探索反射（④）は，口元に物が触れるとそちらに顔を向け，子どもが母乳を飲む際におっぱいを探し当てることに役立つ。新生児でも動くものを目で追う追視（⑥）ができたり，他のものよりも人の顔（⑦）を選好して見ることがわかっている。ファンツ（⑧）が開発した選好注視法（⑨）は，乳児が好んで見るものを判別し乳児の興味関心や視覚的能力を明らかにすることができる。

問2　①**イ**　②**オ**　③**ク**　④**サ**　⑤**ス**　⑥**ア**　⑦**タ**　⑧**チ**　⑨**ナ**　⑩**ト**　⑪**ネ**　⑫**ウ**　⑬**ハ**　⑭**フ**　⑮**ヘ**　⑯**マ**

解説　対象の永続性（②）は，ピアジェ（①）により見いだされた概念で，直接見たり触ったりできない対象でも実体のあるものとして存在し続けると捉えることである。生後8ヶ月ぐらいまでは，見えなくなったものを探すことができないと考えられていた。また，対象の永続性が大人と同様の状態に完了するのは感覚運動期（④）の最終段階と捉えられており，1歳半以降であるとピアジェは考えていた。ボウルビィ（⑥）が提唱した愛着（⑤）は，特定の個人に対する親密な情緒的絆である。泣く，発声などの発信（⑦），母親に視線を向ける定位，自ら抱きついたり，しがみついたりする能動的身体接触（⑧）の3種類の行動パターンがある。愛着の発達段階は4段階あり，最初は誰に対しても声を出したり泣いたりして注意を引きつける段階，次に特定の対象者に対して活発に声をあげたり泣いたりする様子が見られる段階，そして特定の他者がいなくなると分離不安（⑨）が見られる段階になる。このとき，特定の対象者を安全基地（⑩）として，対象者を意識しながら少し離れたところで探索行動（⑪）を行う様子も見られる。そして最終的に，特定の対象者の行動が予測できるようになり，身体接触がなくても安心して生活することができるようになる。愛着行動の個人差は，エインズワース（⑫）により開発されたストレンジ・シチュエーション法（⑬）によってタイプ分けされる。回避型（A型）は，分離の際も泣きや抱き着きなどの行動が見られない。安定型（B型）（⑭）は，特定の対象者を安全基地（⑩）として探索行動（⑪）を行い，分離時には泣いたり後追いしたりする様子が見られる。アンビバレント型（C型）（⑮）は，特定の対象者との分離時に強い混乱を示し，再会時には激しく身体接触を求める一方で，特定の対象者を叩いたりするような行動が見られる。乳幼児期の愛着関係は発達とともに内化し，愛着対象との関係性の表象である内的ワーキングモデル（⑯）を持つようになり，家族以外の対人関係の形成にも影響を及ぼす。

【3章】

問1　①ウ　②ク　③エ　④イ　⑤オ　⑥ア　⑦キ　⑧カ

解説　ピアジェの認知発達段階理論は4つの段階が想定されている。感覚運動期（①）は，感覚を通して外界を認識する時期であり，前操作期は，イメージ（③）を通じて物事を理解できるようになる。この時期は，ごっこ遊び（②），描画，言語といった活動ができるようになるが，直感的（④）思考や自己中心的な思考（⑤）で物事を判断することが多いため，保存概念の理解は難しい。具体的操作期は，具体物があれば，論理的（⑥）に思考できるようになり，保存の概念（⑦）が確立する。形式的操作期になると，抽象的な思考（⑧）や仮説演繹的な思考が可能となるので，仮定の話や命題操作ができるようになる。

問2　①**ウ**　②**ク**　③**エ**　④**ア**　⑤**カ**　⑥**イ**　⑦**オ**　⑧**キ**

解説　子どもは，養育者と視線のやりとり，共同注意（②）や身振りや指差しなどを通して，コミュニケーションの基本的な能力を身につけていく。生後2，3ヶ月頃から喃語（①），1歳頃に一語文（⑤）へと言葉が発達し，2歳半頃には二語文（⑥）を話し出す。こうした言語発達の背景には，子ども対モノといった二項関係（③）のやりとりから，三項関係（④）のやりとりへの移行が関係している。言語と思考の関係については，ヴィゴツキーは，言語発達は，外側に向けて発せられる外言から，思考（⑦）の道具としての内言（⑧）へ移行するという考えを提唱している。

問3　①**ウ**　②**オ**　③**キ（ア）**　④**ア（キ）**　⑤**エ**　⑥**イ**　⑦**ク**　⑧**カ**

解説　知能の構造については，スピアマンの二因子説（一般（①）因子と特殊（②）因子），サーストンの多因子説，ギルフォードの知能構造モデル，キャッテルの結晶性（③）因子と流動性（④）因子を想定した知能観や，これまでの知能研究を再度統計的分析にかけた，知能の三層理論モデルであるCHC理論（⑤）が有名である。また，これまでの知能観は，西洋型の学習をゴールとしたものであり，ゴールマンの提唱したEQ（⑥）や，西欧以外の人々の知的能力を網羅していないことが明らかになり，スタンバーグの「鼎立（ていりつ）理論」やガードナーの「多重知能理論（MI理論）」が注目を集めている。知能を測定する道具として知能検査がある。知能検査の特徴は，課題が年齢順に従って並んでいて，どの程度正解できたかで精神年齢MA（⑦）を算出し，この精神年齢を生活年齢CA（⑧）で割り，100倍した値を知能指数と産出することである。

【4章】

問1　①**ウ**　②**ア**　③**キ**　④**エ**　⑤**オ**

解説　①は「人をある基準により分類する」とあるので，性格類型論であり，答えは「ウ」となる。②は「単位として性格が構成」とあるので，複数の特性によって構成されると考える性格特性論であり，正答は「ア」となる。③は「外向・内向に分類」とあるので，「キ」のユング，④は「躁うつ気質・分裂気質・粘着気質に分類」とあるので，「エ」のクレッチマー，⑤は「個人の特徴的な独自の（　②　）」とあるので，「オ」のオールポートとなる。

問2　**①ア**　**②ウ**　**③エ**　**④イ**

解説　①は「絵を提示し，……物語を構成させ」とあるので，「ア　TAT」が正解。②は「フラストレーションを体験したときの対処方法」とあるので，「ウ　P-F スタディ」となり，③は「左右対称のインクの染みの図版」とあるので，「エ　ロールシャッハ・テスト」が正解，④は「家，木，人物を……描かせ」とあるので，House-Tree-Person の頭文字をとって，「イ　HTP テスト」が正解である。

【5章】

問1　**①ウ**　**②カ**　**③オ**　**④ケ**　**⑤サ**　**⑥セ**　**⑦タ**　**⑧シ**

解説　遊びと仲間関係について発達的変化については，パーテン（①）は，2歳から5歳までの子どもの遊びの観察を通して6つの特徴を示した。2，3歳頃は他児との関わりを持たないひとり遊び（②）や平行遊び（③）が多く見られるが，4，5歳になると，同じ遊びを一緒に取り組むような連合遊び（④）や協同遊び（⑤）が見られるようになる。児童期になると，仲間に対する意識が変化し，7，8歳頃は，家の近さや席の近さなど近接性（⑥）が関わり，9，10歳頃になると，自分と同じ意見やパーソナリティの類似性（⑦）を重視し始め，10歳から12歳にかけては，自己開示ができ互いを理解し合える親密性（⑧）といった内面も影響してくる。

問2　**①ウ**　**②オ**　**③カ**　**④ア**　**⑤ケ**　**⑥サ**　**⑦シ**　**⑧タ**

解説　道徳性の発達は，まずピアジェ（①）による善悪の道徳的判断があげられる。子どもへのインタビュー（臨床法）によって9歳頃を境に，客観的な結果を基準とした他律的（②）判断から，動機や意図を考慮した自律的（③）判断ができるようになることを示した。さらに青年期までを対象にしたコールバーグ（④）は，年齢とともに，自己中心的な視点を持つ前慣習的（⑤）から，「良い子」としての評価を意識する，慣習的（⑥）水準，そして社会秩序や権利を考慮する脱慣習的（⑦）水準への視点が変化することを示した。そして，学校教育における道徳の教科化は，教育現場における最新の動向である。教科化の背景には，いじめ（⑧）問題への対応があり，規範意識の育成や社会的スキルの獲得が求められている。

【6章】

問1　①オ　②キ　③タ　④サ　⑤ク　⑥ウ　⑦ソ　⑧ツ

解説　本章の最初に学習した条件づけには，古典的条件づけと道具的条件づけがある。パヴロフ（①）は，条件刺激（②）であるベルの音に対して，唾液分泌という条件反応（③）が生じることを見いだし，これを古典的条件づけ（レスポンデント条件づけ）（④）と呼んだ。この条件づけにおいて，学習が成立する重要な条件である強化は，ベルの音に対して，無条件刺激（⑤）をほぼ同時に提示することであった。スキナー（⑥）による道具的条件づけでは，が，ネズミのオペラント（自発的）反応（⑦）の直後に餌である強化刺激（⑧）を与えることが強化であった。

問2　①キ　②イ　③シ　④セ　⑤オ　⑥テ　⑦ツ　⑧エ

解説　人間の学習方法には，3つの方法があり，最もよく知られているのが，練習（①）による学習である。ソーンダイク（②）は，刺激（③）と反応（④）の結合（学習）が，反復（練習）によって強められるという練習の法則を唱えた。練習の回数による学習量の変化を示した学習曲線もしくは練習曲線は，学習の成果が外に現れないプラトー（⑤）が生じる時期がある。賞賛や叱責によって，人間は良いことと悪いこと（善・悪）の学習をする。これを強化による学習というが，直接自分に強化が与えられなくても，他者に与えられた強化によって学習する場合は，代理強化（⑥）による学習である。また，自分の満足感や充実感によって学習する場合は，自己強化（⑦）による学習になる。また，他者やアニメの主人公の行動を模倣して，自分の行動様式に取り入れる場合は，観察学習であり，観察の対象であるモデルの行動を取り入れるという意味から，バンデューラ（⑧）は，モデリングと呼んでいる。

【7章】

問1　オ

解説　外発的動機づけは，「志望校合格のために必要だから数学を勉強する」などのように，ある目的を達成するための「手段」として活動が位置づいているときの動機づけである。一方の内発的動機づけは，活動そのものが「目的」となっているときの動機づけである。

自己決定理論においては，同一化的調整，統合的調整，内的調整の3つが自律的動機づけと位置づけられることが多い（表7-1参照）。選択肢の中で，外発的動機づけでありながらも自律的動機づけと位置づくものは，同一化的調整のみである。

問2　エ

解説　アについて，熟達目標を高めるためには，知能は可変的であるという増大的知能観に基づくメッセージが重要となる。また，評価基準としては絶対評価や個人内評価を重視することで，習得や成長といった側面を生徒に強調することが有用である。

イについては，浅い興味および深い興味の特徴を表す表現として「感情」と「認知」が逆である。興味の浅いうちは，楽しさや面白さといった感情的側面が優位であるが，深い興味では感情的側面に加えて価値の認知や知識の蓄積といった認知的な側面も重要な特徴になる。

ウについては，「随伴性の認知」ではなく「非随伴性の認知」が正しい。学習性無力感の考えによると，自分の努力と望ましい結果との間の随伴性が認知できないことによって無気力状態になるという。

エは正しい。無気力状態にある生徒には，生徒が努力した点や実際に上達した点については積極的に褒め，自信を取り戻させることが重要である。このような努力や上達に焦点化した働きかけは，熟達目標構造が重視している点と同一といえる。なお，本章では詳しく触れなかったが，動機づけの理論史的にも学習性無力感と達成目標理論とは深い関連がある。関心を持った学習者は，上淵（2003）などに当たってさらに興味を深めて欲しい。

【8章】

問1　①エ　②ア　③オ　④ウ

解説　自己調整学習の核心は，自らの心を整えていくサイクルをいかに駆動するかにある。ジマーマンとシャンクによれば，ある学習活動に取り組む事前あるいは初期の段階における心的過程として，予見（①）があり，目標の設定がなされ，方略のプランニングが行われる。どのような自己効力感（②）や興味を抱いているかによって，その後の学習の進行の在り方が左右されることになる。遂行／意思コントロール（③）は，学習の進行中の心的過程であり，メタ認知によるモニタリングとコントロールが中心的な働きを担う。自己省察（④）は，学習活動が終了したところで作用する心的過程である。学習の成否について振り返りを行い，その原因は何かについて判断がなされ，必要であれば方略を変更するといった対応がなされる。

問2　④

解説　①試行錯誤学習　正反応と誤反応の繰り返し，すなわち，試行錯誤によって学習が成立することを試行錯誤学習と呼ぶ。ソーンダイク（Thorndike, E. L.）が動物（猫）を対象にした問題箱の実験によって明らかにした。

②洞察学習　その場の状況を再構成し，ひらめきによって一気に見通しを立て，問題を解決すること。チンパンジーを対象にした実験をもとに，ゲシュタルト心理学者のケーラー（Köhler, W.）によって提唱された。

③発見学習　学習者が仮説を立て，検証をしつつ，法則や概念を発見していく教授・学習法である。発見のプロセスや方法そのものを重視する学習であり，ブルーナー（Bruner, J. S.）が著書『教育の過程』を通じて体系的に提起した。

【9章】

問1　③

解説　オペラント条件づけを理論化したスキナーは，早くから教育分野への応用に着目していた。プログラム学習の基礎になっているのは，「シェイピング」と呼ばれる行動形成の技法である。複雑な一連の行動を学習させるとき，一気にその目標行動を条件づけようとしてもうまくいかないため，現在の行動レパートリーから目標とする行動までを細かいステップに分け，その各ステップにオペラント条件づけの手法を適用することによって，少しずつ段階的に目標行動へと近づけていく。

問2　②

解説　適性処遇交互作用の考え方からは，学習者全員にとって唯一最良な指導法を探し求めるのではなく，学習者の個性に応じてよりよい指導法を選択して用いる，という発想が生まれてくる。これからの教育の方向性としても，学習者の多様性に配慮し多様性を生かしながら授業を創造していくという重要な課題がある。そのような課題を探究していく際にも，適性処遇交互作用の考え方は重要な基盤を提供しているといえる。

【10章】

問1　①イ　②ウ　③オ

解説　①は小学生のことであるので，「イ　基本的な操作」，②は「(　②　)や(　②　)的思考」と同じ言葉が入って，違和感がないのは，「ウ　論理」，③は高校生段階での知識であるので，「オ　ネットワーク」である。

問2　①ア　②エ　③キ

解説　①は「ネット＊＊」と続く形であるので，「ア　依存」，②は書き込みと，出会いの両方に該当するものであるので，「エ　SNS」になる。③は「記録性，(　③　)の重大さ」と続くので，問題となるのは，「キ　公開性」となる。

表10-2の内容を確認しよう。出典は，文部科学省のウェブサイト「情報モラルに関する指導の充実に資する〈児童生徒向けの動画教材，教員向けの指導手引き〉・〈保護者向けの動画教材・スライド資料〉等」の教材のリストである。

問3　ア④　イ①　ウ③

解説　アは情報モラル，情報社会に参画する「態度」について述べており，「④　情報社会に参画する態度」の説明である。イは必要な情報を適切に扱い，発信するの実践力であるので，「①　情報活用の実践力」，ウは情報を扱うための情報手段のことを述べているので，「③　情報の科学的な理解」になる。

【11章】

問1　②

解説　完全習得学習の提唱者のブルームが，完全習得学習を行うために3つの評価を効果的に使うことを提唱した。アは学期や単元の終わりに行われるものであるので，「総括的評価」，イは授業の開始前に，児童生徒の問題点を診断しておくものであり，「診断的評価」，ウは授業の進行中に児童生徒がどの程度まで到達しているかを知るために行われるものであるので，「形成的評価」となる。

問2　④

解説　アの説明は，形成的評価についてであるので×。エは，個人内評価は，個人内の特性や科目間の学力差を個人内で比較するものであり，他者と比較はしないので×。オは，集団と個人の成績とを比較して，個人の成績の位置を示す評価は相対評価であるので×。

【12 章】

問 1　①**イ**　②**オ**　③**キ**　④**サ**　⑤**シ**　⑥**ソ**　⑦**タ**　⑧**テ**

解説　学級は公式集団（①）で，仲よしグループなどの非公式集団（②）を内包し，態度や判断の準拠集団（③）としての意味合いを持つ。学級では級友との協同学習（④）により個人学習（⑤）とは異なる効果が得られる。学級集団の凝集性（⑥）は団結力も同調圧力（⑦）も高める。学級には学級風土（⑧）がある。

問 2　①**ア**　②**カ**　③**ク**　④**コ**　⑤**シ**　⑥**タ**　⑦**ツ**　⑧**ト**

解説　小学校入学後は物理的（①）に近く長く一緒にすごすことが重要である。小学校中学年以降は心理的（②）な要因が重要になる。中学生・高校生では友情が独占的（③）なものとして理解され始める。級友関係の客観的測定方法は，ハーツホーンとメイが考案したゲス・フー・テスト，ボガーダス（④）による学級社会的距離尺度，モレノ（⑤）が開発したソシオメトリック・テストなどがある。教師には，教科指導のプロであると同時に，教育相談的（⑥）態度が求められる。教師は無意識（⑦）の指導行動をとりやすい。学級集団作りは学力形成だけでなく人間形成（⑧）にも役立つ。

【13 章】

問 1　①**ス**　②**エ**　③**ア**　④**セ**　⑤**ケ**　⑥**コ**　⑦**イ**　⑧**カ**

解説　特別支援教育とは，「障害のある幼児児童生徒の自立（①）や社会参加（②）に向けた主体的な取組を支援するという視点に立ち，幼児児童生徒一人一人の教育的ニーズ（③）を把握し，その持てる力を高め，生活（④）や学習（⑤）上の困難を改善又は克服するため，適切な指導及び必要な支援を行うもの」である。特別支援教育の対象は，すべての学校（⑥）に在籍する配慮を必要とする幼児児童生徒である。また，通級による指導は，特別支援教育の一つの形であり，通常学級（⑦）に在籍する児童生徒が一部の時間で障害に応じた特別な指導を受けるものである。さらに，2016 年の「障害者差別解消法」の施行により，学校は障害のある子どもや保護者から，生活（④）や学習（⑤）上の困難の原因となる障壁を取り除くように申し出があった場合には，過度な負担がない限り，その申し出に応じ，合理的配慮（⑧）を提供する義務が課せられた。

問 2　①**ケ**　②**キ**　③**ス**　④**セ**　⑤**エ**　⑥**オ**　⑦**イ**　⑧**サ**　⑨**カ**　⑩**ク**

解説　発達障害には，LD（①），ADHD（②），ASD（③）が含まれる。LD（①）は，基本的に全般的な知的発達に遅れはないが，聴く，話す，読む（④），書く（⑤），計算する（⑥），または推論する能力のうち，特定のものの習得と使用に著しい困難を示す状態を指す。LD（①）の中心は，読む（④）ことと書く（⑤）ことに困難を示す発達性ディスレクシア（⑦）である。ADHD（②）は，年齢や発達に不釣り合いな注意力（⑧），および衝動性・多動性を特徴とする行動の障害である。ASD（③）は，社会的コミュニケーション（⑨）の障害とこだわり（⑩）を特徴とする障害である。

【14章】

問1　①**ア**　②**ウ**　③**カ**　④**ケ**　⑤**サ**　⑥**ソ**　⑦**タ**　⑧**テ**

解説　適応（①）とは個人と環境が調和した関係を保つことをいい，個人の欲求と社会の要請の均衡が崩れた状態を不適応（②）という。順応（③）は生物学的な意味合いが強い。適応の機制は，攻撃機制（④），逃避機制（⑤），防衛機制（⑥）の3つに大別される。不登校（⑦）は日本では1960年代から注目され始めたが，支援において大切なのは関係の継続（⑧）である。

問2　①**イ**　②**エ**　③**ケ**　④**コ**　⑤**シ**　⑥**ソ**　⑦**チ**　⑧**ト**

解説　非行少年（①）は，犯罪少年，触法少年，ぐ犯少年の3つに分類される。警察では不良行為少年（②）の補導状況も把握している。少年の再犯率（③）は成人に比べて低いが共犯率（④）は高い。不適応の対応については，現在では個人と環境の相互作用（⑤）の視点が重視される。チーム学校（⑥）で注目されるのは，多職種連携（⑦）である。心理学で培われた知見を応用した教育実践活動は心理教育（⑧）と呼ばれ，あらゆる教育活動において心理教育的な姿勢が求められる。

索　引

ア　行

カ　行

タ　行

ナ　行

ハ　行

マ　行

ヤ　行

ラ　行

ワ　行

編著者紹介

谷口　篤（たにぐち　あつし）

1981年　愛知教育大学教育学部中学校教員養成課程教職科卒業
1983年　愛知教育大学大学院教育学研究科（修士課程）修了
現　在　名古屋学院大学スポーツ健康学部教授　博士（心理学）

主要著書

文章の理解と記憶を促進する具体化情報　1999年　単著　風間書房
学校で役立つ教育心理学　2011年　共編著　八千代出版
学校で役立つ教育相談　2019年　共編著　八千代出版

豊田　弘司（とよた　ひろし）

1981年　奈良教育大学小学校教員養成課程心理学専攻卒業
1983年　大阪教育大学大学院教育学研究科（修士課程）修了
現　在　追手門学院大学心理学部教授　奈良教育大学名誉教授　博士（文学）

主要著書

記憶を促す精緻化に関する研究　1995年　単著　風間書房
教育心理学入門—心理学による教育方法の充実　単著　2004年　小林出版
本当のかしこさとは何か—感情知性（EI）を育む心理学　共著　2015年　誠信書房

実践につながる教育心理学

2020年 7 月 6 日　第 1 版 1 刷発行
2022年 10 月 13 日　第 1 版 2 刷発行

編著者—谷口篤・豊田弘司
発行者—森 口 恵 美 子
印刷所—三光デジプロ
製本所—グ リ ー ン
発行所—八千代出版株式会社
〒101-0061　東京都千代田区神田三崎町 2-2-13
TEL　03-3262-0420
FAX　03-3237-0723
振 替　00190-4-168060

＊定価はカバーに表示してあります。
＊落丁・乱丁本はお取り替えいたします。

ISBN 978-4-8429-1778-8